体育教育与健康研究

瞿 昶 著

沈阳出版发行集团
沈阳出版社

图书在版编目（CIP）数据

体育教育与健康研究 / 瞿昶著. -- 沈阳：沈阳出版社, 2020.8

ISBN 978-7-5716-1221-4

Ⅰ.①体… Ⅱ.①瞿… Ⅲ.①体育－教学研究－高等学校②健康教育－教学研究－高等学校 Ⅳ.① G807.4 ② G647.9

中国版本图书馆 CIP 数据核字 (2020) 第 154214 号

出版发行：沈阳出版发行集团｜沈阳出版社
　　　　　（地址：沈阳市沈河区南翰林路 10 号　邮编：110011）
网　　　址：http://www.sycbs.com
印　　　刷：定州启航印刷有限公司
幅面尺寸：170mm×240mm
印　　张：15.75
字　　数：330 千字
出版时间：2020 年 8 月第 1 版
印刷时间：2020 年 8 月第 1 次印刷
责任编辑：周　阳
封面设计：优盛文化
版式设计：优盛文化
责任校对：李　赫
责任监印：杨　旭

书　　号：ISBN 978-7-5716-1221-4
定　　价：59.00 元

联系电话：024-24112447
E－mail：sy24112447@163.com

本书若有印装质量问题，影响阅读，请与出版社联系调换。

前　言

体育与人的生命质量密切相关，与现代人生理、心理、社会健康息息相关。参与体育锻炼，不仅可以改善健康状况，而且能使知识、智力、技巧、审美、修养、情操、价值观等都有所提高，促进人的全面发展。在现代社会发展的今天，体育教育与健康教育的目的越来越趋于统一。高校体育与健康教育相接轨，是适应现代化健康观，符合现代化对人的发展要求，符合现代社会发展的需要，符合世界性教育发展的大趋势。高校体育与健康教育，是一个整体的两个方面，已成为整个社会的普遍意识，体育与健康教育研究也日益显示出其重要性与迫切性。

近年来，强化体育健康课程、提高青少年身体健康素质已写入国家层面的政策规划。2019年7月9日，健康中国行动推进委员会印发《健康中国行动（2019-2030年）》，明确提出，各级学校应强化体育课和课外锻炼，力争到2022年和2030年，国家学生体质健康标准达标优良率分别达到50%及以上和60%及以上。学校体育场地设施开放率超过70%和90%，农村行政村体育设施覆盖率基本实现全覆盖和覆盖率100%。个人层面，鼓励每周进行3次以上、每次30分钟以上中等强度运动，或者累计150分钟中等强度或75分钟高强度身体活动。日常生活中要尽量多动，达到每天6000～10000步的身体活动量。同时把学生健康知识、急救知识，特别是心肺复苏纳入考试内容，把健康知识、急救知识的掌握程度和体质健康测试情况作为学校学生评优评先、毕业考核和升学的重要指标。

体育强国的建设，需要实实在在地落到学校体育教育上，落到学生的体质健康上，这就需要体育教师肩负起锻炼和维护学生们身心健康的重任，承载起体育教师的育人使命。

新时代召唤体育教学思想的改变，需要体育工作者站在一定的高度去关注和抓住改革机遇，用一定的深度去思考强体兴体的策略，用一定的宽度去链接发展学生的核心素养，将体育教学与技能运用、体育锻炼与心理健康有效结合，思考学校体育怎样开展"强体兴体、学生爱体"的好教育。新时代召唤体育教师教学能力的提升，需要体育教师站在育体的高度、育德的高度、育智的高度，培养学生健康的身心、良好的品格、关键的能力，思考体育教学怎样开展"创体融体、体育素养"的好课堂。本书属于体育教育与健康方面的著作，由体育教学与健康理论、现代体育与卫生保健、学校体育发展现状与路径、体育锻炼与健康、高校大学生体育锻炼中科学预防与保健康复、体育与健康课程实施模式的构建与发展趋势、中国体育教育与健康的教学改革与未来，共7部分组成。全书重点对中国高校体育教育与健康进行了研究，提出符合中国当代高校体育与健康教学发展的创新性、独特性、客观性策略。本书的研究，旨在为新时代高校体育教育、健康教育、体育工作者教学模式的提高，提供一种有效实践的指导，提供一种自主多元改革、创新的行动。

在撰写本书的过程中，参考了部分专家、学者的某些研究成果和著述内容，在此表示衷心的感谢。由于时间短促，水平有限，缺点和错误在所难免，恳切希望广大读者、专家、学者批评指教。

目　录

第一章　概述 ·· 001
　第一节　体育教育与健康概念 ·· 001
　第二节　体育的衍生与发展 ·· 008
　第三节　体育文化相关研究 ·· 012
　第四节　中国体育教育发展简况 ·· 019
　第五节　体育教育与健康课程实施意义 ···································· 024

第二章　现代体育与卫生保健 ·· 027
　第一节　现代体育的构成及其发展趋势 ···································· 027
　第二节　现代体育的功能与传播价值 ·· 029
　第三节　体育运动卫生常识与保健 ·· 037

第三章　学校体育发展现状与路径 ·· 046
　第一节　学校体育的理论基础 ·· 046
　第二节　当代中国学校体育的发展状况 ···································· 064
　第三节　学校体育发展初衷与实现路径 ···································· 071

第四章　体育锻炼与健康 ·· 089
　第一节　体育锻炼的常识、特点与作用 ···································· 089
　第二节　体育锻炼对人体形态和机能的影响 ·························· 095
　第三节　现代高校大学生体育锻炼的现状 ······························ 097

第五章 高校大学生体育锻炼中科学预防与保健康复 … 101
- 第一节 高校大学生常见疾病与损伤的预防与康复 … 101
- 第二节 高校大学生科学锻炼与保健康复方法 … 121
- 第三节 高校大学生的急诊与急救的常见方法 … 149
- 第四节 几种有利于大学生体育保健项目 … 158

第六章 体育与健康课程实施模式的构建与发展趋势 … 184
- 第一节 体育课程实施途径与意义 … 184
- 第二节 有效体育教学实施模式构建 … 194
- 第三节 课外体育活动实施模式构建 … 201
- 第四节 体育校本课程开发模式构建 … 205
- 第五节 体育教学模式发展趋势分析 … 214

第七章 中国体育教育与健康的教学改革与未来 … 218
- 第一节 中国体育教学的改革现状分析 … 218
- 第二节 中国体育教学发展趋势及对策 … 223
- 第三节 高校体育健康教育的未来可持续 … 227
- 第四节 中国体育行业及其教育发展前景 … 232

结 语 … 237

参考文献 … 240

第一章　概述

第一节　体育教育与健康概念

一、体育概念

体育（physical education，缩写 PE 或 P.E.），是一种复杂的社会文化现象，它以身体与智力活动为基本手段，根据人体生长发育、技能形成和机能提高等规律，达到促进全面发育、提高身体素质与全面教育水平、增强体质与提高运动能力、改善生活方式与提高生活质量的一种有意识、有目的、有组织的社会活动。随着国际交往的扩大，体育事业发展的规模和水平已是衡量一个国家、社会发展进步的一项重要标志，也成为国家间外交及文化交流的重要手段。体育可分为大众体育、专业体育、学校体育等种类。包括体育文化、体育教育、体育活动、体育竞赛、体育设施、体育组织、体育科学技术等诸多要素。

整个古代社会，虽然可以找到我们称之为"体育活动"的影子，但并没有出现"体育"这一概念。古希腊的哲学家，如苏格拉底、柏拉图、亚里士多德等，他们的著作中都有很多关于体育的论述。古希腊时期关于体育的基本术语有竞技（athletics）、训练（training）、体操（gymnastics）等。中国古代与体育有关的术语主要有"养生""尚武""游息""角力""讲武"等。中国现代所用的"体育"一词，于1897年从由日本传入我国，也经历了从"体操"到"体育"的演进过程。

目前普遍认为：体育（或称为体育运动），是通过有规则的身体运动改造人的"自身自然"的社会实践活动。体育的基本表现形式是人的有规则的身体

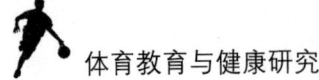

运动，其基本任务是对人自身的改造，其作用对象是参与者的"自身自然"。

体育的含义有狭义和广义的区分。狭义的体育即身体教育，是通过身体活动，增强体质，传授锻炼身体的知识、技能、技术，培养道德和意志品质的有目的有计划的教育过程。它是教育的组成部分，是培养全面发展的人的一个重要方面。

广义的体育即社会文化活动。体育（广义上，亦称体育运动）是指以身体练习为基本手段，以增强体质，促进人的全面发展，丰富社会文化生活和促进精神文明建设为目的的一种有意识、有组织的社会活动。它是社会总文化的一部分，其发展一定社会的政治和经济的制约，也为一定社会的政治和经济服务。体育文化的一个组成部分，是根据人生理、心理发展规律，以专门性的身体活动为基本手段，增强体质，发展人体运动能力，提高人们生活质量的一种有目的、有价值的社会活动。

人体是各器官系统构成的有机整体。进行体育活动时，看起来好像只有肌肉在活动。其实身体的呼吸、血液循环等器官都在参加活动，并且都要由大脑皮层来指挥协调。做准备活动正是为了提高大皮层神经细胞的兴奋，准备活动还能使体温略为升高，使肌肉、肌腱都处于良好的状态，弹性、伸展性都很好，不至于因为突然收缩而拉伤或撕裂，这在冬天尤其重要。进行投掷时，如投手榴弹、铅球、实心球、标枪、垒球等，一定要按老师的口令行动，令行禁止，不可有丝毫的马虎。

二、体育教育

（一）本质内涵

本质一词指事物中不变，且不可缺的性质而言，研究体育教育本质就得探讨本质的不可或缺或者不可变异的性质，否则是徒劳的，体育教育本质的性质是体育学科的性质决定的，体育学科具有多种性质的动态教育。首先来看看教育的意义，广义的教育是指自然环境和社会环境加于个人的各种影响而形成，这种影响便是教育，广义教育虽然无固定形式、详细内容、具体计划，但朝朝暮暮耳濡目染，影响力极为深透。再看狭义教育，具有目的、计划、组织和有意设施的教育，以前人的生活经验，经过有系统的选择，取其精华，作为后一代学习训练之用。今天的学校教育包括学前教育、普通中小学教育、中等专业教育、高等教育、特殊教育等，对教育有充分认识后，体育教育也有了应有的基础。就实质而言，不论目的或价值方向，体育教育完全符合现代教育意义。

体育教育（Physical Education）：即狭义的体育，它是教育的组成部分，是通过身体活动和其他一些辅助性手段进行的有目的、有计划、有组织的教育过程。体育教育本身是一个完整度的体系，分为普通体育教育和专门体育教育两大类。其基本特征是突出的教育性和教学性。体育教育以教学为主要途径，以课堂教学或专门性辅导为主要形式，以身体练习和卫生保健为主要手段。

体育教育是全面发展教育组成部分，它具有教育性、教养性和发展性相统一的多种属性，体育教育是以学生身体活动为根本特征，区别于学校中德育过程或智育过程，主要以身体教育的角度来实现人的全面发展。体育教育是一个培养人和教育人的过程，它通过身体活动来达到培养全面发展教育中的地位和作用，必须从实现育人的目的出发，全面理解。体育教育受一定社会的政治经济的影响和制约，并为一定社会的政治经济服务。从体育教育的产生与发展过程，可以明显地看出体育教育受一定社会的政治经济的影响和制约。一定社会的体育，总是通过培养一定社会所需要的体魄健康和具有一定道德意志品质的人为政治、经济服务，即为培养一定社会和阶级所需要的人才服务。现代社会发展要求学校在体育教育中，培养身体强健，能适应现代化生产、现代化生活方式，具有现代意识和素质的一代新人。这是因为现代社会面临着科学技术的激烈竞争，这种竞争归根结底是人才素质的竞争。

（二）基本特点

体育教学是按一定计划和大纲进行的有目的和有组织的教育过程。体育教学由教师和学生共同参与，其任务是向学生传授体育知识、技术与技能，有效地发展学生身体，增强其体质，培养其道德意志品质。它是学校体育工作的基本形式，是体育目标的实施途径之一。

1. 内外合一的健身系统性

体育教学的对象是学生，体育教学效果要在学生身上体现出来。学生具有很强的可塑性，体育教学的每一个构思和步骤，将直接影响学生成长。一个对的教学效果在学生身上的体现，不仅是外在肌肉的力量和肌肉线条的流畅，骨骼的完善发育，内脏器官的健全，也包括整体的匀称、协调发展，并且是按照生长发育的先后有序而全面地发展。

体育教学内外合一的健身系统性，体现了身体发育的有序性和全面性。

一是有序性。表现在学生身体形态发展的"序"和身体主要器官发展的"序"。

二是全面性。体育教学是增强学生的体质、提高其健康水平的过程，不仅具有使学生精力充沛、顺利完成各项学习任务的近期效益，而且具有奠定终身体质基础、延年益寿和提高民族素质的长期效益。

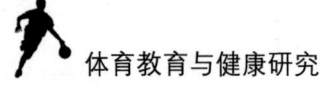

2. 身心合一的健身统一性

体育对人自身自然的改造，不仅是形态结构与生理机能的统一，也是身与心的统一。体育教学要在追求学生身体改造的同时，注重学生无形的心理发展。因此，体育教学要善于营造不同于智育教学的、生动活泼的教学气氛，为学生的心理健康发展提供良好的环境。要善于利用体育活动自身所蕴含的吸引力，并通过合理的教学组织，使这种吸引力倍增和放大。体育教学应该是一种快乐的教学，重过程的主动参与，重情绪的积极体验，重个性的独立解放，使人际关系宽松和谐，使学生在轻松明快的环境中，在欢快愉悦的心境下，自由自在、无忧无虑、不知不觉地获得身心的健康发展。

体育教学中身心合一的健身统一性体现于三个方面：

首先，在体育教学中选择教材的不仅要注重教材对学生身体各部分、各种运动能力和各种身体素质和积极影响，而且要注重教材对学生心理的影响，尽可能从心理学、美学和社会学方面使学生得到良好的体验，在完成动作的过程中，不知不觉地感受协调、默契、流畅和成功的欢喜与愉悦。

其次，体育教学的组织教法必须克服一体化的固定模式，体现体育教学生动活泼的教学形式，让学生活动得更自由、更开心、更充分，从而达到身心和谐和内外兼修的目标。

另外，在注重学生生理负荷起伏变化的同时，还要注重心理活动起伏变化的规律。在体育教学中，学生的身心同时参加活动。在反复的动作和休息交替的过程中，学生的生理机能变化有一般的规律；当进行练习时，生理机能开始变化，生理机能水平开始上升；达到一定水平后，保持一定时间，然后再开始下降。在一定范围内，由于练习与休息进行合理的交替，所以学生的生理机能变化呈现出一种波浪式的曲线。与此相适应的，学生的心理活动（主要指思维、情绪、注意、意志）也呈现出高低起伏的曲线图像。这种生理、心理负荷波浪式的曲线变化规律，体现了体育教学鲜明的节奏性和身心的和谐统一性。

3. 体育教学过程的教育性

"教学过程永远具有教育性"，这是任何教学过程的一条基本规律。古今中外的体育教学，概莫能外。体育教学的教育性主要体现在两个方面：

首先，在体育教学中组织每一项活动，均有一定的目的任务、组织原则、规则要求、需要学习和掌握相应的动作技术，以及克服各种各样的困难等，这些是构成体育环境的基本因素。学生在这一环境中进行学习、锻炼或参加比赛，就会受到直接的影响。同时，体育环境还包括教师使用的教材、采用的教学方法、教学环境、教学条件、学校传统和班级风气等，这些都会有力地吸引，潜移默化地熏陶、感染和教育与之有关的人；提供了许多学生乐于自愿接受，更多情况下是不知不觉接受、有利于个性品质形成的机会和情景，并可促进良好的思想品德和个性品质迁移到学习、生活和工作等各个方面去，以达体育之效。

其次，在体育教学中，学生的思想感情和作风，很容易自然地表现出来。这有利于教育者把握学生的思想实际和特点，从而对他们有针对性的教育。体育教学中，进行思想品德教育的内容是极其丰富的，概括地说，主要包括：培养热爱集体的情感和意识，培养团结友爱、关心他人、互助合作的思想和意识，培养竞争意识、胜不骄败不馁的精神，培养坚韧不拔、勇敢顽强、机智果断等优良意志品质，以及心情开朗和愉快活泼的良好性格。

4. 教育性体育教学的纲领性定义

美国分析教育哲学家谢佛勒（Israel Scheffler）在他所著的《教育的语言》中，提出了以下3种定义方式：描述性定义（descriptive）、规定性定义（stipulation）、纲领性定义（programmatic），其中描述性定义主要是对事物惯用法的描述，或对事情意指范围所作的说明，这种定义要求忠实地反映一个事物被下定义之前的各种用法。规定性定义即作者自己给某一概念所下的定义，这种定义一旦给出，就要求作者在其后的整个讨论中始终如一地按给定的方式来应用这一概念。纲领性定义则明确地或隐含地告诉我们，事物应该怎样，应该如何。谢佛勒认为，对某一给定的概念来讲，唯有纲领性定义才能谈论它的是与否。对于规定性定义而言，一个绝对肯定的回答显得令人可笑，因为人人都有发表意见的自由。因此要对体育教学下一个真正的规定性定义是不恰当的。而对体育教学能否下一个真正的描述性定义呢？这也使人感到疑惑，因为我们已经认识到"体育教学"一词在不同的语境中具有不同的描述性意义，如果要下一个适合于所有语境条件下的简单的体育教学定义，这种定义对任何人来说都没有说出什么东西。众所周知，体育教学活动是一种合目的性的复杂的人为活动，人为活动的本质存在于人类的目的世界、理想世界、意义世界之中，它不可能用客观的自然属性或自然法则予以说明。因此，对教育性体育教学定义的界定，亦不可能采用描述性定义或规定性定义的方式，只可能以自然的或规范的方式来探讨，从而寻求一个正确的或最佳的纲领性定义。

5. 教育性体育教学的认知方面

教育性体育教学的认知方面既体现在体育教学的目的层面上，又体现在体育教学的过程层面上。对于目的层面上的认知要求，就是增强学生体质，增进学生健康，培养学生终身体育的意识、习惯和能力。体育教学是完成学校体育目标的基本途径，关于学校体育的主要目标问题，我国学者在认识上虽有所争议，但比较一致的观点是"增强学生体质，增进学生健康"。对此，国家教育部下发的《全国普通高等学校体育课程教学指导纲要》在对体育课程性质进行定位时也说明了这一点。至于有的学者认为，体育教学无法达成"增强学生体质，增进学生健康"的教学目标问题，笔者认为这并不能抹杀体育课程在增强学生体质，增进学生健康方面的本质功能。在任何情况下，增强学生体质、提高健康水平都是重要和首要的功能，体育课程实施应该牢牢抓住"强身健体"这一本质目标。

因为，只有紧紧抓住"强身健体"这一本质目标，通过体育教学活动，教会学生通过体育增进健康的这种能力，培养学生终身体育的意识、习惯和能力，才有可能达成"增强学生体质，增进学生健康"的目标。从二者之间的关系来看，培养学生形成终身体育的意识、习惯和能力本身就是为了"健康第一"目的的实现，二者之间是相辅相成的关系。我国学者陈琦曾对此做过一次专家调查，调查结果显示。对学校体育应将"增强学生体质、增进学生健康"与"为学生终身体育打基础，培养学生终身体育意识、能力和习惯"有机结合起来的认同感较高。本文将"增强学生体质，增进学生健康，培养学生终身体育的意识、习惯和能力"作为体育教学教育性目的层面的认知要求是符合体育教学目标的本质要求的。

关于教育性体育教学过程层面上的认知要求，就是掌握体育的基本知识、基本技术与基本技能。体育课程的本质属性是学生进行运动性认知学习，最主要的功能是学习掌握体育知识技能。从这个层面讲，体育教学就是教师与学生之间的运动技术的传习活动。在此过程中，无论是增强学生体质，增进学生健康，还是培养学生终身体育的意识、习惯和能力，都是以一定的知识技能为基础的。体育的载体是教育环境下的身体活动，这种身体活动需要科学的方法和手段，而科学锻炼身体的方法大都离不开运动技术，而且许多运动技术本身就是锻炼身体的方法。

同时，运动技术的学习既是一个身心活动的过程，更是一个生理机能发生变化的过程，这个生理过程本身就具有生物性改造的作用与效能。因此，从体育课程的根本目的来看，应该更强调运动技术学习的工具功能，即通过运动技术的学习达到养成运动爱好和专长的目的，促进学生体育锻炼习惯和终身体育意识的形成。当然，在运动技术的学习过程中，要根据学生的体育认知水平和能力，科学合理地设计与安排体育教学内容、方法、组织形式、场地器材和运动负荷，为学生创造愉快地进行运动的教学情景，使学生在学习运动技术时，能够理解与正确评定所学技术的原理、功效和价值，调动学生的理性思维能力，使学生通过教学活动，能够主动学习与掌握一定的体育知识与技能，从而提高学习的效能。否则，就会只是教师在"讲"，而不是在"教"。

三、健康的概念

健康是指一个人在身体、精神和社会等方面都处于良好的状态。健康包括两个方面的内容：一是主要脏器无疾病，身体形态发育良好，体形均匀，人体各系统具有良好的生理功能，有较强的身体活动能力和劳动能力，这是对健康最基本的要求；二是对疾病的抵抗能力较强，能够适应环境变化，各种生理刺激以及致病因素对身体的作用。传统的健康观是"无病即健康"，现代人的健康观是整体健康，世界卫生组织提出"健康不仅是躯体没有疾病，还要具备心理健康、社会适应良好和有道德"。因此，现代人的健康内容包括：躯体健康、心理健康、心灵健康、社会健康、智力健康、道德健康、环境健康等。健康是人的基本权利。健康是人生的第一财富。

"健康"的英文是：Wellness，"健康状况/状态"的英文是：Health。在一些词典中，"健康"通常被简单扼要地定义为"机体处于正常运作状态，没有疾病"。这是传统的健康概念。通常我们确实是把疾病看成是机体受到干扰，导致功能下降，生活质量受到损害（主要由肉体疼痛引起）或早亡。

在《辞海》中"健康"的概念是："人体各器官系统发育良好、功能正常、体质健壮、精力充沛并具有良好劳动效能的状态。通常用人体测量、体格检查和各种生理指标来衡量。"这种提法要比"健康就是没有病"完善些，但仍然是把人作为生物有机体来对待。因为它虽然提出了"劳动效能"这一概念，但仍未把人当作社会人来对待。对健康的认识，在生物医学模式时代被公认是正确的。

在我们的词典里，为什么会对健康有上述的注释呢？其原因不外乎是两方面的，一是编写词典的作者，根本不知道世界卫生组织在1946年就有对"健康"的定义。二是他自己对健康的认识就是如此，应该说"害人不浅"。然而，话也说回来，一般大众的认识，健康就是"机体处于正常运作状态，没有疾病"。这个概念，在当时是被广大群众所认可和接受的，其中包括医疗工作者。因为，在过去的很长一段时间内，我们对"心理和社会适应能力上的完好状态"处于无知的状态。直到近几年改革开放后才开始重视心理和社会适应能力对健康的影响，有位20世纪60年代医科大学毕业的医生告诉我，他们在校学习的时候有两门课没有好好地学。一门是营养学，另一门就是心理卫生。

关于健康和疾病的概念，《简明不列颠百科全书》1987年中文版的定义是："健康，使个体能长时期地适应环境的身体、情绪、精神及社交方面的能力。""疾病，是以产生症状或体征的异常生理或心理状态"，是"人体在致病因素的影响下，器官组织的形态，功能偏离正常标准的状态。""健康可用可测量的数值（如身高、体重、体温、脉搏、血压、视力等）来衡量，但其标准很难掌握。"这一概念虽然在定义中提到心理因素，但在测量和疾病分类方面没有具体内容。可以说这是从生物医学模式向生物、心理、社会医学模式过渡过程中的产物。一方面，这种转化尚缺乏足够的临床实践资料提供理论的概括；另一方面撰写者虽然接受了新的医学模式的思想，但难以做进一步的理论探讨。

因此，它还没有达到1946年世界卫生组织（WHO）成立时在它的宪章中所提到的健康概念："健康乃是一种在身体上，心理上和社会上的完满状态，而不仅仅是没有疾病和虚弱的状态。"

事实上，要对此作出确切的定义很难。因为，即使没有明显的疾病，人对健康或不健康的感觉也具有很大的主观性。毫无疑问，觉得身体健康，不等于身体没有病。

世界卫生组织关于健康的这一定义，把人的健康从生物学的意义，扩展到了精神和社会关系（社会相互影响）两个方面的健康状态，把人的身心、家庭和社会生活的健康状态均包括在内。

第二节 体育的衍生与发展

一、体育的起源

体育的起源是一个复杂的过程：组织化的身体教育行为产生于劳动技能的传习、模仿游戏；形成于原始族群首领产生过程（从动物首领到部落酋长的产生）的原始祭祀和从成年礼仪中发育出的最初的竞技形式；某些娱乐性身体活动可能来源于动物阶段的嬉戏行为或对劳动、军事活动的再现；而形形色色的运动形式部分来源于人类动物祖先遗传下来的本能活动，部分脱胎于对劳动或军事活动的提炼。我们把这种在时间、空间和目标意义上实现了与直接的劳动和军事过程的分离的身体互动称为原始体育，其形成时间大约在15000年前的中石器时代，而弓箭的发明和各种巫术化身体活动的出现，正是原始体育形成的主要标志。

二、体育功能

在当今体育全球化和扩大化发展背景下，体育的功能由单一的身体功能向政治、经济、文化等多元功能扩张，但无论怎样的变化，体育的本质功能总是与健康联系在一起。

体育在生理、心理方面的功能得以细化和加强，而体育的社会功能正在悄然发生转变。第一个转变：从生产到生活。这一转变涉及体育与经济的关系，是世界性的趋势。促进生产发展，曾被认为是体育最重要的社会功能。在体力对生产力的发展起重要作用的年代，体育培养身体强壮的生产者，而生产的目的就是为了再生产，增强体质直接增强了劳动生产力。进入后工业社会，体力不直接作用于生产，体育的社会功能就从促进生产劳动转变为提高生活质量，并为培养高素质的人起作用。第二个转变：从群体到个体。这一转变涉及体育与政治的关系所发生变化。体育活动尤其是高水平的竞赛，作为意识形态较量的工具，给人类的和平发展带来了损害，偏离了体育的终极目标。从群体到个体，并不是说应该放弃群体的需要和利益，而是指应该把这种需求和利益更好地体现于个体。第三个转变：从工具到玩具。工具是为了完成工作而利用的器物，玩具是在休闲生活中得到快乐的载体。当然，"工具"功能的转移并不意味着其"工具"作用的消失，而是它作为政治工具，不再强调为专政和阶级斗争服务，而转向维护国家的利益和人民的安康；"玩具"作用的增加，实际是要突出它在满足人们对体育休闲文化需求中的作用。

三、体育分类

（一）娱乐体育

娱乐体育是指在余暇时间或特定时间所进行的一种以愉悦身心为目的的体育活动。具有业余性、消遣性、文娱性等特点。内容一般有球类游戏、活动性游戏、旅游、棋类以及传统民族体育活动等。按活动的组织方式可分为个人的、家庭的和集体的；按活动条件可分为室内的、室外的；按竞争性可分为竞赛性的和非竞赛性的；按经营方式可分为商业性的和非商业性的；按参加活动的方式可分为观赏性活动和运动性活动。开展娱乐性体育活动，有益于身心健康，陶冶情操，培养高尚品格。

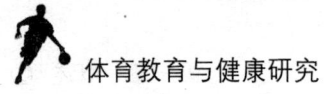

（二）大众体育

亦称"社会体育"和"群众体育"。是为了娱乐身心，增强体质，防治疾病和培养体育后备人才，在社会上广泛开展的体育活动的总称。包括职工体育、农民体育、社区体育、老年人体育、妇女体育、伤残人体育等。主要形式有锻炼小组、运动队、辅导站、体育之家、体育活动中心、体育俱乐部、棋社，以及个人自由体育锻炼等。开展群众体育活动应遵循因人、因地、因时制宜和业余、自愿、小型、多样、文明的原则。广泛开展群众性体育活动，是发挥体育的社会功能，提高民族素质和完成体育任务的重要途径。

（三）医疗体育

指运用体育手段治疗某些疾病与创伤，恢复和改善机体功能的一种医疗方法。与其他治疗方法相比，其特点有：

1. 是一种主动疗法，要求患者主动参加治疗过程，通过锻炼治疗疾病。

2. 是一种全身治疗，通过神经、神经反射机制改善全身机能，达到增强体质，提高抵抗力的目的。

3. 是一种自然疗法，利用人类固有的自然功能（运动）作为治疗手段，一般不受时间、地点、设备条件的限制。通常采用医疗体操、慢跑、散步、自行车、气功、太极拳和特制的运动器械（如拉力器、自动跑台等），以及日光浴、空气浴、水浴等为治疗手段。宜因人而异、持之以恒、循序渐进，并配合药物或手术治疗和心理疏导。两千多年前已用"导引""养生"作为防治疾病的手段，后又不断发展与提高，成为中国运动医学的重要组成部分。

（四）传统体育

中华民族传统体育是中国体育事业的重要组成部分，是中华民族宝贵的文化遗产。许多优秀的民族传统体育项目，不仅具有很强的健身价值，而且还有很高的艺术价值和丰富的娱乐、教育功能。新中国成立后，政府特别重视少数民族传统体育的开展，已挖掘整理出了1000多个体育项目。比如蒙古族被称为"男儿三项游艺"的摔跤、赛马、射箭；回族的踢毽、拔河；藏族的赛牦牛；苗族的荡秋千、赛龙舟；壮族由青年男女表达爱情转变为对抗性比赛项目的"投绣球"；朝鲜族的跳板；满族的滑冰；侗族的骑木马（踩高脚）；瑶族的打陀螺；高山族的放风筝；柯尔克孜族的"追姑娘"；布朗族的藤球等等。而龙舟竞渡、风筝、秧歌、围棋、气功、太极拳等，则是汉族与少数民族都共同喜爱的传统体育项目。

龙是中华民族的象征。仿龙造型，以龙取名的龙舟，是中国各族人民在长期的生产实践和社会活动中一个独具民族风格的创造。龙舟竞渡具有浓厚的娱乐性和激烈的竞争性，在南方的水乡地区，更有广泛的群众基础。

风筝是中国古代的重要发明之一，是世界上最早的人造飞行器。其制作在中国极为普遍，北京、天津、山东潍坊和江苏南通四地的风筝自成一派，别具特色，闻名世界。每逢4月是潍坊一年一度的风筝节，来自世界各地的爱好者在此交流技艺，传播友谊。

秧歌是在节奏鲜明的音乐伴奏下的一种民间舞蹈，主要流行于中国北方地区。因其舞动幅度较大，故由艺术表演逐渐变为健身运动，尤其受到中老年妇女的喜爱。

围棋源于中国，春秋战国时期即有关于围棋的文字记载。后流传到日本、韩国及欧美国家。新中国成立后被列为正式的体育运动竞赛项目，现已在全世界得到传播和发展。

武术是以拳术、器械、套路和实战形式为主的，既能健身自卫，又可养生保健的体育项目，几千年来一直在民众中广泛传播。

太极拳是中国武术众多拳种之一，已有三四百年的历史。它融合古代道家养生修炼术，并结合阴阳与经络学说创编而成。太极拳源于河南温县陈家沟，有陈式、杨式、武式、孙式、吴式等多种流派，动作舒缓连贯，要求以意导体，意、气、体三者协调配合，以静制动，以柔克刚。

气功是中华民族优秀的文化遗产，具有几千年的悠久历史。它对祛病强身、陶冶性情具有积极的作用。因此，武术和气功不仅风靡中国，而且还广泛传播到世界各地。

在我国，还定期举办全国少数民族传统体育运动会，各民族体育健儿欢聚一堂，竞献技艺。

四、体育运动

体育运动发源于两千多年前的古希腊。

古希腊是一个神话王国，优美动人的神话故事和曲折离奇的民间传说，为古奥运会的起源蒙上一层神秘的色彩。有关古代奥运会的起源的传说有很多，最主要的有以下两种：一种说法是古代奥林匹克运动会是为祭祀宙斯而定期举行的体育竞技活动。古代奥林匹克运动会是一种运动和宗教性的庆典。从公元前776年至公元393年它一直在古希腊城市奥林匹亚举行，在那里曾举行了292届古代奥林匹克运动会。

另一种传说与宙斯的儿子赫拉克勒斯有关。赫拉克勒斯因力大无比获"大力神"的美称。

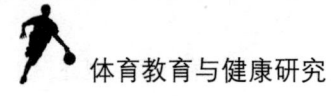
体育教育与健康研究

奥林匹克运动会（希腊语：Ολυμπιακοί Αγώνες；法语：Jeux olympiques；英语：Olympic Games）简称"奥运会"，是国际奥林匹克委员会主办的世界规模最大的综合性运动会，每四年一届，会期不超过 16 天，分为夏季奥运会（奥运会）、夏季残奥会、冬季奥运会（冬奥会）、冬季残奥会、夏季青年奥运会（青奥会）和冬季青年奥运会。奥运会旨在各个国家用运动交流各国文化，以及切磋体育技能，其目的是为了鼓励人民的运动精神。

奥林匹克运动会发源于两千多年前的古希腊，因举办地在奥林匹亚而得名。古代奥林匹克运动会停办了 1500 年之后，法国人顾拜旦于 19 世纪末提出举办现代奥林匹克运动会的倡议。1894 年成立奥委会，1896 年举办了首届奥运会，1924 年举办了首届冬奥会，1960 年举办了首届残奥会，1976 年举办首届冬季残奥会，2010 年举办了首届青奥会，2012 年举办了首届冬青奥会。

2020 年 3 月 30 日，国际奥委会、东京奥组委、日本政府联合宣布，受新冠肺炎疫情影响被迫推迟的 2020 东京奥运会将于 2021 年 7 月 23 日至 8 月 8 日举行。

第三节 体育文化相关研究

一、体育文化界定与本质

（一）体育文化的界定

关于什么是体育文化，不同时期、不同国家的学者有不尽相同的理解与阐释。20 世纪，人们对身体文化的理解更加多元化：有人认为身体文化就是身体锻炼，有人认为身体文化是促进健康和增进体力的身体运动体系，也有人认为身体文化是用科学、美和生命的规律来解释的文化表现，等等。1974 年，国际体育名词术语委员会主席尼古·阿莱克塞博士在《体育运动词汇》一书中认为，体育文化是广义"文化"的一个部分，是各种利用身体练习来提高人的生物学和精神潜力的范畴、规律、制度和物质设施的总和；我国学者冯胜刚认为，体育文化就是人类在所有的体育现象及促进体育发展的活动中，在价值观念、精神状态、情感倾向等层面，在理论认识、方法手段、技能技术等层面表现出来的思维方式，与在有意识的实践活动中表现出来的行为方式的总和。

根据上述观点，并结合体育的概念，我们认为，只有当人们把身体运动作为一种形式和手段，有目的性、有选择性、能动地挖掘人体潜力并促进身心全面发展的社会实践活动后，身体运动才具备体育文化的意义。

（二）体育文化的本质

作为人类文明象征的体育文化，其根本的核心和灵魂是"人"，从身体文化、生命文化和人类起源关系的角度看，军事、宗教、教育、游戏等都是晚于体育文化产生的。可以说，体育文化的本质是提高人的素质，培养适合社会需求并能服务社会的人。

体育文化提高人类适应自然的能力。人在生理体质上的纤弱性，使得人只能以群体的形式在自然界中进行生命活动，体育作为尽量提高人的肉体能力的手段，对于提高人的斗争和生存能力具有无可替代甚至是第一重要的作用。这一过程形成了人的物质活动、精神活动及群体生活；同时，人类有目的的生产和劳动活动，形成了区别于动物的"对象化"特征，人与外界所形成的具有对象性特征的关系总和，便成为人的本质。从原始社会到当今高度发达的工业社会，在形式上脱胎于生产劳动的体育，在人类劳动造就人类对象性特征的过程中，即促进人的本质发展方面一直起着重要作用。从人的主体性和本性看，一方面，体育文化通过锻造身心健康的人和积极向上的社会精神风貌为人的主体性提供良好的前提条件；另一方面，体育文化又使人的主体性受到制约，反对不文明的体育行为，将人的体育行为和整个行为导向文明范畴。

二、中西方体育文化

世界各民族都有自己的文化传统和各自社会发展的道路，人类历史的经验表明，不同文化只有相互比较、借鉴，才能共同繁荣。作为文化重要组成部分之一的体育文化也不例外，东方体育文化和西方体育文化都是人类共同的体育文化，是人类相互交往的结果，对东西方体育文化进行比较研究，有利于加强不同背景文化之间的交流与合作，通过相互吸收、相互借鉴、优势互补，有利于我们更好地发展世界性体育文化，实现共同繁荣。

（一）中国传统体育文化的特征

中国传统体育文化以汉族文化为主体，融合多种民族文化而形成，是各民族养生、健身和娱乐的体育活动的总称，它决定着传统体育文化所表现出来的种种特征。

中国传统体育文化内容丰富，源远流长。中华民族在几千年的发展过程中，以自己的聪明才智创造了极其丰富灿烂的中国体育文化。对人类的体育文化做出了巨大贡献的中国传统体育文化，经历了漫长的历史发展过程，兼容了各个历史阶段的优秀体育文化成果。中国传统体育文化以中国传统哲学思想为理论基础。中国传统哲学思想中的"天人合一"和"气一元论"等重要观点，具有典型的整体观，强调人与自然是一个整体，把"神"与"形"视为一个整体，强调神形合一。以此为基础，中国体育文化呈现出丰富的文化内涵和广博宏大的理论体系。

中国传统体育以防病健身、竞技表演、文化娱乐为基本模式。中国古代的养生主张形神兼顾、内外同修、以外练身、以内修心，并认识到了心理对健身的重要作用。这些延年益寿的健身活动成为集竞技性、表演性、游戏娱乐性、艺术观赏性、趣味性于一体的综合运动形式。中国传统体育文化以宽厚、礼让、和平为价值取向。古代中国注重情感和尊崇道德观念，这种观念在体育活动中得到了充分体现。儒家的"尚仁"，墨家的"兼爱"等思想，在规范人们的体育行为、平和体育气氛方面具有积极意义。传统文化中重义轻利的价值观念历代相传，反映在体育中就是崇尚体育的伦理价值而贬低体育的实用价值，使中国体育文化呈现出以宽厚、礼让、平和为特征的伦理价值取向。

(二) 西方体育文化的特征

西方文明在开始阶段就表现出了对现实功利的积极追求，讲究在平等的基础上开展竞争，努力获得个人的最大利益和幸福。在这样的基础上，早期西方社会就逐渐形成了功利主义的道德原则、强烈的竞争意识和对力量的崇拜。

强调以人为中心——以个人为社会本位。西方传统价值观中主张竞争为贵、物竞天择、适者生存的信条和德行。在这种理念下也就自然诞生了以个体为本位的体育思想，他们进行比赛时代表个人，参加体育活动纯粹是个人的爱好，这些思想也深刻地反映在奥林匹克运动上。西方从事体育活动坚持的是个人主义，提倡个性解放，宣扬个性独立，突出个人自由，尊重个人权利，重视契约关系。在竞技体育运动中，充分肯定了个人奋斗与个人价值，将个人英雄主义推至极致。

多元的文化价值。长期以来，西方体育文化产生与发展的经济基础是以海洋贸易为本的商品经济，具有开放性和外向性；此外，欧洲历史的特点之一是文化的多样性，民族国家众多。因此，不同国家和民族的体育一经产生，在融入西方体育中，不但没有受到排斥，而且被很好地融为一体，同时在人们选择运用这些体育运动时也体现出鲜明的多元文化特色。不同民族丰富多彩的体育汇成了西方体育文化的大家庭，经过不断的融化，形成了西方体育文化的完整体系，并成为当今世界体育的主流。令人瞩目的现代奥林匹克运动，就是西方的多元文化价值观对世界体育的重大贡献。

三、中西方体育文化的差异

中西方体育文化产生和依存的社会环境不同。中国传统体育是以农业文明为基础，是在独特的社会环境中孕育和发展起来的。农业社会形成了相应的封建社会政治条件，专制、集权以及儒家思想为主的文化伦常，形成了中国人传统的思维方式和社会价值体系。因此，不热衷于冒险、冲突和对抗的竞争活动，武术修身、气功、太极等体育形式得到强化。西方体育以工业文明为依托，西方较短的历史传统，刺激了自由、平等、民主、竞争观念的产生。工业革命后，快节奏的体育活动方式迅速发展起来，这种体育文化具有世界性、竞争性、科学性和商品性等特色。与中国农业型体育文化相比，在价值观念、理论认识、运动方式方法等方面都具有巨大的差异。

中西方体育思想基础不同。中国传统体育以古代朴素唯物主义哲学做指导，强调整体，以心为本。在传统文化影响下的中华民族的体育观念大致分为两个方面：一方面，中国传统体育文化是一个以内达外，追求内在超越的精神理念，如天人合一、顺应自然的体育理念，鼓吹养生之道，其典型代表产物有气功、导引、养生术等。另一方面，伦理道德观压制了个人外在超越和公平公正意识的竞技体育的发展。西方体育文化以自然科学为依据，注重分解，以身为本。在西方古典文化影响下的西方体育理念大体体现在三个方面：第一，竞争是西方体育的灵魂，在竞争中追求更快、更高、更强的外在超越的个人价值实现。第二，以自然科学和人文科学知识为基础发展起来的西方体育理念中的科学性和民主性比较强。第三，西方体育充满对健美人体的崇拜和对力的赞美，在运动中力求透射出雄劲的阳刚之气，注重竞技能力的培养，追求肌肉强化，多讲究动作的自然性，尽量要求动作的舒展，并强调要用大肌肉群参与动作的完成。

中西方体育价值观不同。中西方在对体育与人的价值上强调点和侧重点不同，中方注重人的内在修养，西方更注重体育对人体的塑造和培养。中国的"天人合一"与西方的"以人为本"的体育价值观不同。

中西方对体育活动方式、手段的认识不同。中方体育重视"养"，西方体育强调运动和肌肉健美。

中西方对待竞技的态度和胜负观不同。中国体育强调不借助外力之功，而是通过自娱性活动，通过较心、较智、较人格的高度、较修养的高低达到价值实现，而胜负是无足轻重的。西方体育则提倡竞争，提倡超越对手、超越自然，胜者被视为偶像、英雄。而竞技场上的结果、成绩、名次直接影响到做人的价值以及人本身的尊严。

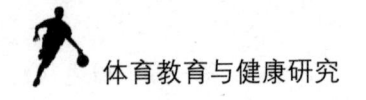

四、体育文化分类

（一）大学校园体育文化

校园体育文化主要是指人们在学校体育教育过程中所创造和拥有的精神财富和物质财富的总和。校园体育文化是体育文化的子系统、亚文化，它是呈现在校园内的一种特定体育文化氛围，是以学生为主体，以体育文化活动为主要内容，以校园环境为主要活动空间，以校园精神为主要特征的一种群体文化，涵盖了校园体育意识文化、校园体育行为文化和校园体育物质文化三大类。

校园体育意识文化包括体育意识、体育价值观、体育道德观等；校园体育行为文化表现为体育学习、科学锻炼、体育竞赛、体育制度、体育规范等方面；校园体育物质文化主要表现为校园体育建筑、体育环境、体育设施、体育服装等。

校园文化特征是指校园体育文化区别于其他文化的特有的、独立的典型特质。第一，校园体育文化具有内隐性：校园体育文化是以间接、内隐的方式呈现的，是通过无意的、非特定心理反应机制影响学生的。大学生在体育文化环境中学习、生活，在不知不觉中接受体育文化信息，并受到感染、熏陶，潜移默化地实现着文化的心理积淀，并逐渐内化成为自己的行为方式。第二，校园体育文化具有独立性：校园体育文化是校园里的人群共同参与体育活动形成的一种文化，它有特殊的主体和环境，这一主体具有较高的知识水平，在接受传统体育文化精神和物质的同时，还能主动吸取世界优秀体育文化精髓，并逐步创造发展具有特色的校园体育文化。第三，校园体育文化具有多样性。校园文化的优势注定了校园体育文化的多样性，无论是体育意识文化、体育行为文化，还是体育物质文化，都极为丰富多彩。以人为本、注重学生个性培养的体育教育指导思想，使个性鲜明的体育文化主体得以充分展示个体的创造性，显示其独立性和自主性，因而极大地丰富了校园体育文化生活的内容。

（二）体育赛事文化

1. 古代奥运会

（1）起源

相传公元前9世纪，伊菲托斯王到皮提亚询问德尔斐神谕：如何把他的人民从战争的苦难中拯救出来。拥有预言能力的女祭司告诫伊菲托斯王，要他筹办竞技比赛以彰显对希腊诸神的崇敬。伊菲托斯王的敌方——斯巴达人，也决定在比赛期间停止战争。那些比赛被尊称为奥林匹克，在奥林帕斯山下举行，据说这座山是希腊诸神居住的神圣之地。

古希腊人于公元前776年规定每四年在奥林匹亚举办一次运动会（为了和平）。运动会举行期间，全希腊选手及附近的黎民百姓相聚于奥林匹亚这个希腊南部风景秀丽的小镇。公元前776年在这里举行第一届奥运会时，多利亚人克洛斯在192.27米短跑比赛中取得冠军，成为国际奥林匹克运动会荣获第一个项目的第一个桂冠的人。

（2）发展与兴盛

公元前776年后，古希腊运动会的比赛项目逐渐增多，比赛规模逐渐扩大，成为显示民族精神的盛会。特别是公元前490年，希腊雅典在马拉松河谷大败波斯军之后，民情奋发，国威大振，兴建了许多运动设施、庙宇等，参赛者遍及希腊各个城邦，比赛的优胜者获得月桂、野橄榄和棕榈编织的花环，奥运会盛极一时，成为希腊最盛大的节日之一。

2.现代奥运会

从古代奥运会的消亡到现代奥运会的复兴，又经历了1500余年。

15世纪的文艺复兴使得许多欧洲人开始重新赞扬奥林匹克精神。意大利的马泰奥·帕尔米里亚在1450年提出，要提倡奥运会的和平与友谊的精神；德国人库齐乌斯花了多年时间挖掘古希腊的奥林匹亚村，他于1852年1月在柏林宣读了考察报告，并建议恢复奥运会。

被尊称为现代奥林匹克之父的法国教育家皮埃尔·德·顾拜旦于1892年在索邦大学大礼堂首次公开提出恢复奥运会，并把参加范围扩大到全世界。1894年，顾拜旦致函各国体育组织，邀请各国参加在巴黎举行的国际体育大会。在同年6月16日，12国的代表在巴黎举行了恢复奥林匹克运动大会。会议决定每四年举行一次全球范围的奥林匹克运动会。6月23日，国际奥林匹克委员会成立，希腊人维凯拉斯出任主席，顾拜旦任秘书长，并亲自设计了奥运会的会徽、会旗。会议还通过了奥林匹克宪章。1896年，第一届现代奥林匹克运动会终于在希腊雅典正式举行。此后每四年举行一次，会期不超过16天。

3.中华民族传统体育文化

在历史的长河中，勤劳智慧的中华民族创造了内容丰富、意蕴深刻的民族体育文化。中华民族传统体育是中华民族宝贵的文化遗产，是我国各族人民在长期的生产、生活中逐步创造和发展起来的，凝聚了民族的行为规范、价值取向、民族性格以及宗教、儒学等因素，是研究民族文化的"活化石"，是我国古代社会、政治、经济、文化的见证。学术界关于民族传统体育起源问题，主要有如下几种观点。

一是神灵崇拜与原始宗教信仰的需要。在古代，社会生产力水平非常低下,古代人的生存在很大程度上依赖自然的恩赐,面对危害巨大的自然灾害以及一些无法解释的自然现象,原始人认为存在一种超自然的力量,是神在主宰世界,因此产生了对神灵的崇拜。在相当多的宗教仪式中,手舞足蹈的身体活动,成为人与神沟通的方式,这些以身体活动为基本方式的祭祀仪式就是早期的体育活动。在历史发展过程中,在从巫术活动到宗教活动的渐变过程中,伴随着各民族历史的演进而逐渐形成的民俗活动,成为必不可少的重要活动方式,并实现了巫术、宗教活动中由"娱神"到"娱人"的转变。随着社会的不断发展,早期的传统体育转化为各民族民俗活动之后,参与者追求身心的健康和娱乐、追求自我发展的体育价值特征逐渐得以彰显。

二是经济活动的需要。我国各民族具有悠久的历史和灿烂的民族文化,他们从事民族传统体育的历史也是源远流长,这些民族传统体育既是各民族古代文明的重要组成部分,也是世界文化宝库中不可缺少的一部分。在自然经济时代,"大杂居小聚居"的居住状况使得居住地之间相互隔绝,人们一般只在节日里相聚。许多传统的节庆集信仰、经济、社交、娱乐等多种功能于一身,也是商人们难得的交易时节,有些体育活动及节庆本身就是商人们出于商业活动的需要而创造出来的。为了增加节庆的欢乐气氛,一些娱乐与竞技活动在节庆中应运而生,如现代毽球就是从广州商人为招徕客人在商埠进行踢毽活动逐渐演变而来的。

三是民族体育源于生产、生活和军事训练。各少数民族在长期的生产、生活等社会实践中,逐步将生产、生活中的身体活动形式加工改造为休闲娱乐、强身健体的体育运动。比如,京族人民在拉网捕鱼之余,运用晾晒渔网的竹竿,跳起欢快的竹竿舞;广西都安一带的瑶族民众,模仿牛打架而创造了顶牛这项民间体育活动;水族人民则模仿采桐果发明了桐子镖这一体育项目;湘西土家族民众将平日里踩高跷加工改造成高脚马竞速活动。

古代的军事活动也是少数民族传统体育的源头之一。体育活动与冷兵器时代的军事活动的一个明显的共同点就是身体活动,古代人将军事活动中的身体活动运用于生活之中,逐渐形成了一些体育活动。如壮族人民喜闻乐见的木板鞋;戚家拳就是抗倭名将戚继光所创,为了提高士兵的战斗力,他将战斗中的一些动作加工改造,用以训练士兵,久而久之,形成了系统的训练方法,命名为戚家拳。

四是种族繁衍的需要。中国有句俗语:"食色,性也。"食物和异性是人的基本需求。在生产力极为低下的社会,性爱和觅食都是生活之大事,它们一是物质资料的生产,解决人们衣食住行等物质需求;二是人自身的生产,即种族的繁衍，使得人类得以延续。进化论创始人达尔文在其《人类的由来及性选择》一书中阐述了性选择斗争对人类进化的意义。我国许多少数民族传统体育就与青年男女的婚恋有关，如哈萨克族的"姑娘追"和柯尔克孜族的"追姑娘"活动最初都源于此需要：未婚青年男女骑着骏马三五成群，在体育游戏中寻找心仪的意中人。壮族的抛绣球则是由壮族青年男女在歌圩上挑选意中人的活动演变而来的。

这种体育活动中的婚恋习俗的缘起，主要有两方面的原因：一方面，我国少数民族大多居住在环境恶劣的地区，资源匮乏与生存需要之间的矛盾导致居住分散，在居住分散而又相对闭塞的环境中，体育活动为青年男女聚集交流提供了平台。另一方面，分布在恶劣自然环境中的少数民族的择偶观念便是注重男子强壮的身体和劳动能力，体育活动无疑为男子汉们展示"肌肉"提供了机会。

第四节　中国体育教育发展简况

作为世界古代文明发源地之一的中国，与两河流域、古埃及、希腊、印度一样，也有灿烂的古代体育文化。

中国人在体育方面表现出独有的聪明才智，有丰富的想象力和创造精神。中国古代体育作为一种社会文化形态，根植于中华民族的传统文化土壤之中，影响遍及社会各个阶层。

古代体育与古代社会的其他文化领域，如军事、宗教、艺术、教育等互相联系，密不可分。在自给自足的农耕经济与专制统一局面所提供的文化氛围中，在不断吸收外来体育形式和对外传播的过程中，在长期的民族冲突与交融的历史旋涡中，中国古代体育形成了形式多样的活动内容和独特的文化意义，对社会产生或多或少的影响。

中国古代体育文化，作为东方古代体育文化的重要一环，既是中华各民族体育文化汇集和融合的结晶，又是世界体育文化的重要组成部分。

在世界上所有古文明的体育形态中，我们都可以发现与之相适应的哲学思想，而中国古代体育与传统哲学思想的结合之紧密，是世界上少见的。

以竞技、娱乐、养生为内容的中国古代体育，大量引入了一些传统的哲学概念和思想，如"气"、阴阳五行、八卦、天人合一、动静相辅相成、整体与局部的对立统一等等，并用来解释或指导体育实践，这种状况在武术和养生术中表现得尤为充分。

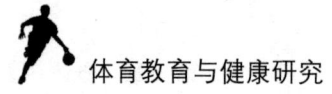

在这种理论指导下,古代体育出现了内外合一、形神兼备的特点,即不仅注意到人体外部的肢体活动,更注意到身体内部机能的锻炼,把人看作自然界的一个组成部分,按照自然界的变化去调整人体内外环境的平衡。这也是中国古代体育的一个重要特点。

中华民族早在原始社会末期便已有学校的出现。

一、奴隶社会学校教育中的体育

夏商时的学校,实行文武兼习的教育而偏重于武。夏商时,有"序"和"校"两种名称的学校机构,培养奴隶制国家统治所需的人才。其中"校"不仅是实施文化和道德教育的场所,也是对学生进行军事训练的专门机构。到商代,由于统治者把宗教和军事用作维持其统治的两大支柱,宗教教育和军事训练便成为商代教育的中心内容。射箭和车战技术的训练,都被列为当时学校教育的主要内容之一。

西周的学校教育比夏商有了很大发展,以培养文武兼备、和谐发展的人才为出发点,教育内容主要是"六艺",即礼、乐、射、御、书、数,其中礼、书、数是伦理、道德、文化教育;乐是带有美育意味的综合性艺术、体育教育;射、御(射箭和驾驶战车)实际上是体育的内容。

古代学校中习射御,兼有德育和体育的含义。此外,舞蹈也是必修课,贵族少年子弟在学校学习舞蹈,是为了将来参加各种祭礼,兼有使身心健康受益与学习礼仪和典制的双重目的。

先秦诸子教育中,体育占有一定的地位。儒家学派创始人孔子便是一位文武并重的伟大教育家,他明确提出了"文武兼备"的教育思想。孔子精于射御,曾亲自带领学生习射。他的不少关于射礼的言论,表现了他把道德礼仪与体育相互结合的观念。

荀子是战国末期的思想家和教育家,他具有一定的唯物主义体育思想,很重视快乐教育,认为乐舞对发展人的身心健康有很大的好处,高格调的娱乐活动,不仅有助于身心健康,对追求真善美方面有重要的作用。

墨子深通军事,主张以武力反对侵略,提高武士的社会地位。墨家教育中,注重武艺技能和勇敢精神的培养,军事体育占有一定地位。

二、封建社会时期的体育教育

社会变革使体育不论在教育理念上,还是体育内容上,都发生了改变,尽管是缓慢的、长期的,但已经预示了我国古代体育教育的衰落。

教育思想与教育目标由文武合一、文武分途向重文轻武的方向发展，尤其是"罢黜百家，独尊儒术"政策，直接导致学校体育的衰退，射礼的保留，总算还有一定的体育教育因素。

科举制始于隋文帝开皇十八年（公元589年）。唐代武则天在发展和完善文科举的同时，继承了唐太宗重视选拔将才的做法，于长安二年（公元702年）开创武举制。武举制是武科举的简称，即通过考试选拔武官。这一制度一直延续到清代。

武举考试的内容包括力量测试、武艺较量及身材、言语等。力量测试有两种方法，一种称"翘关"，即一人举起城门的门闩；第二种为负重，负米五斛，行20步。武艺中的射箭，主要分为徒步和马上，"马枪"则测试马上运用武器的能力及刺杀技术。

用加官晋爵的方式吸引和鼓励习武者，表明政府承认了武艺的社会地位。武举制的确立和实施，对民间尚武风气和武艺的发展起到了有力促进作用。同时极大地推动了武术教育的开展，使当时的体育教育保持了较高的水平。

封建社会后期，由于民族矛盾、阶级矛盾的尖锐，社会变革的呼声日益高涨；加上近代西方体育的传入，中国体育掀开了新的一页。

颜元（1635-1704），清代著名教育家。他反对程朱理学"重心轻身"的教育模式，大力提倡"文武相济""兵学合一"，全面发展；提出要"习行""习动"，只有动才能"健人筋骨，和人血气，调人性情，长人信义"；并将动的意义拔高到"一身动则一身强，一家动则一家强，一国动则一国强，天下动则天下强"的程度。颜元的体育教育思想和实践，在我国古代教育史上占有重要地位，第一次明确了体育具有教育的意义，他是全面教育思想的早期尝试者。

三、半封建半殖民地社会时期的学校体育

这一时期，西方体育教育思想和运动项目的引进，促使新的教育制度和学校体育得以确立。

1904年颁布的《奏定学堂章程》（"癸卯学制"），它是中国第一个近代学制。它把学校教育分为三段七级，规定体操科目为各级各类学校的必修科目，尽管这种以兵式体操为主的体育教育单调呆板，但毕竟使体育正式列入学校教育的内容，是我国体育教育的一大进步。

民国时期，中国近代体育发生了重大变革：作为三育之一的体育在学校中的地位得到确立；在学校体育中废除了兵操，以体操为主要内容的体育课，变换为以球类、田径等生动活泼的近代体育项目为内容的课内外体育活动。

孙中山（1866-1925），一贯重视体育，认为"今之提倡体魄之修养，此与强种保国有莫大之关系"，视强身健体为国家存亡的前提。他为上海精武体育会题词"尚武精神"，以弘扬中华传统武术。

蔡元培（1868-1940），比较系统地研究和介绍了西方全面教育思想和体育学说，他认为教育的目的在于"养成完全之人格，必须体、智、德、美四育并重"，"完全之人格，首先在体育，体育最重要之事为运动"。其体育观集中体现在他《对于教育方针之意见》一文中，文末他引用"有健全的身体，始有健全的精神"，表明了对身心健康关系的看法。

毛泽东（1893-1976），1917年在《新青年》用"二十八画生"的笔名发表了《体育之研究》，文章分八节对体育的概念、目的、作用，体育与德育、智育的关系，体育锻炼的原则和方法等作了系统论述，深刻批判了当时的教育和体育。毛泽东认为体育对人的全面发展具有首要意义："体育者，人类自养其生之道也，使身体平均发达，而有规则次序之可言者也"，"体育于吾人实占第一之位置"，因此他主张"三育并重"。在运动方法方面，他强调应"有恒""注全力"。

2017年8月27日，习近平在天津会见全国群众体育先进单位、先进个人代表时强调：体育强则中国强，国运兴则体育兴。

2017年10月18日，习近平在中共十九大报告《决胜全面建成小康社会夺取新时代中国特色社会主义伟大胜利》中强调：广泛开展全民健身活动，加快推进体育强国建设。

习近平指出："全民健身是全体人民增强体魄、健康生活的基础和保障，人民身体健康是全面建成小康社会的重要内涵，是每一个人成长和实现幸福生活的重要基础。"在以习近平同志为核心的党中央的部署下，全民健身上升为国家战略，群众体育与竞技体育双轮驱动，超越自我的精神成为体育排序最优先的追求。

习近平总书记在2018年9月10日出席全国教育大会时指出："要树立健康第一的教育理念，开齐开足体育课，帮助学生在体育锻炼中享受乐趣、增强体质、健全人格、锤炼意志。"如今足球、篮球、冰雪等越来越多的体育项目进入校园，在丰富学校体育教学活动内容的同时，培养学生积极健康的生活方式，让广大青少年在体育锻炼中全面健康成长。

四、当代中国体育教育事业的发展

中华人民共和国成立以后，学校体育全面发展。毛泽东多次指示"各校注意健康第一，学习第二"，要学生做到"身体好、学习好、工作好"。1951年7月，政务院发布《关于改善各级学校学生健康状况的决定》，学校体育管理逐步正规化。之后，《学校体育工作暂行规定》《各级各类学校教育计划》、编定各层次"体育教学大纲"等措施，使学校体育进一步规范化。

尽管"左倾"思想和做法对学校体育有所冲击，1964年8月《关于中、小学学生的健康状况和改进学校体育、卫生工作的报告》要求学校体育应面向广大学生，首先是上好每周两节课（两课），同时坚持做早操和课间操（两操），安排好每周两次课外活动（两活动），使"两课、两操、两活动"为中心的学校体育格局初步形成。

"1966年5月至1976年10月特殊时期"期间，学校体育受到较大的冲击，导致学生身体状况和运动技术水平严重下降。

"1966年5月至1976年10月特殊时期"结束以后，学校体育重新步入了正常、健康的发展轨道。1978年《全日制十年制学校中学体育教学大纲（试行草案）》开始，逐渐形成了学校体育一个目的、三项基本任务的提法（"一个目的"——根据青少年的特点，有计划、有组织地锻炼学生的身体，促进他们身体的正常发育和机能的发展，全面地提高身体素质和人体的基本活动能力，提高对自然环境的适应能力，以受到增强体质的实效；"三项基本任务"使学生学习和掌握体育的基本知识、基本技能和基本技术，教会学生用科学的方法锻炼身体）。同时也逐渐形成了体育教学的核心是掌握体育基础知识、基本技能和基本技术的"三基"表述，反映了体育教学的基本内容。

依据1992年国家教委颁布的《全国普通高等学校体育教学指导纲要》，体育课分为基础体育课、选项体育课、选修体育课、保健体育课4个基本类型。教学内容在保留一定数量的竞技体育项目的基础上，融入了武术、气功、健美、舞蹈等民族体育和娱乐体育的内容，逐步改变了以竞技体育项目为主干的教材体系。

1995年，《全民健身计划纲要》和《体育法》用法规的形式肯定了学生的体育权益和学校体育的基本任务，开创了学校体育发展的新纪元，学校体育进一步朝着制度化、科学化方向发展。

当然我国目前学校体育出现了许多新问题：中小学生体质的一些指标持续下降；体育课开课不足；场地器材匮乏等。而学生课外身体活动减少、片面追求升学率是重要原因。为此2007年5月7日，国务院下达了《关于加强青少年体育，增强青少年体质的意见》，要求"通过5年左右的时间，使我国青少年普遍达到国家体质健康的基本要求，耐力、力量、速度等体能素质明显提

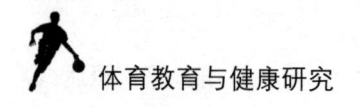

高……不断提高青少年乃至全民族的健康素质"。

近年来,《关于加快发展体育产业促进体育消费的若干意见》《全民健身计划（2016-2020 年）》等文件发布，政策红利持续释放。全民健身国家战略的实施，使中国体育变得更有温度、深度、气度：

根据《国务院关于实施健康中国行动的意见》，到 2022 年和 2030 年，国家学生体质健康标准达标优良率分别达到 50% 及以上和 60% 及以上。青少年健康不仅关系个人和家庭健康，也是国家和民族健康的基础。全民健身在青少年中广泛开展，正为体育强国、健康中国建设打下牢固基础。

据新华社北京 2019 年 9 月 2 日消息：国务院办公厅印发《体育强国建设纲要》（以下简称《纲要》），部署推动体育强国建设，充分发挥体育在建设社会主义现代化强国新征程中的重要作用。

《纲要》指出，要以习近平新时代中国特色社会主义思想为指导，按照党中央、国务院关于加快推进体育强国建设的决策部署，坚持以人为本、改革创新、依法治体、协同联动，持续提升体育发展的质量和效益，不断满足人民对美好生活的需要，努力将体育建设成为中华民族伟大复兴的标志性事业。

《纲要》提出，到 2020 年，建立与全面建成小康社会相适应的体育发展新机制。到 2035 年，体育治理体系和治理能力实现现代化，全民健身更亲民、更便利、更普及，经常参加体育锻炼人数达到 45% 以上，人均体育场地面积达到 2.5 平方米，城乡居民达到《国民体质测定标准》合格以上的人数比例超过 92%；青少年体育服务体系更加健全，身体素养极大提升；竞技体育综合实力和国际影响力大幅提升，体育产业成为国民经济支柱性产业，体育文化感召力、影响力、凝聚力极大提高，体育对外和对港澳台交往更活跃、更全面、更协调。到 2050 年，全面建成社会主义现代化体育强国，人民身体素养和健康水平、体育综合实力和国际影响力居于世界前列。

我国体育教育事业进入一个蓬勃发展的新阶段。

第五节　体育教育与健康课程实施意义

一、有助于丰富体育课程的理论体系

专门的体育课程研究起始于 20 世纪 80 年代，并于 90 年代起逐渐成为我

国学校体育理论研究的热点问题。迄今为止，我国学者对体育课程的理论基础、课程目标、课程内容、课程类型、课程组织、课程评价等领域进行了积极的探索，积累了较为丰富的研究成果。相比之下，对于将体育课程方案付诸实践的动态过程却关注较少。

进入 21 世纪，随着我国体育课程理论的日益深入和基础教育体育课程改革的不断推进，体育课程实施研究越来越受到我国学者的关注在陆续出版的著作中，如顾渊彦教授主编的《基础教育体育课程改革》，周登嵩教授主编的《学校体育学》，潘绍伟教授和于可红教授主编的《学校体育学》，邹玉玲、史曙生、顾渊彦合著的《体育课程导论》等都把研究触角敏锐地伸向了体育课程实施问题。不过，由于大家对体育与健康课程实施本质与含义理解的不同，导致研究的范畴和重点存在很大的差异。因此，对体育课程实施展开系统而深入的研究，无疑有助于丰富体育课程的理论体系。

二、有助于学理与学用相结合，构建体育课程实施的新模式

"学理"即学科的理论，"学用"即学科的应用，只有把"学理"研究和"学用"研究结合起来，才能更好地发挥科学研究对课程实施的牵引作用。从当前教育科学研究的发展趋势和体育课程实施的实践需要来看，应当特别关注行动研究和校本研究。行动研究的研究主体本身就是课程实践活动的实施者，由于身居实践第一线，其研究活动必然更加贴近具体的课程情境。学校是体育课程实施的基本单位，因此，校本研究不仅是实施和研究新课程的重要途径，也是提高体育教师专业发展水平的重要手段。

一方面，本研究将致力于探索有效体育课堂教学的新模式。教学观念的变革是本次课程改革的一个重要特征，这要求我们重新探索有效体育课堂教学的模式。有效体育课堂教学模式的研究，将有助于改变"教师教得投入，学生学得认真，却收效甚微"的现象，提高课堂教学的实效性。另一方面，本研究将改变"重形式轻实效"的现象，致力于探索课外体育实施的实施模式。课外体育是贯彻落实《中共中央国务院关于加强青少年体育增强青少年体质的意见》中提出的"确保学生每天锻炼 1 小时"的重要途径。大课间体育活动、学校体育俱乐部、体育节等实施模式的探索，将有助于改变"重形式轻实效"的现象，为课外体育活动的实施提供指导。

三、有助于发现体育课程实施中的问题，为课程实践提供有效指引

虽然基础教育体育课程改革已历时十余年，但"既破未立"的尴尬现象仍

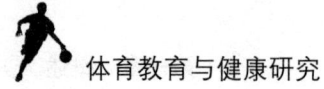

然普遍存在：当前，体育课程改革实际上还处于一种旧的模式，而新的实施体系又未确立，致使一线教师无所适从，只能"穿新鞋走老路"，甚至"穿旧鞋走老路"。为了改变这一现状，必须要加强体育课程实践环节的指引。

为了体现学生的主体地位，满足社会发展对体育课程的新需求，新课程提出了全新的课程理念，构建了新型的课程结构，建立了新的课程目标体系，提出了要变革传统的教学方式，提高课程的民主化和适应性，倡导新型师生关系，构建新的评价体系，等等。凡此种种变革，要求我们要及时发现并解析体育课程实施过程中存在的具体问题，为一线教师的课程实践提供必要的指导。

四、有助于体育课程实施方案的推广

体育课程实施过程中一个不容忽视的因素是课程环境。我国地域辽阔，各地经济、教育、文化等差异巨大，致使体育课程实施环境极为复杂多样。我国体育课程实施常常容易出现不加辨别和盲目的"借鉴"的现象，如甲地或甲校成功实施体育课程的经验，很快可以在乙地或乙校找到类似和相同的方案，很容易发现类似的课程"复制"或"克隆"现象。然而，只有从学生和社会发展的需要出发，从具体的课程情境出发，科学地处理好影响课程实施的诸因素，才能推动体育课程的有效实施。只有加强具体的课程实施的研究，才能以课程实施的实际环境为基础，促进体育教师与体育课程设计者的相互理解和相互对话，最终达到共同体认知和理解，进而促进新课程实施方案的推广。

第二章 现代体育与卫生保健

第一节 现代体育的构成及其发展趋势

国际体育界一致公认现代体育发源于19世纪的英国。1828年,英国教育家托马斯·阿诺德第一次把体育列入学校课程,这对现代体育的产生和发展起着决定性的作用。在英国的影响下,1844年在柏林举行了大学生田径运动会,1857年成立了田径协会,并在剑桥大学举行了世界第一次大学生锦标赛。这对现代体育产生了深远的影响。

一、现代体育的构成

现代体育,一般是相对古代体育、近代体育而言的。但有的学者将近代体育直接划归现代体育,理由是中文的"近代"和"现代"在英文里都同样译为modern,并且认为更重要的是在鸦片战争以后,中国社会和中国体育也已经开始了它们艰难的现代化之路。因此,也可以说现代体育是相对古代体育而言的。

综观体育的历史,体育的产生与发展经历了一个漫长地从自发、自在、自觉逐渐发展到自为的复杂过程。在这个过程中,体育经历了自发、自在、自觉的古代发展阶段,再步入自为阶段,现代体育也随之形成。

文艺复兴把人类带入了自觉审视自身的新阶段,人的生活乃至人体都逐渐对象化,逐步成为人类认识甚至改造的对象;17—18世纪的科学技术革命和19世纪的工业革命,极大地扩展和提高了人类的认识能力,身体活动与人类自身自然变化之间的联系及其规律一步步被揭示。人类不仅自觉地运用身体活动,而且能利用对身体活动的科学认识有意识地设计、改革和完善自身自然,科学化成为这个时代体育的基本特征。现代体育是科学的体育、自为的体育，无论在宏观（对社会）还是在微观（对个人）意义上，体育都已经成为人类有意识、有目的、有计划的行为，其基础是工业社会、科学技术和全球化的发展。

现代体育是由学校体育、竞技体育和社会体育构成的。

1. 学校体育

学校体育是学校教育的重要组成部分，是全民体育的基础。

现代学校教育既重视增强学生的体质，又注重培养学生的体育意识，讲究体育锻炼的科学性，进行终身体育教育，为学生终身体育打下良好的理论和技能基础。学校体育还将担负着为国家培养和输送体育人才，以适应当代社会和青年对日益增长的精神和文化生活的需要。学校体育是按不同教育阶段和年龄特征，通过体育教学、课外体育活动、业余体育训练这3种基本形式，围绕"增强体质"这个中心，使学生在德、智、体、美等方面都得到发展。

2. 竞技体育

竞技体育是为了最大限度地发挥个人或集体的运动能力去争取优异成绩而进行的运动训练和竞赛。由于竞技体育的表演技艺高、竞争性强，极易吸引广大观众，因此它极具感染力和传播力量；在活跃社会文化生活、振奋民族精神、提高国际威望、促进友谊等方面有着重要意义。为探索人类运动的极限，参与日趋激烈的赛场竞争，各国都在采用先进、科学的训练方法和手段，提高运动能力，以使竞赛更加精彩。

3. 社会体育

社会体育也称大众体育，是以健身、健美、娱乐、医疗为目的，开展形式多样、内容丰富的体育活动，休闲体育、娱乐体育、养生体育均可列入此类。现代社会生活、工作节奏加快，只有保持健康的身体和旺盛的精力才能适应这种节奏。现代科技给人类带来舒适、便捷的同时，也带来许多不利因素，如环境和大气污染、生态失去平衡、缺乏身体运动、营养过剩等各种"文明病"人们已经认识到，只有科学地进行体育锻炼，才能保持和促进身体健康。大众体育是现代社会的一种生活方式，是提高生活质量必不可少的手段。

二、现代体育的发展趋势

1. 学校体育不仅是现代体育的组成部分，而且是现代体育的基础

学校体育、竞技体育、社会体育三者既有共性，也有特性。它们互相依存，互相影响，互相促进，构成现代体育的整体。学校体育是三者发展的基

石，只有良好的学校体育基础，才能为竞技体育输送更多的人才，才有蓬勃发展的社会体育。

2.国际化、社会化趋势

现代体育正成为国际社会的社会现象。无论其社会制度、宗教信仰、民族特点如何，无不重视体育运动的开展。在国际奥林匹克运动会的推动下，竞技体育的规模日益扩大，不仅促进了体育运动本身的发展，而且也推动了人类文化、社会经济的发展。

体育作为社会现象，它是社会发展的产物，又对社会发展起着促进作用，现代体育功能已大大超过了增强体质的范围，已经成为改善人们生活方式、提高生活质量的不可缺少的因素。

3.高科技已成为现代体育发展的强大动力

现代科学技术的迅速发展，不但使社会结构、经济结构和生产方式发生了巨大的变化，而且极大地促进了体育运动的发展。大量的高科技成果和科学理论广泛地运用到了体育领域中。在学校体育和大众体育中，理论指导、科学锻炼方法的运用以及先进设备的运用，不仅提高了锻炼效果，而且增强了体育运动的魅力。

第二节 现代体育的功能与传播价值

一、现代体育的功能

体育在外部环境的互动中表现出相对特殊的作用与效能，这种作用与效能就是所谓的体育功能。《体育大辞典》中将体育的功能定义为："体育的效能，指体育对人类和社会所起的综合作用，由体育本身的特点和社会的需要所决定，包括生物效能和社会效能两大类。"

（一）健身功能

体育主要是以各种身体运动方式进行的，它要求人体直接参与活动，这是体育最本质的特征之一，这个特点决定了体育具有健身功能，体育的健身功能主要表现在以下几个方面。

1.体育运动能改善和提高中枢神经系统的工作能力

大脑是人体的最高指挥部，人体一切活动的指令都是由大脑发出的。大

体育教育与健康研究

脑的重量虽然只占人体重量的2%，但它所需要的氧气却要由心脏总流出量的20%来供应，比肌肉工作时所需血液多15—20倍。然而，脑力劳动者长时间伏案工作，技能活动的特点是呼吸浅，血液循环慢，新陈代谢低下，腹腔器官及下肢血液停滞。长时间进行脑力劳动会使人头昏脑涨，就是由于大脑供血不足、缺氧所致。另外，大脑工作时所需能量来源于血液中的葡萄糖，然而其自身葡萄糖的储存量却很少。如果连续用脑时间过长，就会因血糖浓度降低而使大脑反应迟钝，思维能力下降。

进行体育运动，特别是到大自然中和新鲜空气中进行体育锻炼，可以使大脑得到积极的休息，改善大脑的供血状况。并且，经常参加体育运动，可以提高大脑皮层的兴奋性，使大脑对外刺激的反应更加迅速、准确，整个机体的工作能力得到提高。苏联伟大的生理学家巴甫洛夫经常对学生说："如果不锻炼身体，大脑就不能很好地工作。"他身体力行，到80岁高龄还经常进行体育锻炼。而世界大文豪列夫·托尔斯泰从青年时期就开始坚持体育锻炼，80岁时还每天做操。因此，他一直保持清晰的理智、良好的记忆力和高度的工作能力。

2.促进有机体的生长发育，提高运动能力

生长即指细胞繁殖和细胞间质的增强所形成的形体上的变化，它是人体量变的过程。而发育则是有机体各器官、系统的结构逐步完善，机能逐渐成熟的过程。

骨骼是人体的支架，其生长发育不仅对人体形态有重要影响，而且对内脏器官的发育、对人的劳动能力和运动能力都有直接影响。体育运动刺激骺软骨的增生，从而促进骨的增长。科学研究证明，经常从事运动的青少年比一般青少年身高增长要快。同时，经常参加运动还可促使骨骼变粗，骨密质增厚，骨骼抗弯、抗折、抗压能力增强。实验证明，普通人的股骨，承受300kg的压力就会折断，但运动员的股骨，可承受350kg的压力。经常从事运动，可以改善肌肉的血液供应状况，增加肌肉内的营养物质，特别是蛋白的含量，使肌纤维变粗，工作能力加强。一般人肌肉重量只占体重的40%，而运动员肌肉重量占体重的45%—50%。同时运动还可以促使肌肉有更多的能量储备，以适应运动和劳动需要。

3.体育运动能促使人体器官构造的改善和机能的提高

体育运动能使人体内能量消耗增加、代谢产物增多、新陈代谢旺盛、血液循环加速，从而使血液循环系统、呼吸系统、消化系统、排泄系统都得到改善。使主管这些系统工作的器官——心肺等在构造上发生变化，机能提高。如经常运动能使心脏产生运动性肥大，心肌增强，心壁增厚，心腔容积增大。在体能上，心肌的每搏输出量增加，而心搏频率机能低，出现"节省化"现象。肺的功能也会因运动而提高，肺活量增大，呼吸深度加深。

4. 体育运动能调节人的心理，使人生充满活力，并能提高人体的适应能力

从事运动，特别是群体运动能使人心情舒畅、精神愉快，调节人的某些不健康情绪和心理，缓解压力，调整消沉、沮丧的情绪。美国一位心理学家德里斯发现跑步能成功地减轻大学生在考试期间的忧虑情绪。人们还发现有紧张烦躁情绪的人，只要散步15min后，紧张情绪就会松弛下来。运动能增强人的免疫力，提高对疾病的抵抗能力，提高对外界环境的适应能力。

5. 体育运动可以防病治病，推迟衰老，延年益寿

生物体从胚胎、生长、发育、成熟直到衰老、死亡，这是一个不可改变的客观规律。但一个人体质的好坏，衰老的快慢却是可以控制的。原国际运动医学联合会主席普罗科教授多年研究证明："不锻炼的人，30岁起身体机能就开始下降；到55岁，身体机能只相当于他健康时的2/3；而经常锻炼的人到40、50岁，身体机能还相当稳定；当他60岁的时候，心血管系统的功能大约相当于20、30岁不锻炼的人。这也就是说，经常锻炼的人比不经常锻炼的人要年轻20、30岁。"现任国际运动医学联合会主席霍尔曼教授指出：每天坚持跑步10分钟的人，心脏可以年轻20岁。

（二）愉悦功能

作为有意识、有情感的人，在人生的历程中，总会伴有喜怒哀乐、烦恼和痛苦。人类总是力图通过自己的努力，从人生的痛苦与烦恼中解脱出来。体育以其特有的方式，对于从痛苦与烦恼中解脱出来的人们，获得健康、幸福、快乐的一生具有重要作用。

1. 加强生命的力量，获得能量释放的快感

运动时生命的本质是生命活动的形式。亚里士多德说："生命便是运动。"体育既可以增进健康、增强生命力量，又可以使人感知自我生命存在的力量，这种健康和生命的力量是快乐的基础。人可以从这种对生命的感知中获得一种快感。德国哲学家叔本华曾说过："能够促进心情愉快的不是财富，而是健康——唯有健康才能绽放愉快的花朵。有了健康，每件事都是会快乐的，失掉健康也就失掉了快乐。"满足生命力而得到的快乐，是基本快乐，几乎人人都要得到这种快乐，体育是获得这种快乐最积极有效的手段。

人的机体各个器官系统处于不停的运动中，各器官系统的运动必须保持某种程度上的平衡，这种平衡如长时间被破坏，人体就会感到不适。内脏器官的

活动永不停息，必然产生大量能量，这些能量得不到释放，人就会感到不快与难受。现代人由于日常生活、工作中体力劳动减少，体内能量骚动与释放出现了不平衡。这种不平衡是现代"文明病"的根源，同时也给人类带来了情绪上的困扰。通过运动可以消除这种不平衡，并从中获得能量释放的快感。有运动经历的人，都体验过运动出汗后的轻松感、快乐感。由于体育能产生强烈的情感体验、调整失去平衡心的心理，所以，体育又可以作为情感宣泄的舞台、媒介，这对于营造和谐稳定的社会关系有着特殊的作用。因此，在西方社会学中，体育又被称为社会的"安全阀"。

2.获得美的享受、精神上的愉悦

凡是感到美的事物都能引起人精神上的快感。美使人兴奋、使人安宁、使人陶醉、使人忘却一切。体育可以使人感受到人体美、自然美、艺术美，从而获得一种综合美的享受，并从美的感受中体验到快乐。

参加体育锻炼可以使自身的体格健壮、形美，朝气蓬勃，生命力旺盛，这种美不仅可以引起他人的羡慕，而且可以增强自信心、自尊心、自豪感，从而感受到来自自身美的快乐。

现代竞技运动，以其剧烈的竞争性、胜负的不确定性和高度的技艺性，吸引了千千万万的观众，人们已把直接或间接欣赏高水平的竞技比赛作为业余生活的重要内容。竞技中，运动员健美的身体和优美的动作巧妙地结合在一起。人们观赏优美的姿势，轻松有力、富有节奏、韵律的表演，不仅可以感受到人体的动态美，还可以获得一种美的艺术享受。与此同时，人们的情绪也在美的享受中随场上激烈比赛而变化、激动、兴奋、呐喊，身心完全融入比赛之中，完全忘却了自我。

3.显示人的能力，体验自我实现的快乐

人具有成长、发展、利用潜能的心理需要，美国人本主义心理学家马斯洛将此称为自我实现。马斯洛把这种高级需求解释为："一种想要变得越来越像人本来的样子，实现人的全部潜能的欲望。"人的这种高级需求的满足，可以引起人深刻而强烈的幸福感和精神生活的充实感。需要是快乐的源泉，法国大文豪伏尔泰曾说过："没有真正的需要，便不会有真正的快乐。"人可以不断努力，从自我潜能实现中获得快乐。体育运动中人们总是根据自己的能力进行活动，既可以显示人的能力，又可以发展人的能力，在自己的身体运动中感受到能力的提高。通过自我能力的实现而获得的快乐是最大的快乐，且可持续较长时间，每当回忆起来时，仍会兴奋、充实和愉悦。

体育在很大程度上是和困难、艰辛、挑战、征服联系在一起的。运动中，特别是在一些较为剧烈、危险的运动中，有机体总是承受一定的甚至很大的痛苦。正是由于艰辛和来之不易，才能使人强烈地体验到成功、胜利的喜悦。运动中，首先要挑战自我、挑战他人；征服自我、征服他人，这种对自我、对他人、对环境的征服，是一种自我能力的实现。征服挑战的水平越高，获得的快乐就越持久、越强烈。体育以它特有的方式，在人类的休闲娱乐中发挥着日益巨大的作用，它给予人的快乐不论在广度、强度，还是持久性上，是其他活动所难比拟的。现代奥林匹克创始人皮埃尔德·顾拜旦在《体育颂》中高度概括了体育的娱乐功能。他写道："啊！体育，你就是乐趣！想起你，内心充满欢喜，血液循环加剧，思维更加开阔！条理更加清晰！你可以使忧伤的人散心解闷，你可以使快乐的人生活更加甜蜜！"无疑，在经济迅猛增长、科技进步日新月异、社会余暇时间更多的当今，体育成了世人善度余暇、愉悦身心的法宝。

（三）经济功能

体育作为一种社会活动，它的发展速度和水平对经济有一定的依赖性。反过来，体育运动又可以反作用经济，促进经济的发展。当今，体育产业已经成为一个新兴的产业部门，具有良好的发展势头，体育的经济功能已开始为世界各国所关注。一些经济发达国家，非常注意发挥体育的经济功能，追求体育的经济效益，甚至把竞技体育作为谋取利润的工具而采用各种方法来增加体育的经济效益。许多国家在体育经费的来源方面已经改变了完全依靠政府支持的局面，甚至通过承办一些大型运动会来为政府赢得可观的收入。体育运动的直接收入归纳起来主要有以下几个途径。

1. 电视转播权

世界大赛的实况转播，已成为最吸引人也是收费最高的节目。许多重大国际比赛中的广告费远远高于在普通电视节目中插播的费用。随着电视在世界上的普及，奥运会电视转播权的价格也逐年递增，到了1984年洛杉矶奥运会，电视转播权价格达到3.6亿美元。2004年雅典奥运会上，电视转播权价格达到14.8亿美元。

2. 赞助与广告

企业以赞助或购买的方式获得赛事冠名权或相关广告机会，是大型体育比赛获取收入的又一重要来源。奥林匹克全球伙伴赞助计划（TOP）是1985年开始实施的，第一期（1985—1988年）赞助金额为1亿美元。从1985年开始到2004年国际奥委会共实施了5个阶段TOP计划。第5期（2001—2004年）赞助金额达到6亿美元。

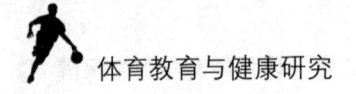

3. 门票

精彩的体育竞赛是当今最引人关注的社会文化活动之一,组织得好,门票收入可观。1996年亚特兰大奥运会共售出约1100万张门票,平均票价40美元。2000年悉尼奥运会的门票收入高达5.51亿美元。

4. 其他

大型体育比赛中获取收入的方式还有发放纪念币,发售体育彩票、特定产品的特许经营权,接受各种捐赠等。

(四) 教育功能

所谓个体社会化就是指人的社会化,即由生物的人变成社会的人的过程,人刚出生时只是一个生物人,只具有本能活动。要使他成为一个社会成员,就必须有一个学习和受教育的过程,这个过程叫人的社会化。

人的社会化是一个非常复杂的过程,在人的整个社会化过程中,体育运动有着非常重要的作用。美国社会学家海兰考曾说过:"如果把体育运动忽然从世界和人们的意识中消灭(当然这是不可能的),只要人的社会化过程不变,体育运动很快会诞生,也许还会再造出形式与现在一样的体育运动。"体育运动本身就是一个有章可循(有统一制定的规则)的有一定约束力的社会活动。同时,它又是在一定的执法人——裁判员或教师、教练员的直接监督下有组织地进行的,这对培养年轻一代遵守社会生活的各种准则有很好的作用。

体育运动是一个社会互动的场所,在体育运动中,个人之间、集体之间发生着频繁的接触。而一些竞技类项目更是对参赛者在思想品德方面提出严峻的考验。如长跑到了"极点"时,是坚持下去还是半途而废;对方犯规时,是毫不计较,还是"以牙还牙";比赛失利时,是互相鼓舞还是相互抱怨等。现代体育比赛中,在奥林匹克运动会所倡导的"公平竞赛"原则下,运动员所具有的那种向更高、更快、更强的目标顽强拼搏的精神,同时,也深深地打动着观众的心,这就是一种教育。中国历届运动员在奥运会上的出色表现,极大地振奋了民族精神。在升国旗、奏国歌的庄严时刻,极大地振奋国人的心灵,这是极好的爱国主义教育,这是其他形式所不能替代的。

二、体育传播价值

(一) 整合社会促进社会文明

传播是在一个具体的社会环境和生产场合当中的一种行为的整合。社会整合主要有价值整合、规范整合和结构整合。价值整合是整合功能中最基本、最重要的功能。每个社会的成员在价值观上都有差异，在良好文化的熏陶和明星效应的引导下，大多数人会在社会生活的基本方面形成正确的观念和良好的行为规范。体育文化本身的特征和性质使其在形成社会舆论、规范个人行为、协调社会关系方面的作用显得更加突出。正如奥林匹克主义所倡导的将身、心和精神方面的各种品质均衡地结合起来，并使之得到提高的一种人生哲学。它将体育运动与文化教育融为一体。建立以奋斗中所体验到的乐趣，发挥优秀榜样的教育价值，推崇一般伦理道德基本原则为基础的生活方式。体育明星在赛场上勇敢顽强的拼搏精神，团结协作的作风，坚韧不拔的意志品质，遵守规则的行为规范，成为受众处世的典范。同时，通过大众传媒对体育的传播，一方面可以使体育成为大众关注的焦点，另一方面，可以使体育的发展得到大众的有效监督，遏制体育商业化、产业化、职业化过程中产生的异化现象和腐败行为，从而更好地规范人们的社会行为，建立一个维护人的尊严、公平竞争、和平的社会，使人类社会朝着有序、健康、文明的方向发展。

（二）体育文化传承与交流

从传播学的角度来看，体育的传播是时代纵向传播和各民族、地域横向传播流程的统一体。现代体育作为人类社会几千年积存的精神文化财富，是一种具有丰富内涵的社会活动和文化现象，对于人类自身的进化、完善和社会进步发挥着重要的功能。通过传播把体育文化传递给下一代，使社会成员继承体育文化遗产，树立正确的体育价值观念，形成良好的社会行为规范，从而增强社会的凝聚力，丰富人类文化的内容。

20世纪以来，大众传媒深刻影响了人们的生活。通信卫星与互联网等传播手段的利用，促进了各国家和民族之间体育文化的交流和沟通。各国体育管理体制的相互借鉴，高精尖运动技术相互砥砺，学校体育的相互学习，大众体育的相互吸收，东西方体育文化的相互融合都是通过体育传播得以实现的。体育本身就是一种"无国界"的活动，体育传播既丰富了各民族体育文化的内容，又融汇了各民族优秀体育文化精粹。

（三）生产快乐与愉悦身心

休闲娱乐是人的天性，是社会发展不可缺少的部分，借助休闲娱乐可以使整个社会获得休息以保持活力。在现实生活中，人们既要承受着紧张的工作、激烈的竞争和快节奏生活所带来的巨大压力，又必须严格遵守存在于特定生活情境中的所有价值标准和道德束缚，体力和心智方面都处于一种紧张状态。长此以往，这种压抑和紧张极易导致身心疲劳，郁闷和痛苦，以致心理障碍。因此，人类反复寻求释放压抑的途径。寻求的成功便是精神的转移和升华。为了缓解压力和紧张，人们需要身心的放松、解脱和宣泄，通过"娱乐"来释压。随着信息社会的发展，人们的价值观念和生活方式逐渐发生变化，由工作直接支配的生活领域相对缩小，娱乐休闲的生活领域相对扩大。于是，人们在大众传媒和体育传播身上找到了精神寄托。大众传媒与体育相结合使体育所具有的娱乐功能被充分挖掘出来，电视媒体中精彩的体育比赛转播，印刷媒体中对体育新闻的详尽报道，网络传播体育赛事的立体效应给受众带来生动逼真的感受，使社会不同层次的受众在轻松的娱乐中得到了身心的满足。体育被人们称为是释放精神压抑和多余的能量，维护社会秩序和稳定的"安全阀"。

体育传播的娱乐效应不仅仅是指传播带有娱乐色彩的体育项目和极具煽情性的花边新闻，更主要的是通过体育传播还原其体育与生俱来的娱乐功能，回归其展示身体健与美的本性。通过体育传播，人们把潜在能量引向积极健康的运动游戏和休闲娱乐，让人们在情感的宣泄中获得补偿，在体育的传播过程中获得快乐和愉悦，情感得到陶冶，心灵得到净化，内心世界更加丰富。同时，引导人们积极参加体育运动和休闲娱乐，通过体育运动把人们从常规故辙中解放出来，消除身心的紧张与拘束，全身心地投入、欣赏、体验运动的乐趣，产生一种幸福感和满足感。可以说，生产快乐、愉悦身心是体育传播的本质功能。

（四）推动体育产业的快速发展

在现代社会，体育传播一个重要功能是促进体育产业的迅速发展。人们通过体育组织和大众传媒等形式传播体育文化，促使人们产生对体育的浓厚兴趣，积极参加体育活动，进行体育消费，从而带动体育产业的飞速发展。体育旅游消费的兴起、体育俱乐部经营的红火、体育场（馆）设施的充分利用、体育服装产业的方兴未艾等就是明证。特别是大众传媒的全球覆盖技术，缩全球为一点。人们可以在不同的地域同时观看奥运会、NBA、英超、德甲、意甲、西甲等大型国际体育赛事，体育成为全球共同关注和投入的文化消费，形成了全球规模的文化市场和体育产业市场。随着体育消费市场的扩大，体育产业的丰厚利润，促进了文化企业家对体育传媒业的投资和对体育文化传播的力度，使体育传播媒体扩大发展，从而进一步推进体育自身的发展和体育产业化的进程。

第三节　体育运动卫生常识与保健

"生命在于运动",而运动必须有一定的规律性,只有掌握体育运动的卫生常识,科学地进行体育锻炼,才能做到强身健体、防病治病。

一、体育锻炼前要做好准备活动

体育锻炼前进行充分的准备活动,对于体育锻炼者来说是非常重要的。有些体育爱好者就是由于不重视锻炼前的准备活动而导致各种运动损伤,不仅影响锻炼效果,而且影响锻炼兴趣,对体育活动产生畏惧感。因此,每个体育活动爱好者在每次锻炼前都必须做好充分的准备活动。

(一)准备活动的主要作用

1.提高肌肉温度,预防运动损伤

体育运动前,进行一定强度的准备活动,可使肌肉的代谢过程加快。肌肉温度的升高,一方面可使肌肉的黏滞性下降,提高肌肉的收缩和舒张速度,增强肌力;另一方面还可以增加肌肉、韧带的弹性和伸展性,减少由于肌肉剧烈收缩造成的运动损伤。

2.提高内脏器官的机能水平

内脏器官的机能特点之一是生理惰性较大,即当活动开始,肌肉发挥最大功能水平时,内脏器官并不能立即进入"最佳"活动状态。在正式开始体育锻炼前进行适当的准备活动,可以在一定程度上预先动员内脏器官的机能,使内脏器官的活动一开始就达到较高水平。另外,进行适当的准备活动,还可以减轻开始运动时由于内脏器官的不适应所造成的不舒服感。

3.调节心理状态

体育运动不仅是身体活动,而且也是心理活动,现在越来越多的研究认为心理活动在体育锻炼中起着非常重要的作用。体育运动前的准备活动可以起到心理调节的作用,接通各运动中枢间的神经联系,使大脑皮层处于最佳的兴奋状态并投身于体育锻炼之中。

(二)如何进行准备活动

一般来说,准备活动时主要应考虑准备活动的内容、时间和量以及时间间隔。

1. 内容

准备活动可分为一般准备活动和专项准备活动。一般准备活动主要是一些全身性身体练习，主要包括跑步、踢腿、弯腰等，其作用是提高整体的代谢水平和大脑皮层的兴奋状态，减少运动损伤的发生；专项准备活动是指与所要进行的体育项目相适应的运动练习。例如，打篮球前先投篮、运球；跑步前先慢跑等。日常体育锻炼时需要进行一般性准备活动，即可进行正式的体育活动。

2. 时间和量

准备活动的时间和量随体育锻炼的内容和量而定，由于以健身为目的的体育锻炼量较小，所以准备活动的量也相对较小，时间不宜过长，否则，还未进行体育锻炼，身体就疲劳了。半小时的体育锻炼，其准备活动的时间一般为5min左右。气温较低时，准备活动的时间也适当长一些，量可大一些。气温较高时，时间可短一些，量可小一些。

3. 时间间隔

一般人进行准备活动后就可以马上从事体育运动，运动员准备活动后适当的休息是为了使身体机能有所恢复，以便在比赛中创造优异成绩。而一般人参加体育活动是为了增强体质，所以准备活动后接着进行体育锻炼即可。

二、体育锻炼时间选择

参加体育锻炼的时间主要根据个人的生活习惯、身体状况或工作性质而定，一般很难统一。但就多数体育锻炼者来说，体育锻炼的时间多安排在清晨、下午和傍晚。不同的锻炼时间有不同的特点，练习者可根据自己的实际情况选择。

（一）清晨锻炼

许多人喜欢在清晨进行体育锻炼，这首先是由于清晨的空气新鲜，晨练有助于体内的二氧化碳排出，吸入较多的氧气，有利于加快体内的新陈代谢，提高锻炼的效果。其次，清晨起床后大脑皮层处于抑制状态，通过一定时间的体育锻炼，可适度提高大脑皮层的兴奋性，从而有利于一天的学习与工作。经常参加体育锻炼的人多有这样的体会，如果清晨不进行体育锻炼，一天都觉得无精打采，提不起精神。再者，晨练时，凉爽的空气刺激呼吸道黏膜，可增强机体的抵抗力，以适应外界环境的变化，不易发生感冒等病症。所以有人说，早晨动一动，少闹一场病。由于清晨锻炼多在空腹情况下进行，所以运动量不要太大，时间不宜太长。否则，长时间的运动会造成低血糖，不仅影响锻炼效果，而且会使身体产生不适应。另外，对工作、学习紧张及习惯于晚起床的人来说，无须每天强迫自己进行晨练。

（二）下午锻炼

下午主要适合有一定空余时间的人进行体育锻炼，特别适合大、中、小学的师生。经过一天紧张的工作或学习后，下午进行一定强度的体育锻炼，不仅可以增强体质，而且可使身心得到调整。下午进行体育锻炼时，运动强度可大一些，青年学生可打球、做游戏，老年人可打门球、跑步。对心血管病人来说，下午运动最安全。医学研究表明，心血管的发病率和心肌梗死的发生率在上午6～12时最高。所以，为了避免这一"危险"时间，运动医学工作者认为，心血管病人的适宜锻炼时间应在下午。

（三）傍晚锻炼

晚饭后也是体育锻炼的大好时光，特别是对那些清晨和白天工作、学习十分忙的人来说尤为如此。傍晚进行适当的体育锻炼，既可以健身强体，又可以帮助机体消化吸收。傍晚运动的主要形式为散步，傍晚进行体育活动的时间可长可短，但一般不要超过1h，运动强度也不可大，心率应控制在120次/min内。强度过大的运动会影响胃肠道的消化吸收，同时，傍晚锻炼结束与睡觉的间隔时间要在1小时以上，否则，会影响夜间的休息。

三、运动量的控制

体育锻炼时，合理控制运动量是影响运动效果的重要因素之一。活动量太小，达不到锻炼身体的目的；运动量过大，又会引起过度疲劳，影响身体健康。所以，每位体育爱好者在开始体育锻炼前就应学会检测运动量的方法。体育锻炼中常见的监测运动量的方法有以下几种。

（一）运动时测脉搏

在体育锻炼时或体育锻炼后，立即测10s的脉搏，就一般体育锻炼者来说，运动后即刻的心率最好不要超过25次/10s。脉搏次数过快，主要是发展机体的无氧代谢能力，这对一些专项运动员来说是十分重要的，但对提高身体的健康水平意义不大，而且运动量过大会增加心脏负担，可能会出现一些意外事故。即使是特殊需要，体育锻炼者运动时的心率也不要超过30次/10s。

（二）根据年龄控制运动量

年龄与体育锻炼中的运动量有着密切的关系，随着年龄的增加，人体的运动能力逐渐下降，体育活动量也应随着减小。现在，体育活动中经常用"180-年龄"的值作为体育锻炼者的最高心率数，即30岁的人在进行体育锻炼时其

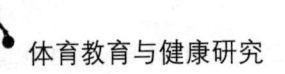

心率数不要超过 150 次/min，而 70 岁的人参加体育锻炼时的最高心率不要超过 110 次/min，这一公式已广泛用到以健身为目的的体育锻炼之中。

（三）根据第二天"晨脉"调节运动量

"晨脉"是指每天早晨清醒后（不起床）的脉搏数，一般无特殊情况，每个人的晨脉是相对稳定的。如果体育锻炼后，第二天晨脉不变，说明身体状况良好或运动量合适；如果体育锻炼后，第二天的晨脉较以前增加 5 次/min 以上，说明前一天的活动量偏大，应适当调整运动量；如果长期晨脉增加，则表示近期运动量过大，应该减少运动量，或暂时停止体育锻炼，待晨脉恢复正常后，再进行体育锻炼。

（四）主观感觉

体育锻炼与运动员的运动训练不同，其基本原则为：锻炼时要轻松自如，并有一种满足感，这也是锻炼者进行运动量监测的一项主观指标。如果锻炼后有一种适度的疲劳，而且对运动有浓厚的兴趣，则说明运动量适合机体的机能状况；如果运动时气喘吁吁、呼吸困难，运动后极度疲劳，甚至厌恶运动，则说明运动量过大，应及时调整运动量。

体育锻炼对身体机能是综合刺激，身体机能的反应也是多方面的，锻炼者可根据自身条件对身体机能进行综合评价，必要时，则应在医务工作者的监督下进行。

四、合理的呼吸方法

体育锻炼时掌握了合理的呼吸，可以有效地提高锻炼效果。对于体育爱好者来说，掌握合理的呼吸方法应注意以下几个方面的问题。

（一）采用口鼻呼吸法，减小呼吸道阻力

人体在进行体育锻炼时，氧气的需要量明显增加，所以仅靠鼻实现通气已不能满足机体的需要。因此，人们常常采用口鼻同用的呼吸方法，即用鼻吸气，用口呼气。活动量较大时，可同时用口鼻吸气，这样一方面可以减小肺通气阻力，增加通气；另一方面，通过口腔增加体内散热。有研究证实，采用口鼻呼吸方式可使人体的肺通气量较单纯用鼻呼吸增加一倍以上。在严冬进行体育锻炼时，开口不要过大，以免冷空气直接刺激口腔黏膜和呼吸道而产生各种疾病。

（二）加大呼吸深度，提高换气效率

人体在刚开始进行体育活动时往往有这种体会，即运动中虽然呼吸频率很快，但仍有呼不出、吸不足、胸闷、呼吸困难的感觉。这主要是由于呼吸频率

过快，造成呼吸深度明显下降，使得肺实际进行气体交换的量减少，肺换气效率下降。所以，体育锻炼时要有意识地控制呼吸频率，呼吸频率最好不要超过每分钟30次，加大呼吸深度，使进入肺内进行有效气体交换的量增加。过快的呼吸频率，还会由于呼吸肌的疲劳造成全身性的疲劳反应，影响锻炼效果。

（三）呼吸方式与特殊运动形式相结合

不同的体育锻炼方式对人体的呼吸形式有不同的要求，人体的呼吸形式可分为胸式呼吸、腹式呼吸和混合呼吸，在运动中呼吸的速率、深度以及节奏等，必须随运动技术动作进行自如的调整，这不仅能保证动作质量，同时还能推迟疲劳的出现。在体育锻炼时，切勿忽视呼吸的作用，掌握合理的呼吸方法，可以有效地提高锻炼效果。

五、出现不舒服感觉时的处理

人体在体育锻炼中有时会出现一些不舒适感觉，这主要是活动安排不当造成的，但在个别情况下也可能是某些疾病引起的。所以，锻炼者要能够及时判断运动中出现的各种状况，以便科学地从事体育锻炼，防止意外事故的发生。体育锻炼中的不舒适感觉及其一般处理有以下几种情况。

（一）呼吸困难、胸闷

运动量过大，机体短时间不能适应突然增大的运动量，而出现呼吸困难、胸闷、动作迟缓、肌肉酸痛等症状，甚至不想继续运动，这种现象在运动生理学中被称为"极点"。极点主要是由于运动时呼吸方式不对（呼吸表浅，呼吸频率过快），或运动强度过大，造成机体缺氧，乳酸等物质在体内堆积，引起呼吸循环系统失调，并造成大脑皮层的兴奋性下降。当出现上述症状后，可适当降低运动强度，一般几分钟后，不适感觉即可消失。

（二）运动中腹痛

运动中腹痛主要有两种情况：一是胃痉挛，这主要是由于饮食不当，食物刺激胃，引起胃痉挛，或是空腹参加剧烈活动，胃酸刺激引起胃痉挛性疼痛。如果运动中出现这种情况，可暂时停止运动，做一些深呼吸运动，严重者，可作热敷，喝少量温开水，以使症状得到缓解。二是肝脏充血，疼痛主要出现在右上腹，这是由于运动量突然加大，造成肝脏充血、肿大、牵拉肝脏薄膜，造成疼痛。出现这种情况，轻者可降低运动强度，再继续锻炼；如果连续几天体育锻炼时均出现右上腹疼痛症状，则应去医院检查。

（三）肌肉疼痛

体育锻炼中肌肉疼痛有以下几种情况。

（1）运动时肌肉突然疼痛，且肌肉僵硬。这是肌肉痉挛，多出现在骤冷天气和天气炎热大量排汗时。肌肉痉挛多发生在小腿肌肉或足底。出现肌肉痉挛后，可缓慢牵拉痉挛的肌肉，即可使症状缓解，轻者继续运动，重者可放弃当天的运动，第二天仍可继续参加锻炼。

（2）肌肉突然疼痛，而且有明显的压痛点。这主要是由于肌肉用力不当造成肌肉拉伤。肌肉拉伤后应立即停止体育锻炼，并进行冷敷、包扎等应急性措施，到附近医院治疗。

（3）肌肉酸疼，一般在刚开始体育锻炼后的几天，连续出现的广泛性肌肉酸疼，无明显的压痛点。这种疼痛是体育锻炼过程中的一个生理反应过程，一般在第一次运动后的第二天出现，2～3天疼痛最明显，一般一周后消失。对于这种情况，一般没有必要停止体育锻炼。

（4）慢性肌肉劳损，长时间出现局部肌肉酸疼，而且连续锻炼不减轻。这主要是由于长期不正确的运动动作所造成的，慢性劳损的主要特征是不活动劳损局部疼痛，而当身体进入活动状态后，疼痛状态减轻或消失。慢性劳损的恢复时间较长，一旦发现，就应彻底改变错误动作，形成正确的动作，以防劳损的发展。同时，还应及时去医院治疗。

（四）运动后肌肉酸疼

刚开始进行体育锻炼的人，运动后的第二天甚至以后几天，常常有肌肉酸疼的感觉。有些经常参加体育锻炼的人，在突然增加运动量时，也会有同样的感觉。有些人担心自己受伤了而不敢继续进行体育锻炼，其实，这种担心是多余的。

1. 肌肉酸疼的原因

运动后出现肌肉酸疼多属于生理现象，是机体对训练的正常反应。目前对运动后的肌肉疼痛有多种解释：一种观点认为体育锻炼后，肌肉出现了肌肉结构的"微"损伤，这种微损伤非常之微小，只有在电子显微镜下才能看到，与平时所讲的肌肉拉伤是不同的，这种损伤导致了肌肉的疼痛。另一种观点认为，人体在进行剧烈运动时，肌肉缺氧，使得肌糖原只能进行无氧代谢功能，以致肌肉中乳酸大量堆积而不能及时排除，乳酸刺激肌肉的感觉神经，使人感到肌肉酸疼。虽然目前有关运动后肌肉疼痛的准确原因尚不清楚，但比较一致的观点认为，这种疼痛不是病理性的，仍可继续进行体育锻炼。

2. 肌肉出现疼痛后可采取的主要措施

（1）运动后可采用积极性恢复手段，如做一些压腿、展体等被动性牵拉活动，以使紧张的肌肉充分伸展、放松，改善肌肉组织的血液循环，以缓解肌肉疼痛，使肌肉尽快恢复。在肌肉疼痛完全消失之前，可重复这些牵拉动作，直到不适感觉完全消失。

（2）出现肌肉疼痛症状后，不要停止体育锻炼，而应当继续坚持锻炼，这样有助于尽快消除肌肉疼痛。只是运动的强度可以小一些，时间可稍微短一些，多做一些伸展性练习，坚持几天，疼痛症状就会消失。否则，如果停止锻炼，即使疼痛消失，再进行锻炼可能还会出现同样的症状，而且恢复的时间也相对较长。

（3）可配合使用按摩、热敷或冲热水澡等恢复手段，加快肌肉不适感的消除。

六、体育锻炼后不要暴饮、暴食

人体在体育活动时，支配内脏器官的交感神经高度兴奋，副交感神经的活动受到抑制。

这可使心脏活动加强，骨骼肌血流量增加，以保证体育锻炼时肌肉工作的需要，而胃肠道的血管收缩，血流量减少，消化能力下降，这要在运动结束后逐渐恢复。如果在运动后立即进食，由于胃肠的血流量减少、蠕动减弱，消化液分泌较少，进入胃内的食物无法及时消化吸收，而且存留在胃中，会牵拉胃黏膜造成胃痉挛。长期不良的饮食习惯还可诱发消化道疾病。因此，在运动后应注意合理、卫生的饮食。

（一）体育锻炼后的进食

体育锻炼后，不要急于进食，要使心肺功能稳定下来，胃肠道机能逐渐恢复后再用餐。这段时间一般为半小时，如果是下午进行较剧烈体育锻炼，间隔的时间应相对更长。

（二）体育锻炼后的补水

体育锻炼后的补水是可行的，在运动后即刻补水，或在运动中即可补水。以往人们担心运动中补水会加重心脏负担，现在看来这种担心是多余的。在天气较热的情况下，大量排汗引起体内缺水，不及时补水，可能会造成机体脱水、休克等症状。所以，运动中丢失的水必须及时补充。最近的研究发现，中等强度的体育锻炼后，胃的排空能力有所加强，因此，运动后或运动中的补水是可行的。马拉松比赛途中的饮水站，也说明运动中的补水是非常必要的。

（三）补水要注意科学性，不可暴饮

体育锻炼后的补水原则是少量多饮，可以在运动后每20-30min补水一次，每次饮水量250ml左右，夏季时水温10℃左右，其他季节最好补充温水；饮用不同成分的饮料对人体的影响不同，运动中排汗的同时也伴随着无机盐的流

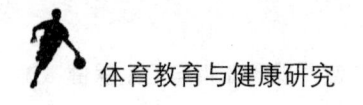

失，因此，运动后最好能补 0.2%—0.3% 的矿泉水，也可选用橙汁、桃汁等原汁稀释饮料，不要饮含糖量过高（大于 6%）的饮料，尽可能不饮用汽水。

七、激烈运动后切勿立即坐下休息

人体在进行体育活动时，心血管机能活动加强，骨骼肌等外周毛细血管开放，骨骼肌血流量增加，以适应身体机能的需要，而运动是骨骼的节律性收缩，又可以对血管产生挤压作用，促进静脉血回流。当人体在停止运动后，如果停下来不动，或是坐下来休息，静脉血管失去了骨骼肌的节律性收缩作用，血液会由于受重力作用滞留在下肢静脉血管中，导致回心血量减少，心排血量下降，造成一过性脑缺血，出现头晕，眼前发黑等一系列症状，严重者会造成休克。因此，对于体育锻炼者来说，体育锻炼后应做一些整理活动，这样，可以避免头晕等症状的发生，还可以改善血液循环，尽快消除疲劳，提高锻炼效果。在进行整理活动时应注意以下几方面的问题。

首先，在任何形式运动后都可以做一些放松跑、放松走等形式的下肢运动，促进下肢静脉血的回流，防止体育锻炼后心排血量的过度下降。

其次，通过"转移性活动"，加速疲劳的消除。所谓转移性活动是指在下肢活动后，进行上肢整理性活动，右臂活动后做左臂的整理活动，通过这种积极性休息使身体机能尽快恢复，大量研究已经证实转移性活动确实可起到加速消除疲劳的作用。

再次，整理活动的量不要过大，否则，整理活动又会引起新的疲劳。在进行整理活动时，应当有一种心情舒畅、精神愉快的感觉。如果体育锻炼本身的运动量不大，如散步等，就没有必要进行整理活动。

最后，大强度体育锻炼后，如长距离跑、球类比赛后，应当进行全身性整理活动，必要时，锻炼者之间可进行相互的整理活动和放松活动。

八、体育锻炼后的营养补充

人体在体育锻炼后，除采用休息和积极性体育手段加速身体机能的恢复外，还可以根据不同形式的体育锻炼特点，补充不同的营养物质，以加速疲劳的消除。以营养因素作为身体机能的恢复手段时，应根据不同的运动形式补充不同的营养物质。

（一）力量性练习后的营养补充

在进行力量性练习时，如举重、健美、俯卧撑等，运动中消耗的主要是蛋白质，而肌纤维的增粗、肌肉力量的增加也需要体内蛋白质的合成。所以，为了尽快消除疲劳，提高力量锻炼的效果，在进行力量练习后，应多补充蛋白质类物质。除要补充猪肉、牛肉、鱼肉、牛奶等动物性蛋白外，还要补充豆类等植物性蛋白，以保证机体丰富而又多品种的蛋白质供给。

（二）耐力性练习后的营养补充

在耐力性练习过程中，如长跑、游泳、滑雪等，机体主要进行的是糖类物质的有氧代谢，消耗的主要是淀粉类物质，因此，在运动后可适当补充些米、面等淀粉类物质。

（三）较剧烈体育锻炼后的营养补充

在进行较剧烈体育锻炼时，如球类比赛、快速跑、健美操等，机体主要靠糖的无氧代谢提供能量，糖在体内进行无氧代谢时，会产生一种叫作乳酸的酸性物质，这种物质在体内的积累，会造成机体的疲劳，并使恢复时间加长。所以，进行较剧烈的运动，应多补充一些碱性食物，如蔬菜、水果等。而动物性蛋白等肉类物质则偏"酸"，在运动后的当天可适当减少。

（四）运动后维生素类物质的补充

无论机体进行什么形式的运动，运动后都要补充维生素类物质，因为运动时体内的代谢过程加强，各种维生素都不同程度地参与体内的代谢过程，运动时体内的维生素消耗会增加，需要在运动后补充。体育锻炼后应多吃些含维生素丰富的食物，如绿叶蔬菜、水果、豆类及粗粮等。对于体育活动者来说，运动后一般只需要补充天然维生素，没有必要补充维生素制剂。

第三章 学校体育发展现状与路径

第一节 学校体育的理论基础

一、学校体育的思想基础

（一）学校体育的核心点：健身育人

1. 对"健身"内涵的重新审视

从健身产生与发展的历程来看，世界各国对健身这一活动过程的称谓及其内涵也不尽相同。在古代，无论东西方，人们都认为健身就是强健体魄、修炼身心。有所不同的是，古希腊人的健身观念和方式较为注重人外在形体塑造，古代中国的健身观念和方式则倾向于身体的内在养护和保健。据考证，西方文明中的健身理念最早发端于医学。早在希腊文明时期，被称为"西方医学之父"的 Hippocrates 就提出了"Sunshine, air, water, and exercise, this is the source of the life!（阳光、空气、水还有运动——这些才是人生命的源泉）"的名言。在他的著作中对运动健身也有过相关论述："Eating alone will not keep a man(woman)well, he(she)must also take exercise, while possessing opposite qualities, yet work together to produce health...And it is necessary, as it appears, to discern the power of various exercise, both natural exercises and artificial, to know which to them tends to increase flesh and which to lessen it; and not only this, but also to proportion exercise to bulk of food, to the constitution of the patient, to the age of the individual..."。通过对文章的理解，文中所提到的"exercise"，可以大体与目

前的"身体锻炼"相互对应,这也应该是西方关于健身理念最早的论述。[1]可见当时人们对于运动健身有着很高的重视程度,也通过医学领域的研究形成了初步的运动健身的理念和实践方法。我国传统中医理论中的"养生"一词,与西方文化中的exercise或健身含义和内容呼应,可以称之为我国古代的健身之术。中国古代的健身雏形源于古人的自我保健行为,即古之导引按跷术。我国古代中医将其分为"吐纳""导引""按跷""行气"等。这些方式方法均发端于古代中医的自身的保健(养生)运动。"吐纳"其实质是对人体呼吸的一种锻炼和控制。"导引"是将自身的肢体和人体呼吸相协调进行的一类身体活动。"按跷"之术实质便是叩击、拍打和按摩全身肢体和穴位、经脉的一类活动。"行气"是将精神意念与人体呼吸协调配合,主要运用想象身体内"气"随经脉通身游走运行。以此为理论基础,中医健身(或称保健、养生)在不断完善自身体系过程中形成了自身的锻炼身心之术。[2]经过漫长的发展历程,这种导引之术逐渐演进成为系统化的养生方法。中医传统养生就通过独特的运动方式,达到保养生命、延长生命的目的。

直到20世纪90年代,国内"健身"一词才明确出现,并且将健身理解为"通过体育运动或其他体育项目为基本手段,增进机体健康为目的的一种身体活动。"凡是符合以上要求的均可称之为健身活动(或运动健身)。20世纪90年代之后,随着国外大量先进的健身方面文献和资料的引入,国内的专家学者对健身一词有了更深入的理解。如林笑峰先生认为:"人类的身体需要建设,这是客观需要。'健身'究其根本便是对人身体的建设,或者说是对人身体素质的提升。同样,人的大脑作为人身体的重要组成部分,是人体的中枢系统。因此,健肢体和健大脑相结合才是'健身'的完整意蕴。"[3]同时,90年代的大多数学者,在他们的著作中对"健身"也作出了类似的论述。比如朱金官将"健身"定义为:"是人们以适当的身体锻炼为方法手段来达到强健体质的目的。"[4]林建棣等人认为:"健身的实质就是健全人的身体、增强人的体质。"[5]通过以上几种对"健身"的理解,我们可以清楚地认识到,"健身"实质就是指增强人身体素质,提升人体健康状态,增加人积极情绪体验,以提高生活质量的一种科学系统的身体活动方式。其概念可以定义为:运用各种体育手段,结合自然力

---

[1] 陈佩杰.运动与健康促进[J].上海体育科研,2003,24(1):46—47.
[2] 顾一煌.中医健身学[M].北京:中国中医出版社,2009:7-8.
[3] 陈琦.林笑峰体育思想评述[J].体育学刊,2011(6):4-5.
[4] 朱金官.健身健美手册[M].北京:中国大百科全书出版社,1995:56-57.
[5] 林建棣.体育健身指南[M].广州:华南理工大学出版社,1997:23-24.

和卫生措施，以发展身体、增进健康、增强体质和愉悦身心为目的的身体活动过程。健身不仅是提升机体的健康状况，也包括使人的智力和社会化保持良好、积极状态的行为。健身在让机体免受疾病困扰的前提下，还能够使其健康状态得到积极的提升。健康的人有很高的心肺功能和智力的敏感性，有良好的社会交往以及良好的机体免疫力。经常性的健身锻炼，健康的饮食，避免滥用药品及不断发展摆脱压力的能力便可以达到这种理想的状态。用"健身"这一现代汉语用词，一方面能够同中国古代语言词汇中的富有医学色彩的"养生"一词内涵相对应，另一方面，也可以概括目前国际上广泛使用的"身体发展""身体完善"等词语。我们选用健身一词来标记"养生""身体发展"和"人体完善"这些词语，所表现的核心就是人类的身体建设（或健全人的身体），不仅是外在体质的强健（由弱到强），也是在遗传变异过程中存在缺陷的完善和健全。[①]

2. 树立当代学校体育"健身育人"的理念

早在1979年，我国老一辈体育学者林晓峰老先生就在大量研读了国外相关研究和资料的基础上，阐明了竞技（sport）与体育（Physical Education）的区别，各自有各自的学科体系，指出"科学体育的指导思想应是研究如何使人体更加完美健康，是进行人体工程建设，而不是单纯研究项目，因此，教学的科学化，代替不了身体锻炼（健身）的科学化，教学方法的科学化并非体育的科学化。"并提出"要努力发展科学体育。"[②]虽然林老的体育思想现今看来未必十分完善，但其研究思路和遵循的科学健身理念，为我们进一步揭示学校体育的本质及规律起到了很好的奠基作用，让我们清楚地认识到，明确自身本质和应遵循的规律是一门学科安身立命的根本。学校体育能够培养学生良好的道德品质、和谐的人际关系和积极的生活态度，但究其根本，学校体育应该是以发展体力、增强体质为主要任务的健身育人的过程。脱离了这个根本和核心，学校体育只会成为"无源之水，无本之木。"最终只能造成被学校教育其他学科边缘化的局面。

（二）学校体育的起始点：增强体质

1. 关于体质的释义

关于体质，在中医学史上有过几种不同的用词，如明代医家张景岳以"气质"而论；清代著名医家叶天士直称"体质"，而近人陆晋生复以"体气"相称。所以，体质一词在古代医家曾有过混称现象，其所指内容亦各有差异，受

---

① 刘胜，张先松.健身原理与方法[M].北京：中国地质大学出版社,2010:11-12.
② 刘胜，张先松.健身原理与方法[M].北京：中国地质大学出版社,2010:11-12.

古代医学发展及客观历史条件的限制，概念的不统一也是必然的。在现代，自20世纪七十年代末中医体质学说提出以来，尽管其学科理论已被中医学界所广泛承认并促进了中医学的理论和临床学的发展，但对体质概念问题，并没有得以圆满解决。[①] 目前，我国体育科学领域基于人类学和医学基础上，提出了比较有代表性的定义是："体质是指人体的质量，它是在遗传性和获得性的基础上表现出来的人体形态结构、生理功能、运动能力、适应能力、心理因素等方面相对稳定的特征。"定义中涉及五大方面来评价体质水平。[②] 我国的"体质"一词无论在内容和形式上均与英文词组"Physical Fitness"较为对应。国外普遍将"Physical Fitness"定义为能在没有疲惫感的前提下完成日常任务，并有充沛的精力参与额外的身体活动，同时满足处理紧急事件需要的能力。[③] 在我国，"Physical Fitness"这个词常被翻译成身体素质、身体适应能力、体适能等。由于中国国内常将"竞技素质"与"身体素质"（体质）相混淆应用，造成了研究与实践上的误读。从实质上说，竞技素质表现的是从事竞技运动所具备的能力，是身体素质（体质）的重要组成部分，而绝非与其等同的概念。近年来，随着社会的发展和科技的突飞猛进，信息社会的生活方式和生活状态对人类的体质提出了与以往不同的要求。人们对于体质的理解和研究也更加深入和广泛。如西方发达国家对体质的认识，从"展现个体能够进行身体活动到达何种程度的状态"到"可以游刃有余地处理日常生活、工作中相关身体活动而不会感到乏累的身体状态"。直至目前被广泛认可的"具备健康的体质表明个体可以充分展现自身运动能力、良好的精神状态和预防日常因运动不足而产生的疾病。"

1965年，美国健康、体育、娱乐和舞蹈协会（AAHPED）对体质采用了全新的划分方法，将体质（Physical Fitness）概括为两层含义：即与健康有关的体质（Health—Related physical fitness）和与运动技能有关的体质（Performance—Related physical fitness）。与健康有关的体质包括：心肺耐力、肌肉力量、肌肉耐力、关节灵活性和身体成分；与运动技能有关的体质包括：平衡性、协调性、力量（爆发力）、灵敏、速度（如下图）。

[①] 王琦.中医体质学[M].北京：中国医药科技出版社,1995:2-3.
[②] 王学锋.对"健康第一"与"增强体质"指导思想的理性思考[J].体育文化导刊,2003(1):12-13.
[③] David L. Gallahue, Frances Cleland Donnelly. Developmental Physical Education for All Children[M].Brown& Benchmark,1996:15.

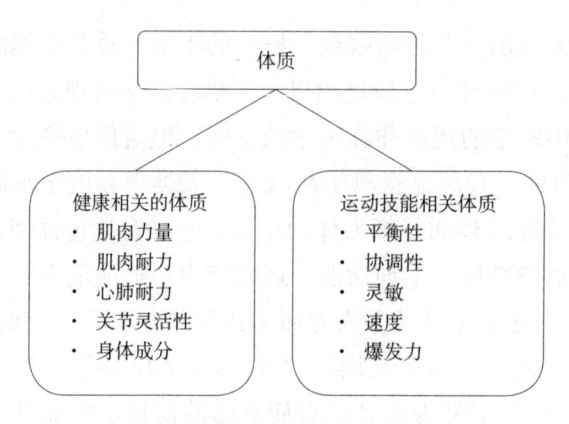

```
                    ┌──────────┐
                    │   体质   │
                    └────┬─────┘
              ┌──────────┴──────────┐
    ┌─────────────────┐    ┌─────────────────┐
    │ 健康相关的体质  │    │ 运动技能相关体质│
    │ ・肌肉力量      │    │ ・平衡性        │
    │ ・肌肉耐力      │    │ ・协调性        │
    │ ・心肺耐力      │    │ ・灵敏          │
    │ ・关节灵活性    │    │ ・速度          │
    │ ・身体成分      │    │ ・爆发力        │
    └─────────────────┘    └─────────────────┘
```

健康相关的体质和运动技能相关的体质

国外发展性身体教育的研究将学校体育的教育目标划分为三大领域目标：动作领域（motor domain）、认知领域（cognitive domain）和情感领域（affective domain）。动作领域（motor domain）的学习又分为运动技能的获得（Movement Skill Acquisition）和身体活动能力和身体素质的提升（Physical Activity and Fitness Enhancement）。其中作为区别与学校其他领域教育独一无二的教育贡献，学校体育过程中的动作领域（motor domain）的学习，特别对于身体活动能力和身体素质的提升（Physical Activity and Fitness Enhancement）方面的教育是最为基础和重要的。

2. 作为学校体育本质的"增强体质"

从哲学角度分析，事物的本质就是事物之间的根本区别，但凡提到本质，只能具有唯一性，多重本质就意味着没有本质。一个失去了自身根本属性的事物是无法界定和描述的，也就失去了存在的意义。作为学校教育的重要组成部分，学校体育区别于其他学校教育活动的本质就是：学校体育是强身健体、增强体质的教育。学校体育之所以自始至终能在学校教育培养人的过程中享有重要的作用，最根本就在于它所具备的"身体教育"的独特属性——即增强体质。正如 Putting education of the physical back in physical education 一文中所强调的那样：

"Physical education teaching must return to its physical roots if it is to survive. Curricular physical education must produce athletically skilled and physically fit students if it is to aspire to a valued place in the school curriculum."[1]

---

[1] McKinty, Terry .Putting education of the physical back in physical education [J]. Journal CAHPERD 1999,65(4):36-37.

"学校体育的教学必须回归身体的本源——如果学校体育希望生存下来。如果学校体育课程希望自身在学校课程体系中占有一席之地,它必须能够造就拥有熟练的运动技能和体质得到增强的学生。"

体育不是智育或美育,是身体的教育,是完善人体的教育,它的本质是通过学习科学健身和体育锻炼的方式、方法以及培养健身理念来达到增强体质的目的,最终实现个体身体的完善。其他任何教育都不能代替其主业。学校体育的"增强体质的教育"的专门性,是其他教育不能代替的。"健康促进"是涵盖了社会教育、家庭教育、学校教育等诸多教育领域,并非学校体育单一学科能够实现的目标。应该将"健康第一"作为学校教育的宏观教育目标之一。学校体育在"健康第一"这一宏观的学校教育指导思想下,进行自身学科领域的增强体质的教育。可见,作为学校教育的宏观教育目标"健康第一"与学校体育坚持自身"增强体质"为目标的身体教育是互为影响和促进的,并不存在相互冲突与矛盾。此外,在学生接受身体教育、增强体质的过程中,他们的健康状况也会自然而然得到相应的提升。可以说,健康是增强体质过程中的副产品。当然,增强体质和科学健身的系统性和复杂性也对学校体育的"身体教育"提出了很高的要求,不仅需要观念上的转变,更涉及脑神经科学、学习理论以及角色理论等多种自然科学和社会科学的理论作为其理论基础。

(三)学校体育的延伸:促进健康

1.重新认识"健康"的内涵

随着社会、经济的不断发展,健康的内涵逐渐被人们所丰富。然而,我们对体育与健康的相关研究,多数关注的是"健康是什么"(它的组成),却忽视了"健康为什么"(它的作用)。要想真正理清"体育"与"健康"的相互关系,我们有必要对"健康"重新加以审视。

一方面,在国内关于健康的认识,中国古代早有明确的记载,古人曾指出:"体壮曰健,心怡曰康"。其实质就是把健康看作是一种状态。我国传统中医理论始终以"天人合一"为主导思想,注重个体生命与自然环境的和谐共生。人的生命活动如果逆天地、自然而为之,那么必然会出现病态。近年来我们经常提到的"亚健康",也被定义为介于健康与疾病之间的一种状态。在古代"疾"与"病"含义不同。病尚在最初未被察觉的状态称之为"疾"。如果不及时应有有效方法医治和祛除,"疾"便会演化成"病"。中医中所提出的治"未病",并不是说机体没有病,而是身体内部出现了不协调的状态(也就是处于"疾"的),如不及时加以治疗,就会导致体内气血、阴阳紊乱,最终以"病"的状态体现在体外。

另一方面，按照西方近年来关于健康研究的流行观点，个体的健康状态，是一个线性的持续动态过程。个体的健康状态会处在箭头上任意位置：箭头右上角最高处是"Superior Level of Health"（最高层次的健康状态，处在此层次状态的个体具备最佳的身体、情感、精神和社会健康），箭头左下角最低端是"Death From Disease"（死于疾病是最低层次状态，处在在此层次状态下个体的生理、心理、社会、情感等机能全部丧失）。在这两个层级之间还由下到上依次分布着"Poor Level of Health"（处在此层级的个体只能依赖于药物维持身体机能的存活）、"Marginal Level of Health"（处在此层的个体健康状态仅能够满足机体存活的最低限度）、"Moderate Level of Health"（处在此层次的个体健康状态满足于不受疾病侵害）、"Good Level of Health"（处在此层级的个体健康状态保持良好，能够最大限度地满足其生存和日常需求，但个别影响健康的领域还需注意）四个层级。这也意味着无论目前你保持多么好的健康状态，你在未来仍有提升的空间。比如一个目前健康状况良好的人也可能由于未保持良好的健康生活习惯和生活方式，导致在未来的某一阶段里，可能降到下一个层次的健康状态。美国两位科学家已经证明了人能够很显著地改变自身的精神状态。通过对加利福尼亚近7000名成人的研究发现，与实际生理年龄相比，一些人看起来会更年轻，而另一些人看起来更加衰老。为什么以上两类人有明显不同？研究者聚焦在了人们的生活习惯和方式上。研究表明，6种方式对于身体机能健康有很大程度的影响：①有规律和充足的睡眠；②有规律的饮食；③定期从事适当强度的运动；④不吸烟；⑤不酗酒；⑥将体重保持在可控制的范围之内。人们越是倾向于以上6种生活方式和习惯的选择，他们看起来越年轻。能够完全按照以上方面进行积极实践的人最为健康。这个研究发现表明，尽管你不能改变你的出生时间，但你能通过生活方式的选择让你看起来与实际年龄相比保持更为年轻或是更为衰老的状态。

通过中西方对健康的研究综合分析，健康并非是一个固化的层次和评定标准，没达到标准就是"不健康"，或者达到了规定的健康标准就一劳永逸。健康是一种状态，它是一种持续的动态过程。受个人自身的性格特质、外界环境等影响，每个人不可能始终保持着健康的状态。这也为人积极向上的发展提供了动力——只要不断努力，就会不断地提升自身的健康状态，以期达到最完满的健康状态，并尽可能长时间地保持下去。而保持这种完满健康状态的时间越长，个体体验的幸福与快乐就会越持久。

2. 学校体育是对健康状态的积极提升

现有研究已经表明，影响健康的因素包括四大领域：身体环境，遗传因素、有效的卫生保健、日常的生活方式和习惯。就学校体育同健康的关系而言，学校体育从改善身体环境这方面的确会对健康产生积极影响。学校体育的实施，不能以身体健康促进作为唯一诉求，但其实施却是以身体健康状况为依据。规律而适度的身体活动，身体健康是必然的结果。学校体育教学过程对于卫生、保健知识的传授，健康生活态度的养成，以及健康的生活实践，提供了最真实的情景，相比其他教学能最易产生正向迁移的积极教育效果。把健康作为学校体育的一个学习领域和目标，能收到相辅相成、相得益彰的良好功效。然而，结合之前提到的影响身体机能健康的 6 种方式，我们也能够发现，学校体育对于健康的作用有一定局限性（仅就遗传一方面就无能为力）。如果把提升健康的全部内容交给学校体育去完成，那么这不仅是对"健康第一"理念的曲解，也是一项不可能完成的任务。早在 20 世纪三四十年代，有部分学者在分析体育与健康关系中便强调："'体育的目的在于促进身体健康。'此说法有理由，但不完全正确……健康可以作为体育的基本目标之一，但不应是体育的全部和最终目的。"[①]

实质上，通过以上对体育和健康的综合分析可以清楚地认识到，健康的问题绝非仅靠学校体育便能得到解决，学校体育的最终目的也并非仅仅是为增进健康。如果学生在学校期间达成了"一个受过身体教育的人"所应达到的目标，通过良好的身体教育，掌握了体育锻炼的基本原理、科学锻炼身体的方法、手段，掌握科学评价自身体格的标准，同时，也提高了自身的运动素养、具备了一定的运动能力、养成了良好的锻炼习惯，那么，学生的健康层次自然而然就会得到提升。通过以上学校体育的学习过程，也会对这些学生今后步入社会生活，形成积极的生活态度和健康的生活方式打下坚实的基础。因此，可以说健康是学校体育的副产品：在学生形成了良好的体育价值观、体质进一步得到了增强、培养了积极的情感和情绪体验、构建了和谐的人际关系，那么他们的健康状态便会得到积极的提升，愈加趋近于最高等级的健康（Superior Level of Health）。

二、学校体育的科学基础

（一）生理学依据

1.脑神经科学概述

21 世纪，一门新兴的学科——脑神经科学的诞生给学校体育改革提供了

---

① 于涛,魏丕勇.体育与健康关系认识中的四个误区[J].成都体育学院学报 2008,34(3):15-17.

新的视域。脑神经科学将脑、认知与生物学的研究纳入研究范畴，而近年来教育研究领域也对脑神经科学加以重视，逐渐形成了"教育神经科学"方面的系统化研究。"教育神经科学"领域的研究一方面重视社会、文化环境对处在学校环境中学生行为的影响、提升学生学习动机的宏观层面的研究；另一方面，也特别关注于在外界社会、文化环境的刺激下，大脑形成神经连接，大脑功能区、大脑功能连接的改变和脑组织生化成分的微观层面的深入探索。[①]

绝大多数人都能清楚地认识到"体育让人们更健康"，但往往无法清楚认识其中原委。以往国内关于体育的研究多限于认为体育运动释放了压力、减轻了肌肉张力，或者更进一步是了解到运动可以增加内啡肽（endorphin）——由身体和大脑产生的激素，就像天然吗啡。当身体和大脑承受负荷过重时候，就会释放吗啡阻止疼痛信号。实质上，体育让人们获得运动后愉快感受的真正原因是：运动使人的大脑处于最佳状态。运动对人身体有益，而增强肌肉和心肺功能是其最基本的作用，体育运动最关键的作用是强健或改善大脑。个体在学校的十几年时间里（学龄期和青春期），正是处在大脑发育的飞跃期。良好的中枢神经系统发育可影响成年期的神经功能和改变脑衰老的进程，体育锻炼可抑制由缺血引起的动物海马细胞凋亡，促进大脑神经元的存活程度，进而提升脑组织对外在损伤的抵抗能力，更为积极地维持大脑功能的正常运行并对脑组织的衰老起到一定程度的延缓作用（关于延缓衰老的具体实效性和程度，目前也在进一步研究过程中）。因此，学校体育追求"健康促进"，除了要追求"无病"的健康，还应更多关注生活质量的提高和生命存在的完美，完美健康的根本实质是大脑的健康。这也是学校体育最重要的科学基础。

2.体育锻炼促进脑健康的机制

（1）体育锻炼促进学习和记忆的作用机制

①提升学习能力

学习要通过一个被称作"长时程增强效应"（long-term potentiation，LTP）的动态机制来强化神经元之间的关系。在大脑接收信息的过程中，脑神经元的活动便会呈现更为活跃的状态。脑神经元活跃程度越高，大脑接受和输出信号的能力就越强。

当大脑需要接收信息时，这种需求就自然引发神经元之间的活动。神经元之间活动越频繁，这种相互的吸引力就变得越强烈，而信号的发出和传导就变得越容易。研究表明，当我们在做运动特别是复杂运动时候，我们同时也在锻

---

① John Ratey.运动改造大脑[M].杭州：浙江人民出版社.2013:15.

炼与一整套认知功能密切相关的大脑区域；我们能够促使大脑发出的信号沿着相同的神经细胞网络传递，巩固神经细胞之间联系。在运动过程中，当肌肉感觉需要更多能量时，它们就释放 IGF-1 因子（也称促生长因子），作为一种多肽白物质，它的分子结构与胰岛素十分类似。最为关键的是，这种促生长因子对于婴儿成长和成年人在体内进行持续的合成代谢会产生积极的促进作用。葡萄糖不仅是肌肉的主要能量来源，更是大脑唯一的能量来源。IGF-1 与胰岛素合作共同把葡萄糖输送到细胞当中。IGF-1 在大脑中的作用与能量控制无关，而是与学习有关。运动时，脑原性神经营养因子（BDNF）不但帮助大脑增加 IGF-1 含量，而且还激活神经元产生发送信号的神经递质，还会刺激产生更多的脑原性神经营养因子（BDNF）受体。

通过研究表明，科学合理的体育锻炼可以从三个方面提升学习的能力：第一，体育锻炼可以提高个体的注意力和警觉力。这对于个体思维模式的发展和完善有着积极促进作用；第二，体育锻炼能够在脑神经细胞连接过程之前，做好充足的准备，从而进一步加强联通新信息的细胞基础。第三，体育锻炼能够加强机体对海马体干细胞的刺激作用，使其进一步分化成新的神经细胞。

②提升大脑记忆力

研究表明，无论是主动性还是被动性的体育锻炼，均会对学习和记忆产生积极的影响。体育锻炼的周期性和规律性越强，对学习和记忆过程的促进越明显。通过锻炼可以促进个体海马组织突触的可塑性，主要表现形式包括两种，即长时程增强作用（LTP）和抑制作用（LTD），这两种作用是学习记忆活动在细胞水平的生物学基础。研究表明，体育锻炼可以提高大鼠脑部突触的可塑性，降低其增强作用（LTP）的阈值，同时引起树突长度、复杂性、树突棘密度以及神经前体细胞等细胞结构的变化；体育锻炼还可以改变海马细胞的结构以及电生理特性，增加突触蛋白、谷氨酸盐受体、脑源性神经营养因子和胰岛素样生长因子（IGF-1）的水平，从而提高突触的可塑性。虽然通过体育锻炼促进学习能力提高和记忆力提升的类型还存在着一定争议，但是，二者之间存在因果关系已是经过许多科学研究验证的事实。

2007年国外曾做过一个著名实验，表明被试在跑步机上完成一次35分钟心率60%或70%的锻炼后，认知灵活性和记忆力会大大提高。在实验过程中，实验研究人员会要求40名被试（50—64岁）成年人在完成跑步机上的锻炼后，立即说出他们指定用品的用途（实验均采用日常常见用品），如眼镜是用来增强视力的。实验研究人员让一半被试看电影，一般被试做运动。这些被试在受试之前和受试之后均是立刻接受测试。在第一次测试之后，间隔二十分钟进行

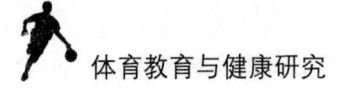

第二次测试。观看电影组前后没有什么变化，而运动组在锻炼刚刚结束后，讲述速度和认知灵活性都得到提高了。认知灵活性是一种很重要的执行功能，它不仅反映了我们改变想法的能力以及源源不断产生创造性思维和答案的能力，而且对记忆力有积极作用。

（2）体育锻炼减少情绪抑郁的作用机制

体育锻炼对减缓负性情绪尤其是抑郁有着很好的促进作用。运动能激发脑干，使我们更有精力、激情、兴趣和动机。我们感觉更加精力充沛。通过调节前额叶皮层的血清素、多巴胺、去肾上腺素等化学物质，可以转变人们的自我概念。运动调节整个大脑的化学物质来恢复正常的信号传递，它将前额叶皮层（主要控制一系列情绪和行为）解脱出来，使人们改善日常情绪，能够摆脱抑郁的悲观模式。Newman等的研究证明，有氧体育锻炼可降低个体抑郁和焦虑情绪；Nabkasorn等发现，经过8周健身跑，中度抑郁症被试的抑郁情绪得到了显著改善；Singh等发现，抗阻练习能有效地改善被试的抑郁状态，同时发现治疗效果与抗阻训练强度有关，其强度越大，治疗效果越好。此外，还有研究证明，3个月的体育锻炼干预改善了阿尔茨海默病患者的抑郁症，这表明体育锻炼对于神经退行性变化个体的抑郁情绪治疗也具有促进作用。[①]

（3）体育锻炼改善焦虑的作用机制

①缓解肌肉紧张。缓解肌肉的紧张程度不仅能够减少个体的状态焦虑，同时对缓解特质焦虑作用也十分明显。体育运动有近似β-受体阻断剂一样，具有打破循环的作用，它中断了从身体传向大脑、有增加焦虑作用的消极反馈循环。赫伯特·得·弗里斯（Herber De Vries）主导的一项研究表明，焦虑者的肌肉纺锤体内有过度活跃的电信号模式，而运动可以缓解那种张力，他称之为"运动的镇静作用"。

②增大大脑资源。运动不仅会增加血清素和去甲状腺素含量水平，而且还有长期影响。血清素几乎对焦虑回路系统的每个环节都有作用：调节脑干的信号；提高前额叶皮层抑制恐惧的能力；镇定杏仁核本身。由于去甲状腺素是兴奋型神经递质，所以降低其活性对于中断焦虑循环起到关键作用。同时，运动不仅增加了抑制型神经递质γ-氨基丁酸（GABA），还增加了对巩固替代性记忆至关重要的脑源性神经营养因子（BDNF）。

③提供不同的结果。焦虑与其他障碍不同之处在于它的生理症状。焦虑激活了交感神经系统，因此，当人感觉心跳和呼吸加速时候，这种感觉可以触发

---

① 黄文英，简裕. 教育神经科学视域下的学校体育课程改革[J]. 教育发展研究. 2013(5):93.

焦虑或一次惊恐发作。在有氧运动过程中会产生与焦虑相似的特征，但产生的效果则是对人体有益的。所以，一开始就把焦虑的生理症状与某种积极行为、某种主动发起并可控的行为相关联，那么恐惧的记忆就会衰退，崭新的记忆就会形成。

④改变神经回路。凭借体育锻炼可以激活交感神经系统，从而摆脱被动焦虑等待的困境，阻止杏仁体的失控运作，阻止它不断强化周围事物充满危险的想法。当人们用行动回应时，反而可以沿着杏仁核的另一条通路传递信息，由此开创一条安全通路，养成一种好习惯。在改善连接报警系统的同时，也是在积极学习一种与以往不同的现实。

⑤提高恢复能力。运动可以有效控制焦虑，避免其转化成恐惧，心理学上称为"自我掌控"（self-mastery）。形成自我掌控的能力是预防焦虑和抑郁极其有效的手段，因为焦虑也可能导致抑郁。

（4）体育锻炼增加内啡肽的作用机制

压力激素有40多种，它的受体遍布大脑和全身。内啡肽作为一种压力激素，在剧烈运动时候，它们能够镇静大脑并缓解肌肉疼痛。通过美国约翰·霍普金斯大学博士后神经学家坎普斯·珀特研究发现，体育锻炼除了能增加内啡肽，产生内啡肽快感（类似内啡肽带来的心理上的快感，减轻身体疼痛），还能调节所有抗抑郁药锚定的神经特质。体育锻炼可以瞬间提高大脑某个区域内去肾上腺素的水平，并促进大脑提高自尊感。此外，运动还促进多巴胺分泌，而多巴胺能改善情绪和幸福感，并启动注意系统。研究证明，长期体育运动可以增加大脑多巴胺的储存量，并且触发大脑奖励促使多巴胺的大量生成，由此产生一种类似成功完成事件后的满足感。一旦出现这种满足感的需求，多巴胺基因立刻被激活产生更多的多巴胺，以让这些通道形成更稳定的调节。

（二）心理学依据

1. 生命心理学

（1）生命心理学概述

生命心理学开始于20世纪30年代，当时是作为一种从儿童发展心理学到有关成人生命课题的一种拓展。它是对于生命历程不同阶段划分的思考。同样地，在这些时期要完成的任务并且被一个新的任务所取代。在生命心理学中，聚焦点不是放在作为个体的人本身，而主要是多个生命年龄段及其特征的辨识和划分上——并且由此变得清晰的是，处于不同申明年龄段个体，有着本质不同的动机结构和看待学习、教育的不同视角。生命心理学将个体有关学习的主

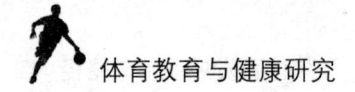

要兴趣阶段分为四种加以研究：儿童期（Childhood）、青年期（Youth）、成人期（Adulthood）和熟年成人期（Adult stage）。与学校教育及体育密切相关的是儿童期（Childhood）和青年期（Youth）。[1]

（2）学校体育促进学生构建生命意义的作用机制

一是：儿童期的个体——捕捉他们的世界

生命心理学将儿童的从出生到 11 岁—13 岁左右的青春期开始设定为儿童期，在学习方面，儿童期的中心是儿童的自我发展和捕捉他们的世界。这一时期的个体期待他们的父母或其他成人能够指导他们应该学习什么和怎样学习。在学校早期的时间里，儿童被迫在一个成人设定的框架中成长和发展，他们必须将此作为一种基本条件来接受，而当他们感受到自己受到束缚或不能理解发生了什么的时候，他们会抗拒——这种抗拒在学习中是一个具有高度意义的因素。不过，儿童常常乐于接受解释，告诉他们学习某种技能会对他们以后有好处或很重要，即使他们不能马上掌握。[2] 脱离了家庭环境进入学校环境，儿童有机会接触到过去他们未接触到的活动、关系和刺激，他们试图整合并与复杂的物质、人际和社会环境进行关联。这一时期在学校中的学习应创造一个温和、渐进和稳定的同化学习环境，以加强儿童对周围世界及其规律、结构和功能意义的认识。因此，儿童期间学校体育教学的核心，应围绕让他们理解如何科学地进行体育锻炼和什么样的体育锻炼会对他们产生积极的益处，以趣味性、合作性、复杂程度较低的体育项目为主要教授内容进行开展，课余体育活动应以集体性游戏项目为主，增加儿童与同伴交流和接触的机会。同时，因为此期间的儿童规则意识和社会化程度尚未完善，应尽量避免竞争性体育活动对他们构建积极人际关系形成阻碍。

二是：青年期的个体——构建他们的身份

美国学者夏洛特·布勒（Charlotte Buhler）在其生命心理学著作中将 15 岁—25 岁左右的年龄段作为青年期。青年期是构建自我身份认同和自我理解的关键时期，他们在认知上有了进一步发展，并能够进行逻辑和推理性思考，运用辩证思维、发现如何正确认识事物以及掌握批判性反思方式。青年期最重要的是构建身份认同方面的任务。儿童期是一个构建性同化学习的时期，而青

---

[1] 克努兹·伊列雷斯. 我们如何学习——全视角学习理论[M]. 北京：教育科学出版社.2010:199-200.

[2] 克努兹·伊列雷斯. 我们如何学习——全视角学习理论[M]. 北京：教育科学出版社.2010:216-217.

年期是一个主要进行顺应和转换的时期,在其中一个接一个复杂的变化和重构被构建到认知结构和情绪模式之中,这些认知结构和情绪模式是有关广义的身份认同以及教育和社会关系等方面的。因此,青年期的学校体育教学过程中应以讲解法和探究式方法为主,加深其对运动技能及其规律的理性思考和认识,注重运动项目教学的正向迁移,引导他们将其他学科知识融入学校体育课程的学习过程中。同时,在强化其规则意识的基础上,在教学和课余体育活动中适当加入集体性竞争项目。

2. 积极心理学

(1) 积极心理学概述

积极心理学产生于 20 世纪末的美国,作为新兴学科,积极心理学较比以往心理学的研究更加关注对积极心理因素的研究。[1] 积极心理学主要分为三大研究领域:一是积极、正向的情感体验。例如期望、满足感、幸福感等等。凭借现有科学方法研究这些积极情感体验的产生及影响机制。二是积极的人格特征和人格品质。比如合作的能力、创造的能力以及感恩之心等等。[2] 研究这些积极人格特征的形成过程和机制。第三是积极的社会制度体系。积极的人际关系(学校团体、社会团体、家庭团体等)促进个体成长的机制。积极心理学领域的研究者们认为,以往心理学研究更多把研究的核心点是围绕病态的心理问题方面,心理学科更多带有"医学病理学"的研究特质。虽然心理学领域的研究已经找出并帮助人们解决十几种心理问题的有效治疗措施,但是,仅靠解决并弥补已存在的问题并不能从根本上使人类寻求到幸福生活;因为随着社会的演变和发展,新的心理问题也会不断产生。这是个没有尽头的过程。因此,心理学需转向人类积极品质的研究。只有如此才能够收获更多的幸福。

(2) 学校体育的积极心理学理论基础

一是:福乐理论与学校体育之联系

福乐(flow)是一种非常重要的积极情绪体验,它最早由西卡森特米哈伊(Csikszentmihalyi)提出,他把在从事某种活动过程中所给人带来的积极的情绪体验(这种积极的情绪如此强烈,以致能激励人们持续不断地努力工作),成为福乐体验。西卡森特米哈通过系列研究发现,这种情绪体验在艺术家或长期从事运动的人员身上更容易显现出来。福乐(flow)状态有以下几方面主要特征:①个体强烈地把注意力集中在当前从事的活动上;②意识与正在从事的

---

[1] 刘香东. 美国积极青少年发展理论刍议[J]. 教育探索. 2009(1):138.
[2] 李芳萍. 积极体验与心理健康[J]. 黑龙江教育学院学报. 2007(5):56-58.

活动合二为一；③自我意识暂时失去（如一个人忘记了自己的社会身份）；④能够认识到自己有能力掌控自己当前所作的行为活动，也就是说，一个人能认识到自己大致能应对即将出现后续行为并能对它们做出适当的反应；⑤产生暂时性失真的心理体验，仿佛感觉时间对比平时进行的更迅速。⑥活动的内在动机是活动体验本身，它激励着个体努力去完成某项活动。[①]福乐（flow）产生需要具备三方面基本条件：首先，挑战与才能需要相互平衡。类似"最近发展区"式的活动最能使人产生福乐；第二，从事的活动需要具有一定结构特征就是一种活动需要具有可操作性和可评价性。研究表明，体育竞赛等有明确规则的比赛类活动，最容易产生福乐体验。第三，主体自身特点。具有"自带性目的人格"的一类人，更容易产生福乐体验，这类人充满好奇心和对新生事物的兴趣，把生活本身看作是一种享受。西卡森特米哈伊（Csikszentmihalyi）曾根据产生福乐（flow）体验频度的不同而对日常生活中的一些活动进行了分类，业余爱好（特别是体育锻炼、艺术活动）是最容易产生福乐（flow）体验的一类活动；社会交往、学习和工作、性行为是经常会产生福乐（flow）体验的一类活动；饮食、自我装饰打扮等属于有时能产生福乐（flow）体验的活动；做家务、看报纸等是很少产生福乐（flow）体验的活动。在体育活动领域，福乐体验也被称之为个体从事活动的最佳体验（flow state）。通过大量研究表明，在人们生活的所有活动中，体育锻炼最容易产生流畅体验。Privette 和 Bundrick 的调查发现，体育锻炼是流畅体验的主要来源。[②]

二是：福乐理论对学校体育的作用机制

学校体育过程中的积极心理学应用主要是围绕着更有效的运动技能的学习和学生积极人格的培养两方面展开。根据现行学校体育新课程标准的总体目标来看，主要是涉及两个方面，第一方面是增强体质，促进健康以及运动技能的掌握和学习；另一方面便是形成积极的人格（其中也包括了良好人际关系的塑造）。由此可见，学校体育课程目标中始终蕴含着积极心理学的思想。[③]

关于增强体质，促进健康以及运动技能的掌握和学习的作用机制。现有研究表明，人的积极情绪体验能通过影响免疫系统左右人的健康，与那些缺乏积极情绪体验的人相比，一个积极情绪体验更强（自带性目的人格）的人，

---

① 任俊.积极心理学[M].上海：上海教育出版社.2006:159-160.
② 刘微娜,季浏.体育运动领域流畅状态的研究进展[J].体育科学.2009,29(11):72-78.
③ 洪晓彬,刘欣然.积极心理学对体育运动心理学研究的启示[J].山东体育学院学报.2012,29(29):67-69.

其免疫系统的工作也更为有效（Kamen-Siegel et al., 1991；Segerstrom et al., 1998），更能确保人的身体健康，使人抵抗力提高。心理学研究表明，一个人良好的身体健康状况也有助于个体体验到更多的幸福感（Alan Carr, 2004）。此外，众多实验证明了不仅是健康的身体，个体在不损害身体健康前提下的运动和体育锻炼可以进一步增进积极的情绪体验。在技能学习初期，学生会感觉比较枯燥和乏味，但如果能坚持一段时间（初步掌握项目的运动技能）后，能够达到基本流畅地表现运动技能的程度，那么学生就可以从体育锻炼中获得乐趣和享受。另外，体育教学的运动技能学习过程中，教师为学生布置的任务要与学生自身能力水平相适应。一方面，如果任务超出学生能力能达到的范畴，学生就会形成"茫然体验"：感觉焦虑、不知所措或对学习失去信心。另一方面，如果布置的任务难度对于学生能力来说较低，或教师制定的规则限制了学生能力和创造力的发挥，学生会由于受到外界束缚而失去自我（自己的真实能力得不到发挥），并出现一种无助体验，形成"分离体验"。以上两方面的情景均称之为"非福乐体验"。根据积极心理学研究，只有外在挑战与个体能力处于一般水平之上，他们的平衡才能成为福乐产生的条件。

关于形成积极人格的作用机制。积极心理学强调人格是由人的内部生理机制、人的外部行为和社会环境之间互动的产物。即人格的形成是个体主动构建的过程。个体的发展（包括能力、情感等）主要归因于他们投入于满意而高兴的活动、保持了积极的心态和价值观，而这些都需要通过培养个体积极的人格特质提供稳定的内在动力。自我决定理论（self-determination theory，简称SDT）是提供这种内在动力的理论依据。它强调人固有的发展强项和先天心理需要的重要性，它假定每个人都有争取自由和不受压制并在自己的行为中体现力量和能力的愿望。[1]人类本身具有朝着向上、积极方向发展的自我实现潜能，这种潜能是独一无二的，且会引导人们行为的改变。[2]这提示学校体育在教学实践中应更多地关注个体内在潜能的激发，只有学生在进行体育锻炼和技能学习的行为过程中，且当进行这种行为的技能和价值观进行了内化并做出自我选择时，个体才会自主地形成该行为。[3]以往，关于对个体体育锻炼以及运动技

---

[1] 任俊.积极心理学思想的理论研究[D].南京：南京师范大学.2006:15-16.
[2] Ryan RM, DeciEL. Self-determination theory and the facilitation of intrinsic motivation, social development and well-being[J].American Psychologist,2000, 55: 68-78.
[3] Deci EL, Ryan RM. The "what" and the "why" of goal pursuits: Human needs and the self-determination of behavior[J].Psychological Inquiry, 2000, 11: 227-268.

能学习领域的研究，基本上是将个体看作是锻炼和学习的客体，而非主体。这种仅仅将学生看作客体所进行的锻炼和学习过程，效果并不能满足学生对于体育锻炼和运动技能学习的期望，无法形成强烈的内在动机和外在动机，因此，应该通过最大化地满足个体的自主性（autonomy）、胜任力（competence）和归属感（relatedness）这三种基本心理需求，锻炼和学习的相关规则和技能才能得以内化，并促使个体长期地维持锻炼和学习行为，有效地调动学生个体的自主性，使个体在锻炼和学习过程中有更高的投入程度。因而能更有效地提高个体学习和锻炼行为。[1]

（三）社会学依据

1. 从社会学角度阐发的马克思需要理论

马克思对人的需要的层次进行了许多经典性的论述，其中最为人们所熟知的是他从社会学角度，将人的需要分为依次递进的生存需要、享受需要和发展需要。人本主义心理学家马斯洛的需要层次理论在一定程度上概括了人的所有需要类型，揭示了人由最低层次到最高层次需要演进的一般规律，揭示了人的需要与人的行为之间的密切关系。[2]这对于我们深化"人的需要"理论研究起到了积极的引领和奠基作用。但是，鉴于马斯洛是从个体行为发生的视角来阐发人的需要层次理论，而并未将人的需要放在社会的宏观层面来深入探讨，导致其研究忽视了人的物质基础和社会基础。正因为如此，也使得马斯洛需要层次理论没有将社会实践作为人的需要产生和发展的原因与动力。因此，他不可能科学地阐明人的需要与动物的需要之间的根本区别。这就使得他的需要层次理论存在着一定的局限性，在总体上是非科学的。区别于马斯洛的需要理论，马克思的需要层次理论运用哲学的视角，将人的需要划分为生存需要、发展需要和享受需要。这样一来就使得层次需要理论处在历史唯物主义的科学理论基础之上。[3]

2. 马克思需要层次理论的内涵

（1）生存需要是人的最基本的需要

作为人类社会存在和历史延续的先决条件，生存需要是人生命和生活的最基本保障。马克思指出，人类必须首先学会生存，懂得如何生活，才能延续

---

[1] 项明强，胡耿丹. 基于自我决定理论的健康行为干预模式[J].Chinese Journal of Health Education,2010(14):306.

[2] 牛利华. 论教育的"需要"之维[J]. 当代教育科学.2004(15):13-15.

[3] 赵长太. 马克思的需要理论及其当代意义[M]. 郑州：河南人民出版社.2008:86-89.

生命和生活。这是一切历史产生的前提。换句话说，如果人类无法保障生存需要，生命和生活就无法维持和延续，也就是说，如果人的生存需要得不到满足，人的生命得不到维持，那么人的所有历史活动将不可能存在和发生。因此，生存需要是需要层次理论中最基础和最关键的一层。

然而，作为有别于一般动物的人类，生产与生活活动不只为个体存活的需求。在马克思看来，人是通过生产劳动来获取其生存所需要的资料的，而人的劳动活动又具有内在的创造性，这样就会产生出在狭义动物界根本不存在的、完全属于人的享受和发展需要。这是因为人的生产劳动不仅可以创造出超出生存需要的享受资料，而且还会引起人们对发展资料的需要。马克思曾经说过，只有当人的劳动活动不再仅仅是维持人的肉体生存的手段，人的需要不再仅仅局限于生存需要的水平上时，人类才能够真正地脱离动物界。

（2）发展的需要是人类创造生产劳动生活和精神文化生活的需要

由于创造性的实践活动是人的本质力量的实现，人只有在实践活动过程中才能确证自己、拓展自身、实现个人的价值。因此，人存在着一种以对象化活动来实现自我的需要，人的自由自觉的实践活动是对人的发展需要的满足。在生存需要层面的生产劳动是人类维持生命和生活的基础，是一种被动的劳动需要。而在发展需要层面的生产劳动则成为人类能动地改造自身、获得自身内在满足的自由自居的需要。马克思指出，在社会生产力不断进步和发展的过程中，单纯为个体生存而进行的生产、劳动会逐渐被发展层次和享受层次的自觉能动的创造及其愉悦体验。

（3）享受需要是提升生活质量，创造幸福、完满生活的需要

享受需要是个体对自身基本生存的超越，是自身外在生理需求和精神需求的进一步提升和完善。[1]我国古代著名的思想家墨子的话，能够很贴切地表达"享受需要"的基本内涵。他说："食必常饱，然后求美；衣必常暖，然后求丽；居必常安，然后求乐。"[2]墨子所说的"饱""暖""安"便是生存需要，在实现这些需要的前提下，进一步形成的"美""丽""乐"便是享受需要。

---

[1] 王怀超.现阶段我国实现共同富裕的路径选择[D].北京：中共中央党校,2012:52-53.
[2] 张天祥.市场经济与人的本质及其价值趋向研究[J].云南师范大学学报,2000(2):13-14.

第二节　当代中国学校体育的发展状况

一、现代学校体育教育发展的现状与困境

（一）中国当代学校体育改革发展现状

目前，随着素质教育的全面推行和学校体育教学改革的不断深入，许多体育教育界人士对体育教学模式、内容等研究如火如荼，硕果累累，不仅极大地活跃了学校体育的学术思想，而且对体育教学改革的发展起了很大的影响，同时也出现了"快乐体育""终身体育""创意体育"等一些非常之新的教学理念和教学模式。然而，许多教师由于对当前实施素质教育前提下的体育教学目标不够明确、理论认识不到位、方法不够优化，因此在改革实践中出现了一些误区。

1. 我国学校体育改革取得的成果

（1）学校体育指导思想由多元主张走向凝聚性共识

中国学校体育指导思想，百年来从军国民体育思想，到中华人民共和国成立后的"增强体质""保家卫国""技能技术教育"的体育思想。自 20 世纪 80 年代初到 90 年代中期以来，先后有"体质教育""快乐体育""技能教育""全面教育""和乐教育"等多种思想观点提出，呈现出百花齐放的学术争鸣局面。至 20 世纪末形成了较为集中的"健康第一"和"终身体育"的指导思想。由过去多元思想的学术论争，走向现在更为集中和科学的两种主流思想，表明学校体育的指导思想更为成熟，更为广大学校体育工作者所认同。这两种主流的学校体育指导思想，分别具有政府主导、学界认同、相互联系、互为补充的特点。在指导学校体育的实践上更加关注学生的身心健康及全面发展，关注学生终身参与体育的态度与能力。

（2）开放与发展的学校体育新观念

改革开放至今，中国学校体育的发展出现了前所未有的好局面。特别是近几年随着素质教育的推进和体育课程改革的深入，在理论创新和不断探索的基础上，我国广大学校体育工作者形成了开放的、发展的学校体育观。而今中国的学校体育的研究不再是自我封闭的、一个地区或一个国家内部的学校体育，而是全球性地打破空间界限，以全球视野借鉴世界各国经验。在对外交流和学习

中，我国学校体育界成功地借鉴了美国、日本、俄罗斯、英国等国家的有益经验，从而进一步丰富了我国学校体育的内容，促进了学校体育的整体改革与发展。在理论层面上学校体育是学校内部的教育活动，从实践上看，学校体育发展不仅仅局限在校园内部，而应该与日益发展的社会体育和竞技体育加强联系。

（3）体育课程改革对体育教师提出了新的要求

在新一轮体育课程改革的推动下，体育教师原有的一些思想观念不能适应当前教育改革的形势。必须更新教育观念，了解素质教育的基本精神、特点与要求，了解国际教育改革的走向。树立新的教学观、学生观与学力观，树立以人为本的理念，重新审视体育的功能与作用，把握新课程视野下的教学规律与方法；完善与充实理论知识，才能适应新课程推进的要求。

（二）中国当代学校体育改革发展现状

今天的学校体育教育现状问题主要表现在当下困境和潜在困境两方面：

1. 中国学校体育发展的当下困境

（1）"怕出事"引发学校体育的开展缩手缩脚

近几年来，在学校体育课和体质测试过程中，不断有猝死事件披露。青少年发生猝死原因未完全明了，但主要内因是心脏的器质性疾病和心血管结构异常，主要外因是平时锻炼少、缺乏科学运动指导、缺乏急救常识。每次事故都会引发民众的兴叹以及对校方的谴责，学校领导和体育老师的压力不足为外人道，社会上过度维权的行为，让学校体育发展形成了困境，为防止意外的发生，多数学校降低了体育课的运动强度，或者干脆取消了个别项目，如长跑和体操。事实上，任何形式的体育运动都存在一定程度的风险，我们可以探索科学的方式减少或避免其发生，而不应因噎废食。

（2）文武难以双全

学校是一个培养德智体美全方位人才的地方，而身体是学习的本钱，开展体育课不仅可以引导学生锻炼体魄，也磨炼学生的意志，培养团队合作的精神，但有很多地方却对体育课置以忽视的地位。而有些学校直接将原本安排的体育课挤占，变成了文化课，让学生们失去了锻炼的机会。家长们都把文化看成了最重要的内容，忽视了其实身体才是根本。总的来看，家庭—学校—社会的三维监护中，为了给其他课程提供更多的学习时间，体育课常常成为学生和家长心中的"副"课，体育依旧是学校教育中的短板。

（3）体育防护意识缺乏

近年来，学生在学校参加体育活动意外受伤的事件不断充斥在我们眼前。综合梳理，这类事件的起因多是个人或学校没有做好防护措施。为保证学生身

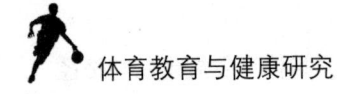

体健康成长，学校组织学生进行体育比赛并无不当，但应该在活动中采取防护措施，防止发生人身安全事故。

2.学校体育发展的潜在困境

（1）考核制度不严

体育课作为学校体育的主要实施环节，它承担着提高学生体质，发展体育技能的重要使命，然而对于适应了应试教育的学生，体育的考试多流于形式，并没有严格明确的制度要求，最终沦为"副"课。即使，现在每年都能看到区域性的体育考核改革，但未在全国形成规模性，事实上这些改革多各自为战，并没有统一的方针，因而也很难推广。当下全国学校体育的开展现状，均缺乏明确严格的考核制度，使得体育课成为娱乐、放松、休息的时间，而大部分学生的体质状况与体育技能达不到基础水平。这样下去只会导致学校体育的进一步边缘化与青少年体质的进一步下降。

（2）体测改革不畅

体质测试是国家层面对学生体质的重视，有助于促进学生积极参加体育锻炼，提高自身体质，把学生培养为德、育、体、美全面发展的高素质人才。但是，近年来，对《标准》的质疑之声此起彼伏，其中最主要的质疑是：①坐位体前屈无法有效反映学生柔韧素质。② 1000m、800m 测试无法有效评价心肺功能。这些质疑早已经得到国内外专家的实验支持，不过，却迟迟看不见改革的具体行动。

（3）体育难以伴随终身

虽然二十世纪九十年代以来，在体育的改革与发展中就已经提出了终身体育思想，学校体育也应该秉承着终身体育的精神开展，但如何落实这一目标却是一个难以解决的问题。一个人在幼儿园、小学、中学、大学，一直接受着体育教育，但是这些体育教育当中包含了太多的无趣的内容，并且没有保证足够多的课时，导致每一种项目的学习都限于蜻蜓点水的程度，难以渗透到一个人的生活当中，更无法坚持终身体育。

3.中国学校体育困境的根源

中国是一个大国，但在体育课的质量上却是地地道道的小国。从世界范围来看，很多国家对待体育的态度都要比中国积极。因此，中国学校体育的困境不是短时间形成的，而是一个时间悠久的历史问题。

（1）中华的"中庸文化"

"君子中庸，小人反中庸。君子之中庸也，君子而时中。小人之反中庸也，小人而无忌惮也"。"中庸文化"推崇的便是做人做事适中即可，不能太过锋芒，不然便是小人。中国学校体育在一开始就注入了"中庸文化"。而体育的精髓在于不断追求更高、更快、更强，挑战身体极限，让生命迸发出巨大的激情与魅力。这样，体育的精髓全部被中庸所掩盖，学校体育沦为传授体育基本技能的手段，而丧失了体育精神，这样的体育只是行尸走肉。

（2）应试教育之痛

中华人民共和国成立以来就采用应试教育，这种制度也为我国的振兴培养了大量文化人才。但是，应试教育是一种脱离社会发展需求、违背自然发展规律、以应付升学考试为目的的教育思想和行为。当下的学生已逐渐习惯了"学习—考试"的生活，创新实践能力逐渐被扼杀，题海考试耗尽他们的心血，摧毁了他们的身体。学生在中小学害怕在考试中落后他人，到了高中又面临高考压力，终于进入大学，却早已没有了体育锻炼的心思，甚至厌恶体育课。以至于，应试教育片面追求升学率导致了学生体育与健康意识普遍落后，运动能力差。理论课上的"满血"学生一上体育场便一脸倦态，这时，悲剧的发生也就在所难免。

二、中国体育学校人才培养目标的发展

20世纪初期，我国体育学校的初步建立阶段，受当时社会的影响，体育学校在人才培养方面有培养军事人才倾向，为当时的辛亥革命培养了坚实的军事力量。新中国成立前，我国体育学校的主要任务是培养中小体育教师，人才目标培养主要倾向于培养体育师资，当然从这些体育学校毕业的学生也有的从事其他职业。

中华人民共和国成立后，特别是改革开放以来，我国体育院校、系人才培养目标逐渐扩宽，从单一的师资培养到多方面体育人才的培养，培养人才的目标不仅面向体育师资，而且向运动训练、社会体育、体育管理、体育科研等方面发展。在单独设置的体育院校其人才培养目标比综合大学和师范院校体育院、系培养目标要宽，因为综合性大学和师范院校体育院、系专业设置较少，规模较小，长期以来办体育教育专业为主。不过无论是单独设置的体育院校还是综合大学和师范大学体育院、系，其人才培养目标在不断拓宽。

三、中国体育学校专业设置的发展

我国体育学校的建立从无到有经历了100多年的历史，体育学校人才培养目标也从培养战时需要的军事人才，到重点培养体育师资，再到现在培养体育师资的同时培养发展体育事业的各方面复合人才。而体育人才培养目标的变化

更多体现在体育学校专业的设置和变化上。1952年开始,我国高等学校才开始有了专业设置,当时重点培养师资、调整综合大学、设立独立学院。我国高等体育院校的专业设置也经历了从无到有,从有到细再到专的过程转变。从原来的只有"体育和运动"和"体育专业"发展到现在的体育教育、社会体育、运动训练、武术与民族传统、运动康复等多个专业。而这些专业的发展与国家教育部门的改革与发展是紧密相连的。以下对我国6次专业设置的变动做以说明。

第一次是1954年11月,国家教育委员会颁布的第一份专业目录《高等学校专业分类设置》,当时我国把体育专业分为体育和教育两个部门分别设置"体育和运动""体育"两个专业。第二次是1963年9月,教育部同国家计委研究修订了《高等学校通用专业目录》,这是我国第一次统一制定高等学校专业目录,其中的"体育"专业分属"师范"和"体育"两个部分。每一部分又分设了不同的专业。通过这两次专业设置可以看出当时的体育专业培养主要着重在师资和体育运动人员两方面,体育专业的划分不够科学,不够详细。

改革开放以后,高等院校不断进行专业调整,当然体育院校也随之进行一系列的调整。我国普通高等学校先后于1988年、1993年和1998年完成了三次大规模的体育本科专业目录的修订工作。经过1988年专业目录的调整,以培养体育师资为主要目标的专业正式命名为"体育教育专业"。

2012年颁布的《普通高等学校本科专业目录和专业介绍》,我国把体育专业分为了基本专业和特设专业两大类,每一个类属下又做了详细划分。截至2013年,我国已有313所高等学校开设体育教育专业,涵盖了除体育院校和综合大学与师范大学下的体育学院外的多类型院校。除了专业覆盖范围广,体育教育专业的生源数量和人才培养数量也位居体育类专业之首。因此体育教育专业以其"范围最广、数量最多、办学历史最悠久"的突出特点得到稳步发展。

四、中国体育学校对我国社会、经济、体育、文化产生的作用

(一)体育学校的发展对我国社会产生的作用

鸦片战争使西方列强打开了中国的大门,中国开始了饱受西方列强欺凌的时代,历经第二次鸦片战争、洋务运动、辛亥革命等。这时国人意识到重文轻武、封建思想、虚弱身体是国家衰亡的主要原因,在国人废科举、兴学堂、发扬尚武精神、挽救民族存亡的浪潮中,我国的体育学校应运而生。在尚武精神的影响下兴起了一股"兵操"热,政府也开始在学校里设置体操科,这就需要大量的教师,而体育学校的发展为进行练操培养了大量的教师。但当时为了革命运动的需要,大多数体育学校的建立以培养革命军事人员为主要目标,十四

年抗战期间也有许多从体育学校走出的学生迈入军营,积极投身抗日队伍为抗日战争的胜利做出一定贡献。

新中国成立后各行各业百废待兴,中国的教育行业缺乏师资,体育学校则继续肩负着为教育事业培养体育教师的任务,极大地促进了中国教育事业的发展。与此同时,体育学校还对社会的稳定发展起着一定作用,有一部分学生文化成绩比较差但体育方面有特长,考一般的学校比较困难,这时体育学校就为这类学生提供了一个上学的机会,他们可以选择上体育运动学校、业余体校或是高等体育院校,因为体育学校对文化成绩要求相对较低。同时,体育学校可以为一些退役运动员提供一条出路,他们可以去体育学校继续读书深造,然后做教练、做教师。所以,体育学校的发展对社会的发展起着重要的作用和影响。

(二)体育学校的发展对我国经济产生的作用

体育产业作为国民经济的一个分支,在整体经济发展中起到重要作用,如今体育产业成为中国经济发展的一个重要领域,带动了国民经济的快速发展。根据国家体育总局发布的数据,2017年国家体育产业总规模已经超过了2万亿元,与2016年相比,增长了11.1%。中国体育产业的规模逐步扩大,在国家政策大力引导下,预计到2020年中国体育产业总值可以顺利突破3万亿元的目标。[1]

在中国的体育经济发展中体育资源的拥有情况占据主导地位。体育学校本身就是培养运动员、体育人才、体育师资的地方,拥有众多的体育人口,无论是体育运动学校、业余体校还是高等体育院校都肩负着为国家培养体育人才的重任,他们的体育场馆、场地设施是最多的,由此看来拥有体育资源最多的是体育学校。体育学校除了培养体育师资外还培养了大量的体育产业相关的人才,如现在比较火热的体育培训行业大多数教练员都是体育院校毕业的,可以说近年来体育产业发展速度这么快与体育学校的作用是分不开的。体育学校的体育场地除了满足学校学生上课外还会用于出租给体育公司和个人进行体育培训、职工运动会等,甚至还会承担一些重大比赛,如2010年广州亚运会广州体育学院体育馆承担了部分篮球比赛,手球项目是在大学城华南师范大学体育馆进行的。

体育学校除了体育资源的角色,还扮演着市场的角色,体育学校从事体育教育活动就要购买器材,建设、维护体育设施,这就为生产体育器材的公司

---

[1] 邓超.解析高校体育教育促进体育经济发展的对策[J].当代体育科技,2018,8(34):222-223.

提供了商机和市场。由于人民收入水平和生活水平的提高，体育学校学生对服装、护具等运动装备的要求越来越高，这为体育用品业带来了无限商机。一些学生为了提高体育成绩，考取高等体育院校也会参加校外的体育培训机构，这也促进了体育培训行业的发展。体育学校已经成为一个巨大的体育消费市场，促进了体育产业的发展，进而也为中国的经济增长发挥了重要作用。国家层面，2008年北京奥运会的成功举办，促进其他产业的发展，如鸟巢、水立方等大型体育场地建设中对建筑材料的广泛需求，极大地促进了建筑业的发展等等。

（三）体育学校的发展对我国体育产生的作用

体育学校对体育的作用是最显而易见的，体育学校创办的最直接的目的就是为中国培养体育人才，促进中国体育的发展。体育运动学校、业余体校是为了培养运动员，高等体育院校是为了培养体育师资以及体育相关的人才。新中国成立以来中国的竞技体育一直奉行的是举国体制，尽管近年来体育体制的改革一直在深入，但是一直没有扭转以举国体制为主导的体育体制。在这种体制下，业余体校为中国竞技体育的可持续发展提供了充足的后备力量，促进了中国各个运动项目水平的提高，培养出了很多世界冠军，推动了中国体育事业的发展。在这种体制下，即使到今天，除了少部分运动项目、少部分运动员由体育俱乐部培养出来，我国绝大部分运动员都出自业余体校或者体育运动学校，如中国著名篮球运动员姚明是在徐汇区业余体校开始的自己的篮球生涯；奥运冠军刘翔是在上海市普陀区少体校开始的职业运动生涯。

除了业余体校，高等体育院校也极大地促进了中国体育事业的发展，他们虽然没有像业余体校那样培养出那么多的运动员，但是在其他方面发挥着重要作用。首先是体育师资的培养，中国大多数体育教师都毕业于高等体育院校或者普通高校的体育专业。体育师资的培养为体育事业的发展提供全方位的人才，极大地推动我国从体育大国向体育强国的迈进。其次，就是在体育科研上，中国的体育科学起步较晚，而高等体育院校就承担起了体育科研的重任，尤其是在体育人文社会学、运动人体科学、运动训练学等方面高等体育院校承担了许多国家课题和省级课题，国家体育方面的重大项目也经常落到体育院校，以及国家体育总局在制定体育政策时也会邀请各体育院校的专家参与，高等体育院校为我国体育科学的进步做出了重要贡献等。由此可见，体育学校对中国体育事业的发展发挥了非常重要的作用。

（四）体育学校的发展对我国文化产生的作用

体育学校也对文化的发展产生了积极作用，文化是多种多样的，体育文化也是中国文化的重要组成部分。近年来，文化作为综合国力的重要组成部分越来越受到人们的重视，国家也大力提倡文化自信，弘扬传统文化。中国的传统文化深受儒家文化和道教文化的影响，以武术为代表的传统体育文化提倡"修身""养性""不争"。近代西方列强敲开了中国的大门，中国的体育学校开始学习体操、练兵以图自强，抵御外侮，这时的体育学校崇尚尚武精神，学习外国的竞技精神、竞争精神，主张强身健体，以武力保卫国家。在这一历史文化的重要转折时期，体育学校对中国体育文化的发展发挥了重要的作用。

随着中国恢复在国际奥林匹克委员会的合法地位，中国越来越重视奥运会，竞技体育完全朝着一切为了奥运的方向发展，这就使得开展的大多数运动项目是奥运会的比赛项目，而对一些非奥运项目不够重视，尤其是中国的一些传统体育项目，如武术项目。而体育学校就肩负起发展传统体育项目，弘扬传统体育精神的重任。体育学校积极发展武术等传统体育项目，举办传统体育论坛、会议、比赛等，如2018年全国学校武术论文报告会在湖南大学体育学院召开。目前很多体育院校都开设了武术项目，如河北体育学院将武术作为必修科目，其八极拳、太极拳课程非常有特色。

除传统体育项目外，体育院校还积极研究和发展少数民族体育项目，如河北体育学院每年都会有少数民族体育项目专业的招生名额。体育院校都开设了民族传统体育或相关专业，还有无数体育工作者积极投身少数民族体育的研究。众所周知，中国是由56个民族构成的国家，少数民族文化是中国传统文化的重要组成部分，少数民族传统体育是在生产力极为不发达、交通落后、信息闭塞的原生环境中为适应生产生活的需要而创建的传统文化，对各民族的发展演进有着浓厚的历史意义。体育学校积极研究少数民族体育对中国的文化发展发挥了重要作用。

第三节 学校体育发展初衷与实现路径

一、我国学校体育的结构与功能

（一）学校体育的结构

学校体育是学校教育的有机组成部分，是国民体育的基础，它对培养社会建设人才，增强民族体质都具有重要的意义。它主要是指在学校教育中，运用身体运动、卫生保健等手段，对受教育者施加影响，促进其身心健康发展的一项有目的、有计划、有组织的教育活动。因此，我国学校体育的结构主要包括以下要素。

1. 运动教育

（1）体育与健康课程。体育与健康课程是一门以身体练习为主要手段，以增进学生健康为主要目的必修课程。它是我国学校课程体系的重要组成部分，是实施素质教育和培养学生德智体美全面发展的必不可少的手段。

（2）课外体育活动。课外体育活动指学校在课余时间面向全体学生开展的一项以健身、娱乐活动为主要内容，以班级、小组为基本组织单位，以满足广大学生多种身心需要为目的，促进学生身体、心理和社会适应能力和谐发展的体育锻炼活动。

（3）课余体育训练。学校课余体育训练是利用课余时间，学校有目的、有计划地对部分在体育方面有一定天赋或有某项运动特长的学生，以运动队、代表队、俱乐部等形式进行较为科学、系统的训练。旨在全面发展他们的体能和身心素质，提高某项运动技术水平，为竞技体育培养后备人才。

（4）课余体育竞赛。课余体育竞赛是指学校充分利用课余时间，有计划、有目标地组织学生以夺取优胜为目的，以运动项目、游戏活动、身体练习为内容，根据正规的、简化的或自定的规则所进行的个人或集体的体力、技艺、智力和心理的相互比赛。

2. 健康教育（含营养、卫生、保健）

学校健康教育是一项以传授健康知识，建立卫生行为，改善环境为核心内容的教育，旨在通过对学生开展有计划、有组织、有系统的教育活动，促使学生自觉地养成有利于自身健康成长的行为，消除或降低危险因素，降低发病率、伤残率和死亡率，提高自身生活质量。学校健康教育的目的是通过健康教育的过程以改善、达到、维持和促进学生个体及社会的健康状况。任务是使学生从小养成良好的生活习惯和行为模式，达到最佳的健康状态。

3. 教育活动中的体育和家庭体育

（1）教育活动中的体育。从整个教育体系看，学生体育的获得不仅仅在运动场上进行，要有效地增进学生的健康，必须将学生的体育、健康贯穿于整个学校教育的全过程。只有学校的一切教育活动和全校教职员工对学生身心健康全方位、多层次地关心，对他们的身体和精神密切地关注，才能使学生在运动场上的运动真正发挥出有效的作用。

（2）家庭体育。家庭体育是指学生受家长熏陶，在家庭范围内进行的各种各样的身体练习和健康保健活动，其主要内容是锻炼身体和体育娱乐。为了有效地增进学生的健康，学生的家庭体育十分重要。因此，建立学校—家庭教育体系是增进学生健康的有效措施和基本条件。

（二）学校体育的功能

功能是指某一事物在环境中所能发挥的某种作用和效能。学校体育的功能是指学校体育在一定的环境和条件下对人和社会所能发挥的作用，它与学校体育的过程结构和学校体育的环境有着密切的关系。学校体育的功能是学校体育的本质反映，它映射出学校体育对人的物质机体与人的精神思维及社会适应性的多种功能。具体说来，学校体育具有如下几个方面的功能。

1.教育功能

学校体育不仅包含着德育、智育、美育等方面的全面教育和培养，而且蕴藏着极大的潜力和深刻的内涵。体育不仅仅是一种社会性的实践活动，而且是学校教育的组成部分，它还包含了人们对自身的认识和对生命的感悟。学校体育的教育功能主要表现在：

（1）促进学生智力发展。学校体育通过各种各样的身体活动，可以促进学生的智力发展。学生通过体育锻炼能够促进自身神经系统的发育和发达，这为智力的开发奠定了生物学基础。

另外，学校体育是一项创造性的运动，蕴含着丰富的开发智力、培养创造力的内容，对全面培养人的观察能力、广泛训练人的记忆能力、启迪诱导人的想象力和提高人的思维能力具有重要的作用。研究表明，运动有助于人开发大脑右半球的功能，对发展儿童的直觉、空间转换、形体感知等形象思维及创造力具有重要作用。

（2）让学生形成优良品德。学校体育是德育的重要内容和手段，它对于培养、完善学生的人格和个性起着重要作用。学校体育的德育作用表现在：

①学校体育可以培养学生的道德认识与信念，如遵守规则、公平竞争、团结合作、民主奋进等。

②学校体育能有效地营造一个特殊的德育环境，使学生的道德信念通过体育活动得到强化，并内化为学生具体的道德行为。

③学校体育能有效地培养学生的个性意志品质，如勇敢、顽强、对挫折的承受力、对困难的忍受力等。

④学校体育还可以培养学生的集体主义和爱国主义精神以及责任感和荣誉感。

（3）培养学生的审美情趣。学校体育不仅可以塑造学生的身体美，而且还可以给学生灌输心灵美、行为美以及运动美，并可使各种美在运动实践中得到完美的结合。

运动教育、体育锻炼对塑造健美身体的作用是非常直接的。学生通过运动教育、体育锻炼，能使自身体魄健壮、身材匀称、姿态优雅、动作矫健，这既是健康的标志，也是人体美的表现。运动中的形体美、动作美、节奏美、服饰美以及行为举止美都将给学生以强烈的美感体验，使其得到美的享受和情感的陶冶与升华。学校体育培养学生鉴赏美、表现美和创造美的作用是独特的、具体的，有着极强的实践性，这是一般的科学无法比拟的。

2.健身功能

学校体育的健身功能是学校体育最本质、最为独特的功能。学校体育的健身功能主要表现在以下几个方面：

（1）让学生养成正确的身体姿势，促进其生长发育。青少年学生正处于生长发育的关键时期，身体的可塑性比较大。体育锻炼对培养学生正确的身体姿势，促进机体的生长发育具有重要作用。实践证明，经常参加体育活动，可以促进人体组织的血液循环，使人的骨质增厚，骨骼变粗，骨骼的坚固性以及抗弯、抗断和耐压的性能显著提高。另外，经常参加体育锻炼，能刺激人的骨骼生长，这对青少年学生身高的增长有着积极的意义。

（2）提高学生集体的功能水平。体育锻炼还可以有效地提高人的机体功能水平。经常参加体育活动的人其机体内部能量消耗会增加，代谢产物会增多，新陈代谢旺盛，从而使其机体的各个器官系统如呼吸系统、血液循环系统、神经系统、消化系统等的功能水平得到改善。

（3）发展学生的身体素质和基本活动能力。体育锻炼对发展人的速度、力量、耐力、灵敏性、协调性、平衡性、柔韧性等素质，以及走、跑、跳、投、攀登、爬越等基本活动能力有着重要作用。

（4）提高学生的心理发展能力。学校体育对提高青少年的认知、情感、意志、精神等心理方面的水平有着十分重要的作用。

（5）能增强学生的对外界环境适应能力。外界环境是一个非常复杂的系统。自然环境的变化，不可避免地使人的生命和健康受到影响，人体必须随时调节各器官系统的功能来适应这种环境的变化，使人体的内外环境能保持相对的平衡。实践证明，经常参加体育锻炼不仅可以提高学生对自然环境的适应能力，同时能增强学生对疾病的抵抗能力。

3. 娱乐功能

娱乐的目的是为了获得快乐。开展丰富多彩的课余锻炼与竞赛是学校体育的一个重要内容。一方面，学生通过参加体育活动可以调节情感、丰富生活，缓解由学习所引起的精神紧张和疲劳；另一方面，学生通过观赏体育比赛和表演可以得到心理上的满足和精神上的享受。学校体育还是学生休闲的重要手段，是扩大学生社会交往的重要媒介以及表现自我、展示自我的重要舞台。

更为重要的是，学校体育在某种程度上会对学生未来的生活方式产生巨大的、潜移默化的影响。学生在学校体育活动中所得到的乐趣和愉快体验，不仅会影响他们的体育态度，甚至还会影响他们未来的人生态度，这种受益将是终身的。

4. 促进个性全面发展的功能

个性是指人的个体在一定的社会关系中所形成的个人生理、心理和社会特征，它以独特的方式有机结合而使个体具有独特的社会性。人的个性就是人的独特的社会性。

现代社会不仅强烈地呼唤着人类要以自身鲜明的个性适应时代、改造时代、创造时代，而且更希望人类以自身良好、积极的个性，导向健康和和谐的未来。但人的积极、良好个性不是天生的，它需要教育的引导、培植与塑造。学校体育由于其活动内容多，同学间互动频繁，选择余地大，而且身心需要协同配合，各自承受不同的负荷和刺激，并且在体育活动中，有着让人身体体验深刻、角色变化频度快等特点，因而，学校体育对学生个性的发展具有其他文化课无法比拟的作用。另外，运动让人身体健康，而健康的身体是形成良好个性的基础，且良好个性社会价值的实现，更要以健康的身体作为保证。

5. 文化传承功能

学校体育的文化传承功能是学校体育最主要的社会功能。其表现在：首先，学校体育是校园文化的重要内容。学校内部和学校之间开展的多种多样的体育活动，既可以丰富学生的文化生活，又可以营造一种健康向上的人文氛围和环境，对学生的成长具有重要意义。其次，学校体育是传播体育文化的重要途径。学校通过对学生进行全面、系统的身体教育，可以使学生掌握体育、卫生保健等方面的基本知识、技术以及科学锻炼身体的方法，在这一过程中，体育文化被一代代传递、延续和继承。最后，学校体育对体育文化的创新与发展也具有十分重要的作用。无论是体育理论还是实践手段的创新与发展，都与学校体育有着密切的关系。

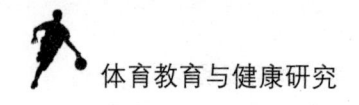

6.社区体育的辐射功能

学校体育是竞技体育的基础,这一观点早已得到肯定,但随着我国社会体育的蓬勃发展,学校体育对社区体育和家庭体育的辐射作用也凸显出来。学校体育向社区和家庭辐射功能是学校体育本身向纵向的时间和横向的空间拓展的一个必然趋势,也是对终身体育的积极回应,是现代学校体育功能的拓展,也是一个挑战。

7.社会经济功能

学校体育的经济功能虽不明显,但其发展势头值得我们关注,如学校体育产业的开发和向社会商业活动的拓展、高校的高水平运动队与俱乐部的商业性活动的结合等。当然,学校体育的最根本的经济功能还是在通过改善和提高未来的劳动力的素质,来促进国民经济的增长这一点上。

从以上我们可以看出:现代学校体育的功能具有多元化的基本特征,围绕着人与社会,构成了一个多层次的系统。这个系统在现代教育、体育思想和理念的影响下,内涵更加丰富,在广度和深度上呈现出不断扩展的趋势,学校体育的多种功能将被时代赋予新的意义。

二、我国学校体育目标的制定

(一) 学校体育目标的概述

目标是人们想要达到的境地或标准,它是人们通过努力,在一定时期内期望达到的预期结果。目标对人们的实践活动具有导向和激励作用。它通过对活动的各方面的控制和调节,使活动维持其稳定的方向,成为具体行动的向导。同时,目标又具有激励作用,能调动人们的积极性。目标一旦确定则不能轻易变动,但由于外部环境和内部条件的变化又可进行调整。

学校体育的目标是指一定时期内在学校这一特殊的空间范围内体育应达到的期望要求、结果和标准。它集中体现了人们对学校体育与健康课程编制,体育教学实施,以及课外体育活动、课余体育竞赛、课余体育训练开展中的体育价值的理解,是学校体育目的在学校体育中的具体化。它是学校体育决策和管理的出发点,也是学校体育工作应达到的结果。

学校体育的目标具有一定的结构。从学校体育过程的特点来看,它可分为条件目标、过程目标和效果目标。条件目标是指为实施学校体育所必备的主客观条件,包括体育知识的数量和质量、场地、器材、设备、体育经费、学生的体质条件等。过程目标是指在一定的阶段里,学校体育实施的经过或发展的经历,主要包括工作计划、组织管理、体育课教学、课外体育活动、课余体育训练、课余体育竞赛、卫生保健措施以及教师的培训、提高等。效果目标是指实施学校体育的最终效果，包括学生体质的水平，学生的教育、教养、发展水平，体育能力水平，体育人才质量，科研成果等。以上三个目标都可以采取相应的检测手段来进行评价，通过不断评价使学校体育目标在实施过程中不断完善，并为下一阶段目标的制定和实施提供科学的依据和基础。

学校体育的目标具有一定的层次性，是一个多层次的系统。在学校体育的总目标下，根据各项工作的特点，可以分解成下一层次的目标，如学前教育阶段的体育目标、初等教育阶段的学校体育目标、中等教育阶段的学校体育目标和高等教育阶段的学校体育目标等，每一阶段又包括如体育与健康课程教学目标、课外体育锻炼目标、课余体育训练目标、课余体育竞赛目标、体育科学研究目标、学校体育管理目标等。以上目标还可以分解成下一层次的具体目标。各目标之间相互联系，构成学校体育的目标体系，为实现学校的教育目标服务。

（二）制定体育目标应考虑的几个因素

学校体育目标能否在学校体育中起到核心的指导作用，关键在于学校体育目标对外界的敏感性与开放性，即学校体育目标能否正确反映社会发展的需要、体育学科本身的发展、学生身心发展的特点与需要。

1. 学生的需要

学生是体育施教的对象，是体育学习的主体，离开了学生这个主体的积极性与作用，学校体育将无从谈起。因而，在制定学校体育目标时，首先必须充分考虑学生这个主体的特点与需要。特别是学生的身心发展特点，因为它在很大程度上决定着学生能够学习什么，达到什么水平。

从内容上看，学生的需要包括学生的身心发展需要和学生的学习需要。这两方面的需要是相辅相成的，因而，我们在制定体育目标时，应充分考虑学生的两种需要之间的相互依存，在确定体育目标时，应充分考虑某一学段的学生能够学习什么，需要学习什么，以及怎样端正学生的学习动机。

从时间上看，学生的需要既包括学生当前的需要，也包括学生长久的需要。仅满足学生当前的需要，很容易引起学生的体育学习兴趣，但不一定能保证为学生走上社会提供良好的准备；仅满足长久的需要，又容易将成人化的体育内容强加给学生，使体育学习成为一种外在的过程。

从学习的性质上看，学生的需要既包括学生的天赋，也包括学生在后天的学习过程中形成的自觉性。因而，在制定学校体育目标时，首先，以学生的自发需要为基础，利用这种需要来达到体育的目的。其次，要了解作为学校体育

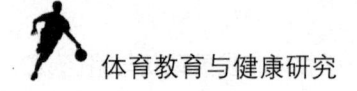

特定对象的特定的学生的特定情况，将学生的情况与理想加以比较，确定其中的差距，发现体育的需要，从而揭示出学校体育的目标。

2. 社会的需要

社会的需要主要是指社会政治、经济、科技、文化的发展对学校体育提出的要求。学校体育作为我国教育事业的重要组成部分，要全面贯彻我国的教育方针，与德育、智育密切配合，努力将学生培养成为有理想、有道德、有文化、有纪律、体魄健壮的社会主义建设者和接班人，为振兴中华民族做出贡献。这是确定我国学校体育目标的最基本依据。学校体育作为学校教育的一个有机组成部分，它随社会存在与发展，总是为一定的社会需要服务。首先，从整体的社会需要角度看，可分为社会的现实需要与未来需要；其次，从时空的需要角度看，分为家庭、社区、民族、国家的需要；最后，从学校体育的施教对象的特性来看，学校体育不仅是为了今天的学生，更重要的是为了明天的学生。从这一意义上讲，学校体育既要适应当前的现实，又应超越社会的现实，走在社会发展的前面。只有在现实与未来、个人与国家、适应与改造之间找到切入点和结合点，学校体育目标才能更好地发挥其社会功能。

3. 体育学科的功能与发展

学校体育目标确定了体育的价值、定位及其内容和基本架构。学校体育主要是对学生进行身体教育和运动教育，强调的是增强学生的体质、提高学生的运动技能、让学生形成终身体育的意识及行为等。学校体育的主要手段，是体能的练习、运动技能的学习及参与运动的行为。体育学科是学校体育知识最主要的源泉，体育学科的功能是确定学校体育目标的重要依据。所谓体育学科的功能是指体育在与人的个体、社会相互作用的过程中，表现出来的相对特殊的社会作用与效能。一般认为体育学科具有以下功能：增强学生的体质，提高学生的基本活动能力，提高学生对自然的适应能力，愉悦学生的身心，陶冶情操，规范学生的行为。提高学生的审美情趣和有利于学生的智力发展，提高学生的智育活动效能。提高学生的自我保护能力和人际交往能力。传承与发展体育文化。如果学校体育本身没有这样的功能，则学校体育目标的制定就变成了无源之水，无本之木。

学校体育目标不仅要考虑体育学科的存在，还要进一步考虑学校体育在学校教育中的地位和作用及学生的特点等。

所以，在制定学校体育目标时，不仅仅是考虑学校体育的功能，而且，还要看自己的体育价值追求。体育价值观是人们在制定与实施学校体育时的态度与选择，常常表现为强调体育的某些功能，弱化或忽视某些功能。学校体育目标是制定、设计、实施、评价学校体育的人的某种体育价值观取向的具体体现。对学校体育功能的不同认识、不同的体育价值追求会在很大程度上直接影响学校体育目标的制定、设计、实施、评价。

在制定学校体育目标时，学生、社会、学科三个因素是交互起作用的，其中任何一个因素都不可能单独成为学校体育目标的来源。过分强调某一因素，就会导致学校体育向一个极端发展。另外，国家对学校体育提供的条件、师资数量与质量、场地、器材设备、教学时数、地区气候特点、经费等客观条件的保证，也是制定学校体育目标必须考虑的因素。

三、我国学校体育的目的与目标

（一）我国学校体育的目的

目的是人的自觉活动和行动的基本要素之一。

人们在实践活动前，实践的主体总会先在头脑形成目的，然后再依目的去制定措施，选择方法、途径和手段，进而去实现它。在此过程中，目的既成为实践活动的起点和终点，又表现在实践活动的全过程。它具有主观性、预见性、概括性等特点。它为人的实践活动规定了总的方向。

针对我国学校体育实际，我国学校体育的目的是促进学生正常生长发育，增强学生的体质、增进学生健康，与学校各种教育相配合，培养学生良好的思想品德和意志品质，促使其成为具有德、智、体、美、劳全面发展的社会主义建设者和保卫者。

（二）我国学校体育的目标

目标是人们实践活动所要达到的境地和标准，是目的和标准的统一。它包括了使命、对象、目的、指标、时限等在内的一套完整系统。是人们实践活动最终期望和期望结果可考核性的有机统一，是人们实践活动目的具体化表现。它具有具体性、明晰性、系统性等特点。

由于目的是概括性的，比较笼统、原则和抽象，不能分层到实践中去直接操作。因此，目的必须分解成具体目标，并通过目标逐一实现。

1. 学校体育的总目标

现阶段我国学校体育的总目标是：开发学生的身心潜能，促进学生身心和谐发展，增强学生体质，增进学生的健康；培养学生对体育的积极态度、兴趣、习惯和能力，能较为熟练地掌握和应用基本的体育与健康知识和运动技能，为终身体育奠定良好的基础；培养学生良好的思想品质，促进学生个体的社会化，使其成为具有创新精神和创新能力以及德、智、体、美全面发展的社会主义建设的合格人才；提高少数学生的运动技术水平，为国争光。

上述我国学校体育的总目标，体现了学校体育的本质特征，反映了现阶段我国社会、教育、体育发展的要求和学生个体的需要，比较符合我国学校体育的实际，具有较高的科学性和可行性。

2.学校体育的效果目标

为保证学校体育总目标的实现，首先应该达到以下效果目标：

（1）开发学生的身心潜能，增强学生的体质，增进学生的健康。各年龄阶段的学生正处于迅速生长发育的时期，因此，学校体育工作应根据学生不同年龄、性别所具有的生理、心理特点，有目的、有计划、有组织地开展体育教学和课外体育活动，并通过各种体育活动促进他们身体的正常发育，使学生在身体形态、生理机能、身体素质和身体基本活动能力等方面都得到全面发展，对自然环境有适应能力，对疾病有抵抗能力。对于小学和初中阶段的学生，要针对他们身体各部分正处在迅速生长发育时期的特点，采取加强身体锻炼与养护相结合的方式，促进他们身体的正常发育，培养他们正确的身体姿势，塑造匀称健美的体形；要发展学生的基本活动能力，把握其身体素质发展的敏感期，使学生全面发展身体素质。在高中阶段，要针对学生已进入青春后期，生长发育减慢的特点，巩固提高已获得的体力，进一步发展和提高身体素质水平，尤其要重视发展耐力和力量素质，增强体魄。高等学校的学生身体发育已接近完成，可针对不同专业对身体素质的要求，以及学生对体育的爱好，组织体育活动，并不断提高要求，以进一步增强学生的体质。这不仅对青少年学生个体的成长具有重要的作用，而且对改善和提高全民族的体质健康也具有深远的战略意义。

（2）传授体育运动、卫生保健和健康生活的知识、技能和方法，使学生具有一定的体育文化素养。学校体育本质上是系统地向学生传授体育文化的教育过程。它可以通过各种途径，向学生系统地传授体育运动知识、原理和方法及卫生保健、自我养护的基础知识，使学生懂得科学锻炼身体的基本原理和方法，学会体育运动中所要掌握的基本技术、技能，并认识学校体育的地位与意义，养成经常锻炼身体的习惯，最终使他们受益终身。

（3）培养学生的体育兴趣、习惯和能力，为终身体育奠定基础。对体育的兴趣、爱好及养成体育锻炼的习惯，是形成终身体育的重要因素，也是实施终身体育的重点。学校体育和终身体育的联系，是通过"兴趣"和"能力"的桥梁来实现的。学校体育的重点更多地应该放在如何培养学生对体育的兴趣和能力上，在培养兴趣和能力的基础上，通过长期技术、技能的学习，让学生形成稳定的体育价值观和积极的态度。有了良好的体育价值观和态度，学生才能积极参与体育锻炼，并且终身受益于体育。学生可以因人、因时、因地，创造性地去选择适合自己的健身方法和手段，以满足终身体育的需求。

（4）培养学生良好的思想品德，促进学生个性的全面发展。培养学生良好的思想品德，促进学生个性的全面发展是学校体育的重要目标之一。学校体育具有丰富的思想品德教育因素，要结合体育的特点寓思想品德教育于体育活动之中，教育学生为社会主义现代化建设锻炼身体，提高社会责任感，树立群体意识，培养学生热爱集体、遵纪守法、团结合作、朝气蓬勃、勇敢顽强、拼搏进取、开拓创新、艰苦奋斗等思想品德和良好的体育作风；培养学生对体育的兴趣与爱好，体验运动的乐趣；培养学生鉴赏美、表现美、创造美的情感和能力，陶冶学生美的情操，促进学生个性的全面发展，为将来适应社会生活奠定良好的基础。

（5）发展学生的运动能力，提高学生的运动技术水平，为国家培养输送体育后备人才。学校是各种运动人才的摇篮，因此，学校要善于发现有运动天赋和运动才能的学生，并在课余时间对他们进行系统的运动训练，以提高他们的运动技术水平，使他们不仅成为推动学校群众性体育活动的骨干，同时也成为国家优秀运动员队伍的后备力量。有条件的学校，还应该组织具有本校特色和传统的高水平运动队，一方面可以丰富校园文化生活；另一方面也可以为国争光。

上述学校体育的具体效果目标，它们之间相互联系、相互促进，是一个不可分割的整体，要在实践中采取各种手段和途径才能完全实现。但要注意的是，应根据各教育阶段体育的特点、侧重和要求不同而区别对待。

四、实现我国学校体育初衷任务的路径

学校体育的目标是通过体育（与健康）课程和课余体育活动这两条基本途径来具体贯彻实施的。学校体育的这两条途径也是学校体育的中心工作和环节，其担负着全面实现学校体育目标的作用。由于体育（与健康）课程和课外体育活动各自的特点不同，因而其在实现学校体育目标的过程中所发挥的作用又具有各自的侧重点。

（一）体育（与健康）课程

除了学前教育阶段和高等教育阶段的研究生教育外，体育（与健康）课程是学校教学计划中规定的必修课，它是学校体育的基本组织形式，承担着对学

生进行系统的体育教育的重任。各个教育阶段所开设的体育（与健康）课程都有相应的课程标准或教学大纲或教学指导纲要，按一定的班级授课，并有专门的体育教师和一定的场地、器材设备作为保证。体育（与健康）课程是学生毕业、升学的考试科目之一，每学期或学年都要对学生进行相应的考核。

（二）课外体育活动

课外体育活动是指体育（与健康）课程之外的一切体育活动，其内容是极为丰富的，主要包括：课外体育锻炼，如早操、课间操、个人体育锻炼和班级体育锻炼等；课外运动训练；课外运动竞赛以及校外的社区体育活动和家庭体育活动等。课外体育活动也是学校体育的重要工作，它对培养学生的体育兴趣、态度，丰富学生的课余生活，提高学生的运动能力和独立锻炼身体的能力，发现和培养运动人才等方面具有重要的作用和意义。

1. 课外体育锻炼

（1）概念。从广义上来说，课外体育锻炼泛指学生参加的除体育课教学以外的体育锻炼活动；从狭义上讲，它特指学生在学校内从事的除体育课教学之外的体育锻炼活动。目前一般所用的课外体育锻炼概念多为狭义。课外体育锻炼既是学校体育的重要组成部分，又是学校课外活动的重要内容，因此课外体育锻炼，就必然以实现学校体育目的任务、促进学校教育目标的全面达成为己任。

（2）课外体育锻炼的原则。

①自觉、自愿性原则。要加强认识体育锻炼目的意义的宣传教育，重视体育教学中体育基本理论、知识的教学，使学生明确"生命在于运动"的道理，充分认识体育锻炼对身心的重要价值，使学生明确从事课外体育锻炼的直接目标和最终目的。要激发学生的体育锻炼动机，培养体育锻炼的兴趣，充分发挥学生的主体作用。体育锻炼习惯的形成是一个长期的过程，积极的情绪体验和心理满足以及锻炼效果的及时评定，是良好锻炼习惯形成的重要因素。同时，应加强指导，重视计划性。

②经常性原则。经常性原则指课外体育锻炼必须尽可能地经常进行，以确保锻炼效果良性积累的连续性，从而达到理想的锻炼效果，并在长期坚持中形成锻炼的习惯，使之成为日常生活中的组成部分。科学安排作息制度，妥善处理好体育锻炼与学业和其他课外活动的关系，克服困难，坚持每天有一定时间的体育锻炼。合理安排锻炼的时间、负荷及锻炼的间隔，重视锻炼后的恢复，以免影响课业学习。持之以恒，注意提高自我锻炼的能力，并培养顽强的意志，形成坚持锻炼的习惯。

③针对性原则。针对性原则指课外体育锻炼应因时、因地、因人制宜，根据不同的具体情况进行锻炼。学校在计划组织和具体实施课外体育锻炼时，应根据所在地域环境和学校的具体条件选择锻炼的形式、内容、方法、手段。个体进行锻炼时，应考虑自己的身体状况、技术基础、心理状态，做到"保强、补弱"，以避免伤害事故，并提高锻炼的实际效果。

（3）课外体育锻炼的内容、组织形式与方法。

①内容。课外体育锻炼的内容非常丰富，有以强身健体、增进健康、促进身体正常生长为目的的健身类，一般包括走、跑、游泳、传统体育及各种球类运动等；有以调节身心、娱乐为目的的娱乐类，一般包括走、跑、太极拳、保健按摩、各种医疗保健与矫正操；有以评价为手段的达标类，包括《学生体质健康标准》测试等。

②组织形式与方法。校内体育锻炼一般包括早操、课间操、个人体育锻炼、班级体育锻炼和全校性课外体育锻炼等。校外体育锻炼一般包括校外自我锻炼、家庭体育、社区体育等，社区体育有业余体校、体育俱乐部、青少年宫组织的体育活动，也包括体育场馆开放的体育活动、体育夏（冬）令营、体育旅游等。

2.课外运动训练

课外运动训练是利用课外时间，对部分在体育方面有一定天赋和爱好的学生，以运动队、代表队、俱乐部等形式组织他们进行系统的训练，全面发展他们的身心素质，提高运动技术水平，培养体育后备人才而专门组织的一种体育教育过程。课外运动队的组建一般包括确定建队项目、运动员选材、建立运动队规章制度等三个方面。要遵循一般训练与专项训练相结合、系统性、周期性、适宜运动负荷和区别对待等原则，这些原则是运动训练规律的集中反映，具有普遍的指导意义。课外运动训练的内容主要包括身体训练、技术训练、战术训练、心理训练和思想品德训练等几个方面。还要根据课外运动训练的特点，广泛采用重复训练法、变换训练法、持续训练法、循环训练法、竞赛训练法等多种方法。

3.课外运动竞赛

课外运动竞赛（含校内、校外）是指在课余时间，以争取优胜为直接目的，以运动项目（或某些身体活动）为内容，根据规则的要求，进行个人或集体的体力、技艺、心理的相互较量的体育活动。它对推动学校群众性体育运动广泛开展，促进运动技术水平的提高有重要意义。运动竞赛还能起到良好的宣传鼓动作用，激发学生为现代化建设积极参加体育锻炼的自觉性。运动竞赛也是检查教学训练工作，总结交流经验的手段和互相学习、共同提高的机会。通过竞赛还可以选拔优秀体育人才，对运动员和广大观众还具有重要的教育意义。

4. 阳光体育

（1）提出背景。开展阳光体育运动是在我国学生体质健康水平下降的大背景下产生的。2005年全国学生体质与健康调研结果显示，学生肺活量水平、体能素质持续下降，体能素质中的速度素质和力量素质连续10年下降，而耐力素质则连续20年下降，超重和肥胖学生的比例迅速增加，城市男生已达24%。视力不良率仍居高不下，小学生为31%、初中生为58%、高中生为67%、大学生为82%。这一结果的公布引起了社会各界对学生体质健康水平的广泛关注，媒体在争论，学者在反思，行政管理部门在研究。在借鉴我国在20世纪50—60年代实施《劳卫制》的成功经验的基础上，结合现实社会的实际，针对目前学生从学校到家庭，从教室到书房单一的、缺少体育锻炼的学习生活方式，为了号召广大青少年走出教室、走到阳光下、走向操场户外积极参加体育锻炼，提出了"阳光体育运动"这个口号。在结合当前社会现实和学校教育改革以及学校体育工作特点的基础上，2006年年底，教育部、国家体育总局、共青团中央发布了《关于开展全国亿万学生阳光体育运动的决定》，阳光体育运动在这种大背景下提出。

（2）目的意义。《关于开展全国亿万学生阳光体育运动的决定》明确提出了开展阳光体育运动的目的是："在全国亿万学生中掀起群众性体育锻炼的热潮，切实提高学生体质健康水平。"实施阳光体育运动政策是减少受应试教育和一些不健康生活方式的影响，同时使我国亿万青少年健康成长，促使我国青少年在身高、体重等形态指标达到标准，同时使青少年的肺活量、速度、力量等体能素质恢复正常水平以及近视率减少的一项重大战略措施。有关目标的表述为："开展阳光体育运动，要以'达标争优、强健体魄'为目标。"

（3）主要内容。阳光体育运动以实施《国家学生体质健康标准》为基础和主线，以提高学生体质健康为目标，以广泛开展各项体育活动，积极落实每天锻炼1小时为手段，达到学校体育与阳光体育共同的目的。其主要包括以下几个方面：

①各级教育、体育行政部门，共青团组织和各级各类学校要把开展阳光体育运动作为全面推进素质教育的重要突破口和主要工作方面，作为加强学校体育工作，提高全体学生体质健康水平的主要措施，认真组织实施。在全国大、中、小学中掀起阳光体育运动的热潮。

②用3年时间，使85%以上的学校能全面实施学生体质健康标准，使

85%以上的学生能做到每天锻炼一小时，达到学生体质健康标准及格等级以上，掌握至少2项体育技能，形成良好的体育锻炼习惯，使体质健康水平切实得到提高。

③建立和完善学生体质健康标准测试结果记录体系，测试成绩要记入小学生成长记录或学生素质报告书，初中以上学生要记入学生档案，并作为毕业、升学的重要依据。建立学生体质健康标准通知制度，定期通报各地学生体质健康标准的实施情况和测试结果。认真组织全体学生积极开展"达标争优"活动，对达到学生体质健康标准优秀等级的学生，颁发"阳光体育奖章"。

④与体育教学相结合。一是坚持依法治教，规范办学行为，严格执行国家有关体育课时的规定，开足上好体育课，不得以任何理由挤占体育课时；二是深化体育教学改革，提高教学质量，通过教学，教育、引导学生积极开展阳光体育活动。

⑤与课外体育活动相结合。配合体育课教学，保证学生平均每个学习日有一小时体育锻炼时间。将学生课外体育活动纳入教育计划，形成制度。

⑥通过多种形式，大力宣传阳光体育运动，广泛传播健康理念，使"健康第一""达标争优、强健体魄""每天锻炼一小时，健康工作五十年，幸福生活一辈子"等口号家喻户晓，深入人心。

⑦各学校要成立以校长牵头的领导小组，按照全国的统一部署，制定具体的措施，组织本校的阳光体育运动的实施。

五、实现我国学校体育初衷任务的基本要求

整体而言，组织开展学校体育的各项工作要以《中华人民共和国体育法》《学校体育工作条例》《学校卫生工作条例》和《学生体质健康标准（试行方案）》为依据，结合学校的具体实际，以保证学校体育目标的顺利实现。在具体工作过程中，应注意以下基本要求：

（一）认真贯彻体育法规，面向全体学生

认真贯彻党和国家的教育方针，认真执行《中华人民共和国义务教育法》《中华人民共和国体育法》，落实《学校体育工作条例》《体育与健康课程标准》《学生体质健康标准》等政策法规，纠正以只抓少数高水平运动队来代替全体学生的体育活动和体质健康工作的错误倾向。学校体育工作要面向全体学生，将学校体育工作重点落在学生体质健康的群体活动上，全力保障学生体质健康，其中最重要的就是开展确保每天一小时体育活动工作，保证全体学生都享有体育的权利。要创造一切条件，组织和动员全体学生参加各种形式的体育活

动,以满足学生的不同体育需要。对少数有生理缺陷或疾病的学生,要尽可能地安排他们进行适当的保健体育、医疗体育或矫正体育活动,以提高他们的健康水平。对部分有一定运动才能和天赋的学生,应从学校实际出发,在课余时间安排他们进行适当的运动训练,以提高他们的运动技术水平。

(二)以整体观点开展学校体育工作

1. 做到课内与课外有机结合

学校体育工作是一个系统工程,体育(与健康)课程和课外体育活动是实现学校体育工作的两个途径,二者互相依存、相辅相成。体育(与健康)课程所传授的知识技能、方法等可以为课外体育活动的开展奠定一定的身体和运动技能基础,并提供理论与方法指导。同时,学生通过课外体育活动,可以进一步巩固在体育(与健康)课程中所学习的内容,而且随着学生运动能力的提高,学生对体育的兴趣将越来越浓厚。正确处理好体育(与健康)课程和课外体育活动两者的关系,发挥其相互促进、相互加强、互为补充的积极作用,使每人每天有一小时的体育锻炼,增进身体健康。

2. 做到普及与提高有机结合

在普及的基础上提高,在提高指导下普及,从整体上逐步提高学校体育水平。

3. 做到体育与卫生保健有机结合

在体育知识传授的同时,要进行安全、健康、卫生保健的教育,使锻炼与保健养护相结合,真正贯彻预防为主的卫生方针。

(三)积极推进体育课程体系改革

坚决贯彻"健康第一"的指导思想,依据现代体育课程发展趋势,按照《体育与健康课程标准》的精神,把体育课程教学作为学校体育的中心工作,不断深化体育教学改革,注重体育教学方法的科学性和实效性,结合实际应用多种教学模式,提高和优化体育教学质量;关注学生的学习兴趣和情感体验,注重构建学生的主体地位,注重形成和发展学生的个性;重视改造传统运动项目和引进新兴运动项目;在体育课程实践部分侧重选择促进学生身体发展,增强想象力、表现力与创造力的身体技能练习;培养学生终身体育的意识和能力;注重体育课程资源和校本课程的开发,重视体育教学研究和科研成果的转化,为学生的身心健康发展创造条件,通过改革逐步构建形成有自身特色的体育课程教学新体系,使学生通过运动实践初步掌握体育的基本技能和方法,促进学生身体正常发育与健康水平提高,帮助学生确立健身意识和具有锻炼身体的能力，促进学生心理品质的健康发展，形成完整的主体意识和科学精神，培养学生勇敢自强的精神、合作与竞争的生活态度以及创新意识。

（四）营造良好的学校体育环境

学校体育环境是指开展学校体育活动所需要的物质、制度与心理环境，如校园、校舍，各种体育场地、器材，学校各种体育规章制度，学校体育的传统与风气以及师生关系等。实践证明，学校体育环境是学校体育的有机组成部分，对实现学校体育的目标具有重要的意义。幽雅的学校体育环境不仅可以引导和激励学生积极参与体育活动，给人以美的享受，而且对学生的体育兴趣、动机、爱好、态度等的形成产生潜移默化的影响和作用，并且能够有效地促进学生的身心健康。

营造良好的学校体育环境，不仅要加大投入改善学校体育的物质环境，还要努力构建学校体育传统与风气。学生置身于这种积极向上的体育氛围中，能够在耳濡目染、潜移默化中受到熏陶和感化，从而产生一种春风化雨、润物无声的教育效果。

（五）加强体育师资队伍建设

"发展教育，教师是关键"。体育教师是学校体育工作的具体实施者，学校体育工作的成败主要取决于体育教师，是实现学校体育目标的关键。因此，必须大力加强体育师资队伍建设，努力采取切实措施加强体育教师队伍建设，提高体育教师的整体素质。一方面要努力提高师范体育教育专业的质量；另一方面要加强在职体育的业务培训与进修，在职培训与业余进修相结合，自学提高与脱产进修相结合，鼓励教师投身于教育改革的浪潮，认真汲取现代教育理论与思想，提高自身理论水平与业务能力，以适应当代学校体育改革与发展对体育教师的新要求。同时注意提高体育教师的社会地位和生活工作条件，防止体育师资的流失，使之在培养德、智、体人才中发挥更大的作用。

（六）加强学校体育科学研究

学校体育科学研究在教育科学研究中有着重要的地位。当前我国学校体育正处于急剧的发展变革阶段，实践中出现了大量的理论和实际问题，需要通过科学研究加以解决，学校体育科研工作要坚持理论和实践相结合，坚持科研和教学相结合，坚持专职科研工作者和学校体育教师相结合，努力解决学校体育工作的突出问题。要把体育课程和学生课外体育活动作为开展学校体育科研的主要场所，以运动技术、技能为载体，把体育内化为学生的健康意识，利用体育的特殊功能对学生施以道德、情操和心理的影响，充分发挥体育在实施素质教育中的积极作用。

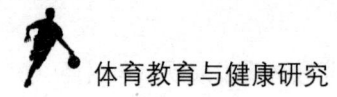

在开展学校体育工作时,要注意及时总结工作中的各种经验,并将之上升到一定的理论高度,以便在实践中加以推广。同时,还要善于抓住一些学校体育实践中亟须解决的重要课题进行研究,力争以科研上的突破来带动学校体育的改革向纵深发展。

第四章 体育锻炼与健康

第一节 体育锻炼的常识、特点与作用

一、体育锻炼常识

生命在于运动，而运动必须有一定的规律性，人们在运动前遇到的问题是不知道怎样进行锻炼。对于一般人来说，在开始锻炼前，除进行必要的体检和咨询外，还要做一些准备并了解一些常识。

（一）培养锻炼兴趣

对体育锻炼感兴趣，是长期参加体育锻炼的前提。培养锻炼兴趣的方式很多，如观看体育比赛，与亲朋好友一起参加体育活动等。有了浓厚的兴趣，就能自觉地投入到体育锻炼中，从而取得理想的锻炼效果。

（二）选择活动项目

除根据自己的兴趣外，还要考虑锻炼者的自身条件。青少年活泼好动，可以选择一些强度大、带有游戏性的活动项目。中老年人要根据自身特点选择项目。另外，还要根据季节、气候来确定体育项目。运动项目可多样化，但所选择的运动项目要能对整体机能产生良好的影响。

（三）确定运动强度

为增强体质而进行的体育锻炼主要是为了提高人体的健康水平，而不是为了创造成绩，所以强度不宜过大，特别是中老年人更应如此。控制体育锻炼强度最简单的办法就是测定锻炼时的脉搏，对于一般人来说，控制在 140 次 /min 左右较合适。

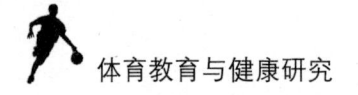

（四）锻炼前要做好准备活动

准备活动的主要作用是提高肌肉温度和内脏器官的机能水平，调节心理状态，预防受伤。准备活动可分为一般准备活动和专项准备活动，时间和量的控制要根据季节、气候和自身的感觉来调节。

（五）女子大学生的体育锻炼

女子一生分为6个时期：新生儿期、幼女期、青春期、生育期、更年期及老年期，其中青春期保健的意义最重大。

大学生时期是女子一生中的青春发育和性成熟期，此阶段卵巢发育明显，生殖器官发育较快，约从18岁开始，性腺及性器官发育成熟，卵巢周期性排卵，产生雌性激素。乳房和生殖器官也都有周期性变化。在身体形态结构与生理机能方面各表现出不同特点。

1.生理特点

（1）身体发育特点

在10岁以前，男女儿童的身体功能情况和运动能力基本相同。在进入青春发育期后，由于内分泌系统和生殖系统的迅速发育，女孩身体各方面都出现急剧的变化，男孩、女孩在身体形态上、生理功能和心理特征方面都出现较大差异。

女孩身体发育特点是青春发育期的生长加速期要早于男孩，这时期从生长发育水平看，平均身高男孩增长35.5cm，占成人的20%；女孩增长23.8cm，占成人身高的14.9%；平均体重男孩增加31.2kg，占成人52.7%；女孩增加24.1kg，占成人的46.4%（选自中国青少年体质研究组）。

（2）运动器官特点

①骨骼：女子骨骼较轻，抗变能力差，但韧性大。脊柱的椎间软骨较厚，韧性弹性好，因此做桥和劈叉比男子容易。

②体形：女子脊椎骨较长，四肢骨较短细，尤其是小腿较短，形成上身长、下身短的特点。青春期后，女子肩窄、骨盆宽大，下肢围度增长较快，出现大腿和腰粗等体型特征。由于女子这时期的体型特征和特点，使身体重心低、稳定性好，有利于完成平衡动作，但不利于跳高和跳远，下肢短的特点也会影响跑动中的步幅和速度。同时由于骨骼轻，因而负重能力差。

③肌肉：女子肌肉占体重的32%~35%，仅占男子肌肉重量的80%~89%，因此，女子肌肉重量轻，肌力也相对比男子要弱，且容易疲劳，女子肩带和前臂肌肉力量较差，加上肩部较窄，所以做悬垂、支撑、负重等动作较为困难。

④身体脂肪：女子体脂占体重的28%~30%，大量的脂肪沉积在皮下，尤

其是胸、腿部，由于脂肪层厚，因而有很好的保温作用。在参加游泳、冰雪运动时对保温有利，还有助于保护骨骼肌肉少受损伤，同时体脂也可储备能量，以供人体需要时用。

（3）运动能力的特点

①力量：女子的肌肉力量仅为男子的2/3左右。据统计，女子在18~25岁间背力为73.9kg，握力23.4kg，屈臂悬垂为18.8s，仰卧起坐26.1次，立定跳远160.5cm，动力性力量18.5kg，静力性力量16kg。尽管女子肌力，特别是上肢肌力比男子差，但通过稳定训练，其肌力增长情况与男子相似，女子进行适当负重训练，不仅可提高成绩，还利于预防运动损伤。

②速度：60m跑女子11.3s，女子为男子的79.65%，400m跑为114.8s。

③耐力：虽然女子力量和爆发力较差，但在耐力、利用氧的能力、抗热的应激功能、利用体内储存的脂肪转化为能量的功能以及身体的可训练性等方面较强。

④柔韧性：女子在柔韧性方面的优势较明显，女子的关节韧带、肌肉弹性好，动作幅度大而稳定，优美性强，适合参与体操、艺术体操、技巧等运动项目。从医学角度来看，男女之间的差异是客观存在的，但又要充分估计女子"可训练性"的潜力。无论采用什么样的训练方法和手段，重要的原则是因人而异、因材施教、个别对待，科学安排运动量的节奏。

（4）血液循环特点

在心血管系统方面，女子表现为心脏体积较男子小18%左右，心缩力较好，心脏重量较男子轻10%~15%，心脏容积为455mL~500mL，男子为600~700mL，女子比男子小150mL~200mL，因此每搏心输出量较男子少10%左右，为30mL~50mL。血量占体重的7%，红细胞及血红蛋白的含量分别为420万/L和130g/L左右。因此，女子血液运输氧和二氧化碳的能力都不及男子。

（5）呼吸机能特点

女子呼吸系统的特点是胸廓和肺脏的容积较小，通常男子肺总容量为3.61L~9.41L，而女子仅为2.81L~6.81L，同时呼吸肌力量较小，胸围及呼吸差也较小，且多为胸式呼吸。安静时，女子呼吸频率较快，每分钟较男子快4~6次，肺活量为男子的70%。四项肺活量指数（肺活量、身高指数、肺活量/体重指数、肺活量/胸围指数、肺活量/体表面积指数）随年龄的增长而差异逐渐加大，特别是肺活量/体重指数差非常显著，女子约比男子差20%。女子最大吸氧量较男子小500mL~1000mL，肌肉活动时，肺通常也较男子小，加上心脏功能较男子差。这些都限制了女子在运动中供血供氧能力，从而使她们运动

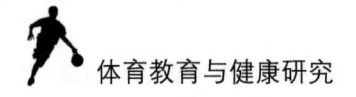

能力和耐力不及男子。

（6）生殖系统特点

女子子宫位于骨盆正中，呈前倾位，其正常位置的维持，是依靠子宫韧带及腹壁、盆底肌肉张力的协同作用。通常这种维持肌力相对较弱。通过体育锻炼可使女子腹肌与盆底肌变得强有力，可以维持和承担足够的腹压，这对维持子宫及其他生殖器官的正常位置是很重要的。腹肌与盆底肌力量简单而有效的锻炼方法有仰卧举腿、仰卧起坐、直立前踢腿、摆腿以及大腿绕环等。

2.经期体育锻炼与卫生

月经周期是成年女子的正常生理现象，是生殖器官的周期性变化，是在内分泌腺作用下子宫周期性出血的现象。月经期是在这种正常生理现象中的一个特殊反应，有轻度不舒服的感觉，如下腹部发胀、腰酸、乳房发胀都属于正常反应，有人会出现全身性反应，如食欲不好、疲倦、嗜睡、情绪激动或感到头痛；也有人容易感冒，面部长痤疮，出现腹泻症状，这些反应都属于正常现象。

在正常情况下，月经期适当参加体育锻炼是有益无害的，参加体育锻炼能改善人体的机能状态，改善盆腔的血液循环，改善盆腔内生殖器官的血液供应，减轻盆腔的充血现象。运动时腹肌与骨盆盆底肌肉的收缩与放松活动对子宫有柔和的按摩作用，还有助于经血的排出。丰富多彩的体育活动还可以调节大脑皮层的兴奋与抑制过程，从而减轻全身的不适反应，对身体会产生良好作用。调查表明，从事一些体操运动，对月经失调的女子能起到一定的治疗作用，有人也曾对我国业余体校99名女运动员进行调查表明，有66%的人月经期运动对运动成绩无影响，有22%的人比平时成绩有提高，只有9%的人运动成绩下降。因此，女大学生循序渐进地养成在月经期参加运动的习惯是非常有益的。

大学阶段少女月经周期还未完全稳定，容易受干扰，所以月经来潮时，应适当减少体育锻炼的时间，合理安排活动内容，不可过于激烈。一般在月经期运动时负荷量不宜过大，负荷强度也不宜过强，要循序渐进，逐渐提高强度。经期不宜安排剧烈活动，如跳跃、速度跑和腹压力加大的练习，因生殖器充血绵软，韧带松弛，易使子宫位置改变和经血过多。调查表明，有的人在月经期运动时的经血量与在月经期不运动时的月经量相比变化不大，多数人经期运动时月经量增多，少数月经量减少，也有个别人经期从事训练出现月经失调、经量过多、痛经、闭经、月经周期紊乱等现象。对于月经量过多、过少、周期紊乱及痛经的女生，经期前半段可稍加体育锻炼，在经期后半期可根据不同体质和不同人的特点酌情参加适量的体育锻炼。

从事专业运动的女子出现痛经、闭经或月经推迟较多见，痛经常伴有易激动、腰痛、下腹痉挛、头痛、恶心、呕吐等症状。月经期参加比赛或大强度的训练，只有专业运动员和平时月经期训练有素的人才可以，一般不提倡大学生月经期参加比赛和大强度训练，如果有严重的痛经、经血量过多、子宫功能性出血、生殖器官炎症等，则不宜参加体育锻炼。

月经是女性正常的生理现象，身体健康、月经正常者，一般不出现明显的生理机能变化，在经期可参加适量的体育活动，这不仅可以改善盆腔血液循环，减少盆腔充血，而且由于运动还可以调整大脑皮质的兴奋和抑制过程，有利于人体机能的正常运行。在运动时应注意下述几点。

（1）运动量要适当减少

活动时间不宜过长，一般不参加比赛，因为比赛时运动强度大，精神十分紧张，对体力和神经系统都会带来负担，以致不能适应，易造成经血过多和月经紊乱。

（2）避免做剧烈运动

剧烈运动包括：大强度或震动大的跑跳动作，如疾跑、跨跳、腾跃等；以及推铅球、后倒成桥、收腹、倒立、俯卧撑等动作。

（3）不要游泳

因为出血、子宫内膜脱落后，子宫内形成较大的创面，子宫颈口有所肿大，宫腔与阴道口位置对直，此时，身体对病菌侵袭的抵抗力下降，容易引起炎症。

（4）区别对待

对月经紊乱，经量过多、过少或经期不准以及痛经和患有内生殖器炎症的女生，月经期应暂停体育锻炼。

（5）注意习惯

对于身体健康、月经正常，并且有一定训练水平的学生，可根据个人习惯进行活动。如经期第1~2天可进行轻微的体育活动，如广播操、垫排球等；第3~4天可逐渐加大运动量，如慢跑和进行球类活动；第5~6天便可正常参加锻炼。

为了及时了解和掌握女性月经情况，可建立"月经卡"制度，以便合理安排运动量。

3.女大学生体育锻炼中的注意事项

（1）要循序渐进

根据机体对外界环境刺激的适应规律及运动条件反射的建立和巩固规律，锻炼要由慢到快，掌握运动技术要由易到难，运动量要由小到大。

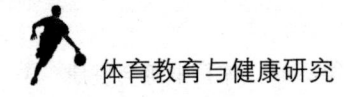

（2）要有系统性

体育锻炼要保持经常性和有规律性，合理安排锻炼与学习和休息时间，不要"三天打鱼，两天晒网"，要持之以恒，并有计划安排，确定体育锻炼是晨练还是睡前活动。

（3）要有全面性

体育锻炼应使身体形态、各器官系统的功能得到良好发展，不要仅仅提高身体对外界环境变化的适应能力、对疾病的抵抗力，而且在身体运动素质方面也要提高，如速度、力量、耐力、灵活性、柔韧等方面，还要培养女生良好的意志力。

（4）要区别对待

每人有各自的特点，要根据自己的具体情况，如健康状况、身体条件、爱好采取不同的体育锻炼方式，如游泳、打球等。

（5）考虑青春发育期女子的心理特点

在体育锻炼开始时要选择一些比较感兴趣的项目，逐步养成自觉参加体育锻炼的习惯。

（6）饮食要有合理性

经常参加体育活动，既可保持健美体型，对健康也有极大好处。在营养要求方面，根据女子生理特点，在一些物质要求上有其特殊性。运动量越大，身体需要补给的能量要求越多。研究表明，一般成年女子，每日能量消耗为9200千焦（2200kcal）左右，目前国内外专家又提出，这一推荐值过高，女子锻炼运动量较大时，每日对蛋白质的需要量平均为94g，约占总耗能量的35%，对糖的需要量平均为300g，约占总耗能量的49.4%。女性在参加体育锻炼时，除了要注意能量摄入的合理性之外，还应注意铁、钙、维生素等营养素的补充。女子青春期对铁的要求量比男子多，主要是由于月经期失血造成。经常参加体育锻炼的女子每日铁的需要量为10mg~20.8mg，平均为14.5mg，含铁质丰富的食物有豆类，包括豌豆、蚕豆、大豆、扁豆等；新鲜的水果、谷类、家畜的血和肝等动物类食品含有的铁，人体较易吸收，吸收率可达25%。同时，它也不受其他食物干扰，而植物性食品中所含的铁不易被人吸收利用，吸收率仅3%，而且还受食物中其他成分的影响，但是如果同时吃富含维生素C的食物，将有助于机体对铁的吸收，如饭后吃一个含丰富维生素C的水果，铁的吸收即可提高3~5倍。

经常参加体育锻炼的女子还应注意补钙，补钙的同时应注意补镁，镁是细胞中重要的阳离子，它可激活多种酶系，参加体内蛋白质的合成和肌肉的收缩，直接影响运动能力。因此，应多吃些奶制品、虾米、虾皮、鱼贝类水产品、豆类、粗粮、水果等含钙和镁丰富的食品。国外专家证明，运动女子也应该补充维生素B2，它在人体的蛋白质、脂肪和糖的代谢中起着重要作用，女子在锻炼中想消耗多余脂肪和练就强壮肌肉，就需要补充额外的维生素 B_2，每天的补充量约为 5mg~50mg，应多吃动物的肝、肾、蛋黄、黄鳝和干豆类等食品。同时，也要注意维生素B复合物、维生素C及维生素E的补充，锻炼后要注意放松运动。

（7）要保持运动服装清洁

体育锻炼时穿的运动服装要适合天气变化，符合运动项目的特点与要求。

二、体育锻炼的作用和特点

体育锻炼是增进健康、增强体质最有效的方法。它能促进青少年的正常发育，能使中年人保持旺盛的精力，能使老年人延年益寿。同时，它还可以调剂感情、锻炼意志和愉悦精神，发挥健心的作用。另外，它还可以防止疾病，使身体康复，并有矫正身体畸形、改善肤色等健美作用。体育锻炼还具有组织形式的灵活性、内容方法的多样性、与日常生活紧密的结合性等特点，从而具有广泛的群众基础。

体育锻炼和体力劳动是既有联系又有区别的两种社会活动。尽管体力劳动也有锻炼身体的作用，但由于不少工种的劳动是在某种固定姿势下进行的，易引起局部肌肉疲劳，导致劳损，形成职业病。某些体力劳动者因长期缺少全身性活动，内脏功能下降，使体质变弱。因而，体育锻炼在增进身体健康、增强体质方面的作用是体力劳动所无法代替的。

第二节　体育锻炼对人体形态和机能的影响

人体是由神经系统、循环系统、呼吸系统、运动系统、消化系统、排泄系统、生殖系统、内分泌和感觉器官等组成。体育活动亦是人体各器官系统协调配合所完成的，同时，体育锻炼又可以对各器官系统产生良好的影响。

一、体育锻炼对运动系统的影响

一是体育锻炼对骨骼的良好影响。体育锻炼能改善骨的血液循环，加强骨的新陈代谢，使骨径增粗，骨质增厚，从而使骨的形态结构发生良好的变化，

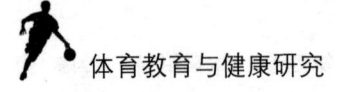

骨的抗折、抗弯、抗压缩等方面的能力有较大提高。人体从事锻炼的项目不同，对各部分骨骼的影响也不同（如上、下肢）。当停止锻炼后，对骨骼的影响作用也会逐渐消失，因此，必须要经常锻炼。同时，锻炼项目要多样化，以免造成骨骼的畸形发展。

二是体育锻炼对关节的影响。科学、系统的体育锻炼，既可以提高关节的稳定性，又可以增加关节的灵活性和运动幅度。

二、体育锻炼对肌肉的良好影响

通过体育锻炼可以使肌肉力量、弹性和体积增加。这样可以避免在日常生活和体育锻炼中由于肌肉的突然或过大用力以及剧烈收缩而造成各种运动损伤。

三、体育锻炼时心血管系统的良好影响

体育锻炼，特别是强度较小的有氧运动，可以使血管弹性、心室容积和心脏收缩力量增加，从而使每搏输出量增加、心率减慢，使心脏有更长时间的休息期，以减少心肌疲劳。

四、体育锻炼对血液的良好影响

体育锻炼对血液的良好影响主要表现在以下几个方面。

一是对红细胞数量的影响。体育锻炼可使红细胞偏低的人红细胞含量增加。研究证实，经常参加体育锻炼的人安静时红细胞的数量比不参加体育锻炼的人略高。但红细胞的数量并不是越多越好，红细胞数量过多，会增加血液的黏滞性，加重心脏负担，对机体不利。而体育锻炼可使红细胞含量较少的人有所回升，但不会使数量过多，从而提高血液的带（输）氧能力。

二是对白细胞数量和免疫机能的影响。合理的体育锻炼可以提高白细胞的数量和功能，特别是淋巴细胞和免疫球蛋白数量和水平的提高，可以提高机体的防病、抗病能力。

五、体育锻炼对呼吸系统的良好影响

体育锻炼可以增加肺活量、肺通气量和氧的利用能力。一般人在运动时肺通气量能增加到 60L/min，氧的利用率也只有其最大吸氧量的 60% 左右，而经常参加体育锻炼的人，肺通气量可达 100L/min，氧的利用率也大大提高，从而使机体在运动时不至于过分缺氧。

第三节　现代高校大学生体育锻炼的现状

　　大学生群体作为我国现代化建设的优秀后备力量，在关注大学生文化知识和技术理论水平的同时，更应该关注大学生群体的身体素质情况。本文以复旦大学学生为基础，采用问卷调查和数理统计的方式，对大学生身体素质和体育锻炼的情况进行深入的分析，结果显示大学生身体素质普遍不是很好并且分布不平衡。影响大学生体育健身习惯养成的主要因素是场地不足、没养成习惯、缺少专业指导；男女生喜欢的运动因其锻炼动机不同而各有侧重。

　　随着社会的进步、国力的增强，人民生活水平的不断提高，我国青少年学生的身体素质有了明显的提高，但是存在的问题不容忽视，特别是大学生的身体素质已经为越来越多的人所关注。根据《2014年国民体质监测公报》（2015年11月25日发布，每5年发布一次）显示，与2010年相比，中小学生身体素质继续呈现稳中向好趋势。但是，大学生身体素质继续呈现下降趋势。据统计，视力不良检出率仍然居高不下，继续呈现低龄化倾向，各年龄段学生肥胖检出率持续上升，这一切都在警示我们要注意学生的身体健康问题。大学生群体是我国现代化建设的优秀后备力量，在关注大学生文化知识和技术理论水平的同时，还应注意到大学生身体素质的变化情况。

一、现状分析

（一）大学生身体素质健康状况

　　体质健康测试一般为身高、体重、肺活量、引体向上（男）、仰卧起坐（女）、50米、立定跳远、坐位体前屈、1000米（男）和800米（女）。体质健康测试指标共五项，其中一项是体重指数（BMI），这项指标可以反映出学生外观的匀称度，评价学生生长发育水平和营养状况，直观地了解学生体质健康状况和身体的发育水平。国家体质健康标准将体重指数（BMI）评价分为低体重、正常、超重和肥胖四个等级[1]。大学生男生的低体重和超重的比例偏高，达到身高体重正常的大学男生26.9%；女生的指标相对而言要好于男生，但是

---

[1] 教育部关于印发《国家学生体质健康标准（2014年修订）》的通知（教体艺〔2014〕5号）[EB/OL].http://www.moe.edu.cn/s78/A17/twys_left/moe_938/moe_792/s3273/201407/t20140708_171692.html, 2014.7.7.

受到现在女生流行以瘦为美的审美观念的影响，部分女生为了减肥而节食或者其他种种方法，导致有44.4%的女生体重低于健康标准。

（二）影响大学生身体健康的因素

据了解，影响大学生身体健康最主要的因素是缺乏锻炼和生活作息不规律。其中，影响男生最主要的因素是生活作息不规律，较之女生，男生的自制力稍弱；影响女生最主要的因素是缺乏锻炼，说明女生对于体育运动的积极性低于男生。上网是男女生平时娱乐中比例最高的，均达到75%以上，看书、听歌看电影等坐式生活是次要的娱乐活动，均占到了15%~20%，而体育运动及逛街仅占10%~20%。

（三）参加体育锻炼的动机分析

大学生体育锻炼的参与动机由于民族背景、个性、家庭教育、社会教育环境、体育教育经历、学业压力、社会期望值等因素不同均存在较大的差异。进行体育运动要有足够的闲暇时间。大学生进入大学以后，主要任务是学习，但学习并不是大学生的全部。因此，大学生要积极参加体育运动，促进身心健康。经调查发现，大部分学生完成学习之余有足够的闲暇时间进行体育运动。大学生参加体育锻炼的动机总体上分为两种类型：一是直接性动机；二是间接性动机。直接兴趣是学生参加体育锻炼和上体育课的动力，是引导大学生参加体育活动的主要因素，它能最大限度地激发大学生的锻炼热情。间接动机具有一定的稳定性，是大学生参加体育锻炼的重要动机。参加体育锻炼的直接动机人数为50.35%，大于间接动机人数的16.35%。表明大学生对所学体育锻炼项目的直接兴趣远远大于间接兴趣。这为大学生终身体育目标的实现提供了非常好的开端。在大学体育教学过程中要同时对大学生进行心理分析、交流，了解学生的体育锻炼动机，是完成大学教育教学任务必不可少的前提。培养大学生坚持体育锻炼由感性认识上升到理性认识，运用所学锻炼方法养成体育锻炼的习惯；同时，加强大学生对学习目的和任务的教育，把关心身体健康放在重要位置。直接动机和间接动机的互相补充是相当重要的，只有直接动机时不能长久稳定，只有间接动机时学生不能主动愉快地锻炼，两者互相补充才能保证学生积极自觉地经常地进行体育锻炼。

（四）大学生体育运动意识与参与体育运动的态度

大学生对体育锻炼重要性的认识对他们养成良好的体育运动习惯具有重要的作用，从调查结果看，94.2%的大学生认为大学生有必要保证良好的体育运动习惯，而仅有5.8%的学生持有相反的观点，由此可见大学生对体育运动的重要性还是很肯定的。笔者从调查结果看，认为体育对人和社会的价值较大的男女生比例分别是 68.3% 和 64.5%，男女生比例和总体的情况是一致的，总体达到 67.5%，多数学生对体育运动的重要性有了充分的认识。

但是在对参与体育运动的态度上，女生对参与体育运动的态度表现出无所谓、不喜欢的人数超过了一半，不过整体状态还是积极的。学生喜欢体育运动但对体育锻炼抱无所谓的态度，占有相当大的比重。学生不重视参加体育锻炼的原因，主要是对体育评价缺乏切身的实际感受，对体育活动缺乏愉快的感情体验，加上家长对子女的万般呵护，给孩子灌输文化课学习，认为只有学习好才是将来孩子成长的根本。另外，部分学校对体育教学的边缘化，体育教学设施和人才培养投入少，导致体育教学远远落后其他学科发展。这种现状影响了大学生的体质健康，需要学校和体育教学工作者积极引导的同时，制订与时俱进、适合现代大学生具体情况的体育运动计划和要求。

（五）大学生男女性别差异对体育锻炼的影响

我国体育人口的标准为每周运动三次，每次体育活动时间不低于 30 分钟。参与调查的大学生每周参加体育运动 3 次以上的男生仅占 17.7%，女生占 14.6%；每周几乎不参加体育运动的男女生分别占 27.5% 和 20.1%。经历了艰苦的高考，到了大学之后，一些学生抱有歇一歇、闲一闲的态度，以至于睡懒觉、上网这种生活状态和参与体育运动的态度影响到大学生的身体健康。

二、意见建议

1. 加强体育与健康课程教学，形成良好的校园氛围。

高校体育教师在体育教学中要营造良好的课堂氛围，让学生在体育课堂学习中找到体育运动的乐趣，进而提高体育学习兴趣，自觉形成稳定的体育锻炼行为，并在运动中享受运动乐趣；同时，为大学生传导必要的健康知识，引导学生认识体育与自身身体健康有着密切的联系。

学校可以定期开设运动周、校级运动会、各类校级比赛，同时开展与体育相关的讲座、邀请有体育专长的校友回校做报告。让学生人人参与，在运动中成长，在运动中感悟，在运动中收获。除了身体素质得以提升外，在内心感受、成就感获得方面也能有所提高，从而发自内心地爱上体育锻炼，持之以恒，养成良好的体育锻炼习惯。

2. 做好体育课外锻炼的功课，发挥体育社团的骨干作用。

目前很多高校都把第一课堂和第二课堂紧密联系起来，同样，体育课的第一课堂和第二课堂也应该如此。一些体育老师有着丰富的上课经验，同时体育教育和其他学科的最大区别，在于需要反复练习。但是一堂体育课程 90 分钟，

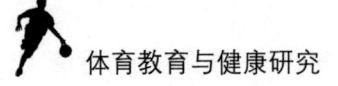

1周一次，如果体育老师能够把体育课外时间利用起来，积极引导学生课后多加联系，或者体育老师作为兴趣小组的指导老师，指导学生进行课外练习，培养学生养成良好的体育锻炼习惯。

此外，体育类学生社团是一个很好的培养学生课外体育锻炼，养成良好体育锻炼习惯的途径。让有某些方面体育特长的学生发挥自己的特长，让有这方面需求的学生积极参与，大家相互交流，相互学习，教学相长，共同进步。同时把学校体育与公共体育紧密结合起来，组织学生参与各类赛事，一方面可以检验学生平时进行体育锻炼的成果，另一方面可以让学生在更广阔的舞台上进行展示，如果获奖的话，还可以进一步提升学生的兴趣和成就感，达到事半功倍的效果。

3. 改变体育考核方法，引导大学生热爱体育锻炼。

目前学校的体育考核还是以考试和测试为主，但是考核仅仅是手段，目的是提高质量。考核方式和方法可以进行一定的改变，把最终考试和测试结果与学生日常表现结合起来。同时，对于学生每一个阶段的进步也需要考虑进行一定的鼓励，以调动学生的积极性。对于身体特质特殊的群体，应该充分照顾到，设计符合他们身体实际情况的锻炼标准，保护他们的自尊，同时达到锻炼的目的。

大学生的一个显著特征就是脑力劳动繁重与兴趣爱好广泛并存，无论从减轻学习负担的角度还是从兴趣爱好的角度，他们都有可能诉诸体育消费。所以促使大学生形成一个合理的体育消费结构就显得尤为重要。我们可以设计"请人吃饭，不如请人流汗"这样的标语刺激大学生进行体育消费。作为大学生要积极参加体育运动，减少花在上网等娱乐活动上的时间。

第五章 高校大学生体育锻炼中科学预防与保健康复

第一节 高校大学生常见疾病与损伤的预防与康复

一、大学生常见疾病预防与保健康复

由于各种原因，大学生患各种疾病的概率也比较高，如感冒、腹泻、食物中毒、传染性疾病、近视眼、心脏病和其他慢性疾病等。在校大学生一方面需要注意预防，另一面患病后还需积极治疗与保健康复。下面主要介绍大学生常见疾病的预防与保健康复。

（一）细菌性食物中毒

细菌性食物中毒的"罪魁祸首"通常是沙门氏菌。吃了被细菌及其毒素污染的食物后，引发以胃肠道损害为主的急性传染病。发病与被污染的食物有紧密的关系，容易集体发病。传染源为病人、感染的家禽和家畜、带菌的正常人等。带菌的粪便通过直接或间接途径污染水，如通过苍蝇或蟑螂污染食物、水或生活用具，再经口而引起中毒。

流行特征是突然发病、潜伏期短、发病前进食同一污染食物，常集体发病，发病高峰在 7~11 月。发病以胃肠道症状为主，如恶心、呕吐、腹痛和腹泻。大便常为水样、量多，每天可数次至数十次，故可引起脱水，严重者可因此而休克。患者常伴有发热、畏寒症状等。呕吐物中、粪便中均可检查出致病细菌。

细菌性食物中毒的预防保健是注意饮食、饮水卫生和食品加工管理；不喝生水；肉、禽、乳、蛋类的处理、加工、贮存应严防污染，食用时应煮熟；冰箱中的熟食及吃过的食物应重新煮过杀菌；吃海鲜及水产品应注意新鲜和烧熟。

（二）胃肠炎

胃肠炎是胃肠黏膜及其深层组织的出血性或坏死性炎症。其临床表现以严重的胃肠功能障碍和不同程度的自体中毒为特征。胃肠炎一般分为两种类型：慢性胃肠炎和急性胃肠炎。在感染后的1~5天内，有可能会出现的一些症状有：缺乏食欲、发烧、腹泻、腹痛、呕吐、精神萎靡。胃肠炎的预防保健需要注意下面几点。

1. 不吃刺激性食物

对于冷、辣等刺激性的食物，应该按照个人当下情况和原本的饮食习惯进行选择，不宜大量进食这些食物。另外，肠胃炎患者切忌嗜酒。

2. 吃瓜果前要清洗干净

果农在种植瓜果期间，不同的生长期要采取不同措施。通常都需要施肥和洒农药。这些措施往往使瓜果表皮残留一定量的药物。此外，在瓜果运输过程中，往往和包装、灰尘等有接触，容易受到细菌污染。因此，人们在食用瓜果前都要用洁净的水冲洗干净。需要注意的是，能削皮的瓜果，通常要削皮后才食用，否则易发生农药积蓄中毒。

3. 注意餐具卫生

在使用餐具之前应当注意清洗，因为碗筷在洗净后储存、转运过程中可能受到污染。家用洗碗布要保持清洁，并尽可能保持干燥。沾染污渍且潮湿的洗碗布很容易滋生细菌。

4. 忌边走边吃

因为空气中有许多看不见的细菌和病毒随尘土一起飞扬，很容易污染食物，导致肠胃疾病的产生。

（三）感冒

大学生中最常见的疾病之一就是感冒。因学生群居的生活特点，感冒在学生中更易相互传染，对学习生活影响非常大。

感冒一般可分为普通感冒和流行感冒。普通感冒，传统中医称之为"伤风"，是一种常见的呼吸道疾病，可由多种病毒引发，多发于初冬。流行性感冒是一种急性呼吸道疾病，由流感病毒引发，具有传染性。病毒在病人的呼吸道中滋生，当病人打喷嚏和咳嗽的时候，病毒经过飞沫传染给他人。当人们有淋雨、受凉、过度疲劳等情况的时候，可使身体免疫能力降低，让原本就存在于呼吸道的病毒，或从外界传人的病毒有机可乘，暂时"击败"人体的免疫系统，引起疾病，尤其是体弱或有慢性呼吸道疾病的患者，如鼻窦炎、扁桃体炎者，更易患病。

第五章 高校大学生体育锻炼中科学预防与保健康复

1. 感冒的预防保健

增强机体自身抗病能力是预防急性上呼吸道感染最好的办法。如坚持有规律的适当的身体锻炼，坚持冷水浴，提高机体预防疾病能力及对寒冷的适应能力。作息时间要有规律，避免过度劳累，特别是避免晚上过度工作。做好防寒工作，避免发病诱因。以下介绍几条常用、有效、易行的预防与保健方法。

（1）多睡觉

美国哈佛大学医学院的研究人员发现，人在睡眠时，体内细菌可制造出一种叫"胞壁酸"的物质，有增强人体免疫力的作用，能加速感冒及其他病毒疾病患者的康复。因此睡眠也是一种治疗方式，尤其是对感冒具有很好的康复作用。

（2）针灸治法

我国的传统针灸疗法对感冒有一定疗效。由于针灸通过经络的调节使体内免疫功能增强，故疗效可靠。若针灸疗法确实对个人有效，当患感冒时，尽早去针灸，使鼻塞、头痛得到缓解，并能使增高的体温逐渐恢复正常。

（3）穴位按摩

用一手的拇指、食指指端（或中指指端）按摩鼻道、鼻流、迎香等穴后，再按摩鱼际穴周围区域，揉搓鼻腔两侧由迎香穴至印堂穴的感冒敏感区。按摩涌泉穴和足心，直至发热，使这两个区域的经络通畅，气血运行正常。这样的按摩可防止风寒侵入，将病毒挡在防御系统之外。

（4）按摩鼻翼

两手微微用力握住拳头，以屈曲的拇指背面在上下两个方向上来回按摩鼻翼的两侧。每日上、下午按摩15次至30次，以局部红、热为度。这一方法可以改善鼻部的血液循环，促进黏膜细胞分泌黏液，并通过黏膜组织的纤毛"定向摆动"，将感冒病毒及其代谢产物排出体外。

（5）冷水洗面

这种方法通常从夏季开始，逐渐适应之后，秋天和冬天继续坚持。实践证明，每天早晚坚持用冷水洗脸，可以增加面部的血液循环，提高抗寒能力和免疫力，从而起到预防感冒的作用。

（6）呼吸蒸气

在大口茶杯中，装入开水一杯，面部俯于其上，对着袅袅上升的热蒸气，做深呼吸运动，直到杯中水凉为止，每日数次。此法治疗感冒，特别是初发感冒效果较好。

（7）搓手

俗话说"十指连心"，指的是手与血液循环的关系密切。从医学的角度来看，手部神经网络和血管网络都非常发达。手部经常暴露在外，因此冬天时容易受凉。为了预防感冒，冬天可以经常搓手。一方面，搓手可以促进血液循环，强化身体新陈代谢，对体质的增强有一定作用；另一方面，搓手可以摩擦生热，使手部暖和。故冬天经常搓手对预防感冒有一定作用。

（8）食醋滴鼻、熏蒸

将食醋以冷开水稀释，配制成5%～10%的溶液滴鼻，每日4~6次，每侧鼻孔滴入2~3滴，其对治疗感冒及流行性感冒有很好的疗效。尤其是感冒初期，疗效更佳。食醋可杀灭潜伏在鼻咽部的感冒病毒。在感冒流行期间，用食醋滴鼻有可靠的预防作用。另外，食醋熏蒸也可治疗感冒，即将100g食醋放在火炉上熏蒸，室内不仅顿时生香，而且醋分子飘散在空气中杀灭室内的感冒病毒，能有效地防治感冒。感冒流行期间，每日最好熏蒸食醋1~2次。

2.感冒的运动康复

人在运动时会加速汗液排出，从而促进人体内毒素的排出，而且运动能促进新陈代谢，对提高免疫力有一定作用。因此适量的运动对增强患病期间的免疫力，加快身体康复有一定作用。

不过，人在患感冒的时候不可剧烈运动，因为人在剧烈运动之后会出现免疫抑制的情况，这种免疫抑制能持续约24h。在免疫抑制持续的时间里，免疫细胞不活跃，使病毒有机可乘。如果情况严重，可能使感冒发展为支气管炎、肺炎、心肌炎等更严重的疾病。因此，感冒期间不可过量运动。

（四）近视眼

近视眼是大学生中比例最高的疾病，也称短视眼，约占学生总数的70%左右。近视直接影响学生的正常生活与学习。其病因与遗传、用眼卫生、用眼习惯、工作性质等有关。因为这种眼只能看近不能看远。

近视眼可能并发：①玻璃体液化、混浊和后脱离。自觉症状较为多见的是飞蚊症，患者感到眼前有黑点飘动，好像蚊子飞动。它往往伴有眼前光芒、火星闪光等感觉，尤以高度近视眼较为明显。②晶体混浊。③视网膜裂孔，视网膜脱离。④青光眼。有人用压平眼压计调查证明，高度近视眼发生开角型青光眼的患病率比正常人高6~8倍。⑤暗适应时间延长。这是由高度近视眼的色素上皮细胞发生病变后必然影响视细胞的光化学反应所致。

1.近视眼的预防保健

近视眼的病因比较复杂，有遗传和环境两种主要因素。在目前尚不能用遗传工程的办法来改造遗传基因的情况下，近视眼的防治重点，应放在改善视觉环境方面。

（1）注意锻炼身体和增加营养，减轻学习负担，增强体质。

（2）改善视觉环境，注意学习工作时的光线强度适宜。

（3）定期检查视力，发现视力降低时，应及时进行检查矫治。

（4）养成良好的读写习惯和姿势。作业时间不宜过长，学习 45min 后，应休息 10~15min 或向远方眺望，使睫状肌得到适当休息。也可作眼保健操。不要躺在床上看书，不在走路和开动的车厢里看书，也不要在强烈的阳光下或暗的路灯下阅读、写字，更不能在近距离下长时间看电视节目，以免引起视疲劳和调节紧张。

（5）减少遗传因素的影响。近视眼与遗传有密切关系，父母双方均为高度近视者，遗传概率极高。

2. 眼保健操

第一节：按揉攒竹穴。

用双手大拇指螺纹面分别按在两侧穴位上，其余手指自然放松、指尖抵在前额上。随音乐口令有节奏地按揉穴位，每拍一圈，做四个八拍。

第二节：按压睛明穴。

用双手食指螺纹面分别按在两侧穴位上，其余手指自然放松、握起，呈空心拳状。随音乐口令有节奏地上下按压穴位，每拍一次，做四个八拍。

第三节：按揉四白穴。

用双手食指螺纹面分别按在两侧穴位上，大拇指抵在下颌凹陷处，其余手指自然放松、握起，呈空心拳状。随音乐口令有节奏地按揉穴位，每拍一圈，做四个八拍。

第四节：按揉太阳穴，刮上眼眶。

用双手大拇指的螺纹面分别按在两侧太阳穴上，其余手指自然放松、弯曲。伴随音乐口令，先用大拇指按揉太阳穴，每拍一圈，揉四圈。然后，大拇指不动，用双手食指的第二个关节内侧，稍加用力从眉头刮至眉梢，两个节拍刮一次，连刮两次。如此交替，做四个八拍。

第五节：按揉风池穴。

用双手食指和中指的螺纹面分别按在两侧穴位上，其余三指自然放松。随音乐口令有节奏地按揉穴位，每拍一圈，做四个八拍。

第六节：揉捏耳垂，脚趾抓地。

用双手大拇指和食指的螺纹面捏住耳垂正中的眼穴，其余三指自然并拢弯曲。伴随音乐口令，用大拇指和食指有节奏地揉捏穴位，同时用双脚全部脚趾做抓地运动。每拍一次，做四个八拍。

（五）病毒性肺炎

病毒性肺炎是由多种病毒（常见的是流行性感冒病毒）感染引起的支气管肺炎，多发生于冬春季节。主要症状为干咳、发热、呼吸困难、发绀和食欲减退。

（1）起病缓慢、头痛、乏力、发热、干咳或少量黏痰，症状一般较轻。

（2）免疫缺损的患者，病情比较严重，有持续高热、心悸、气急、发绀、极度衰竭，可伴休克、心力衰竭和氮质血症。

（六）慢性肾炎

慢性肾炎是一组多病因的慢性肾小球病变为主的肾小球疾病，但多数患者病因不明，与链球菌感染并无明确关系。据统计仅15%~20%从急性肾小球肾炎转变而至，但由于急性肾小球肾炎亚临床型不易被诊断，故实际上百分比可能要高些。慢性肾炎病人抵抗力较低，容易发生呼吸道、泌尿道及皮肤等感染，发生感染后可无明显症状，治疗也较为困难，应予注意。

1.慢性肾炎的预防保健

预防慢性肾炎最根本的方法就是提高机体防病抗病能力及减少感染发生的机会，针对病因进行预防。

（1）注意自身监测

自觉身体不适时，如出现了夜尿多、食欲减退、腰部不舒服感或酸胀感，尤其早晨起床后出现眼睑及颜面部水肿及排尿异常，则提示有得肾脏病的可能，要及时到医院检查，以便尽早诊断和治疗，对预防本病也有重要作用。

（2）注意饮食营养

肾炎病人要避免高蛋白饮食，注意食品安全，多吃新鲜的瓜果和天然食品。以品种多样、搭配合理、清淡可口为原则。

（3）谨防细菌或病毒感染

细菌或病毒感染是引起急性肾炎的最常见原因，特别是上呼吸道感染、无症状性菌尿、流感、咽喉炎、支气管炎等，都可能使慢性肾炎症状加重。积极防治感染病灶、积极防治急性肾炎。减少机体感染机会，防止受冷着凉，预防感冒、化脓性扁桃体炎、皮肤化脓感染等疾病的发病。一旦感染了以上疾病或患上了急性肾炎及其他原发性肾小球疾病，要给予及时彻底的治疗。急性肾炎病人有慢性感染病灶者，在病情稳定3~6个月后，必要时可用手术等方法根治，防止这类疾病迁延不愈而发展为慢性肾炎。

（4）避免过度劳累，精神压力大

过度劳累、考学压力大等等，均可使慢性肾炎病情加重。要有良好的生活习惯，保持有规律的生活习惯。平时要合理安排生活作息制度，多参加适量的活动，加强身体锻炼，但应避免过劳；合理营养，增强体质和机体抵抗力；注意个人卫生及环境卫生的清洁，养成良好的生活卫生习惯，并保持心情愉快，强化自我保健意识。

2.慢性肾炎的运动康复

患者一旦确诊为慢性肾炎，在开始阶段，不论症状轻重，都应以休息为主积极治疗，定期随访观察病情变化。如病情好转，水肿消退，血压恢复正常或接近正常，尿蛋白、红细胞及各种管型微量，肾功能稳定，则3个月后可开始从事轻工作，避免较强体力劳动，预防呼吸道及尿路感染的发生。活动量应缓慢地增加，以促进体力的恢复。

凡存在血尿、大量蛋白尿、明显水肿或高血压者，或有进行性肾功能减退患者，均应卧床休息和积极治疗。休息是机体的一种保护性措施，也是肾炎的重要治疗康复措施之一。基本上所有的肾炎病人都需要休息，休息方式和时间则要视病情而定，依据肾炎的几种常见临床表现的恢复情况而定。运动疗法多种多样，如散步、太极拳、慢跑、骑车、体操、游泳、球类等。慢性肾炎患者进行适当的体育锻炼可有效地提高自身抗病能力，减少感染，通过体育运动还可改善内脏的血液循环，促使体内损伤部位的修复及代谢废物的排出。

选择运动康复的患者要在医生的指导下进行，医生会根据患者体质和病情的具体情况，给出合理的建议。在运动中，患者要注意把握好运动与休息之间的关系，避免运动过量。过量的运动容易引起患者身体疲劳，降低患者的免疫力，从而加重病情。

进行体育保健锻炼的患者，要量力而行、循序渐进、持之以恒。各种传统体育运动各有特点，人们可以根据自身情况（如年龄、体质、职业等）、实际需要和兴趣爱好选择合适的方法，还可以根据不同的时间、地点、场合选择适宜的项目。在运动量适当的情况下，所选项目不一定局限于某一种，可综合应用或交替穿插进行。在运动量和技术难度方面应逐渐加大，并要注意适可而止，切不可勉强或操之过急。

锻炼应在医生或教练的指导下进行，除做脉搏、呼吸、血压的监测外，也可参照"酸加、痛减、麻停"的原则。如运动后仅觉肌肉酸楚，抬举活动时稍有胀重感，可继续维持原运动量或加大一些。如局部稍有疼痛，应减轻运动量或更换运动项目。如出现麻木感，应停止运动，并查清原因再做进一步处理。增强体质、治疗疾病，往往非一朝一夕之功，要想收效，必须有一个过程，所以要持之以恒。尤其是取得初步成效时，更要坚持，这样才能使效果得以巩

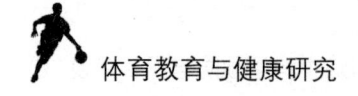

固，并进一步提高。树立与疾病做斗争的信心。慢性肾炎病程较长，易反复发作，应鼓励病人增强与疾病做斗争的信心，密切配合治疗，战胜疾病。

（七）心肌炎

心肌炎是全身性疾病在心肌上的炎症性表现。由于心肌病变范围大小及病变程度的不同，轻者可无临床症状，严重可致猝死，诊断及时并经适当治疗者，可完全治愈，迁延不愈者，可形成慢性心肌炎或导致心肌病。

该病于青壮年发病较多，常先有原发感染的表现，如病毒性者常有发热、咽痛、咳嗽、呕吐、腹泻、肌肉酸痛等。大多在病毒感染1~3周后，出现心肌炎的症状，由于心律失常可致心悸，因排血量降低而感无力。累及心包膜及胸膜时，胸闷、胸痛，亦可有类似心绞痛的表现。严重者可致心功能不全。

心肌炎根据临床表现可分为6个类型：

（1）无症状型。感染后1~4周心电图出现S-T改变，无症状。

（2）心律失常型。表现各种类型的心律失常，心室性前期收缩最多见。

（3）心力衰竭型。出现心力衰竭的症状及体征。

（4）心肌坏死型。临床表现类似心肌梗死。

（5）心脏增大型。心脏扩大，二尖瓣及三尖瓣区收缩期有杂音。

（6）猝死型。无先兆，突然死亡。

1.心肌炎的预防保健

要防止心肌炎，最好的措施就是防止病毒侵入人体。特别应注意预防呼吸道和肠道的感染。对易患感冒的人而言，应注意日常饮食的营养均衡。此外，虽然适当的体育活动可以增强体质，但是要避免过度疲劳。

（1）体育锻炼

在心肌炎的恢复期，患者可根据自己的体力恢复情况参加适当的体育锻炼，如散步、保健操、气功等，可早日康复避免后遗症。心肌炎后遗症患者只要没有严重心律失常，可参加一般性的体育锻炼，如慢跑、跳舞、鹤翔庄气功、太极拳等，持之以恒，对疾病的康复肯定是有利的。

（2）适当休息

急性发作期，一般应卧床休息2~4周，急性期后仍应休息2~3个月。严重心肌炎伴心界扩大者，应休息6~12个月，直到症状消失，心界恢复正常。心肌炎后遗症者，可尽量与正常人一样生活工作，但不宜长时间看书、工作，特别是熬夜。

（3）预防感染

病毒性心肌炎是感染病毒引起的。防止病毒的侵入是十分重要的，尤其应预防呼吸道感染和肠道感染。易感冒者平时应注意营养，避免过劳，选择适当的体育活动以增强体质。避免不必要的外出，必须外出时应注意防寒保暖，饮食卫生。感冒流行期间应戴口罩，避免去人多拥挤的公共场所活动。

（4）饮食调摄

饮食宜高蛋白、高热量、高维生素；多食葡萄糖、蔬菜、水果；忌暴饮暴食，忌食辛辣、熏烤、煎炸之品。吸烟时烟草中的尼古丁可促进冠状动脉痉挛收缩，影响心肌供血，饮酒会造成血管功能失调，故应戒烟忌酒。食疗上可服用菊花粥、人参粥等，可按医嘱服用生晒参、西洋参等，有利于心肌炎的恢复。

（5）劳逸结合

应避免情绪突然激动或体力活动过度而引起身体疲劳，使机体免疫抗病能力降低。

2. 心肌炎的运动康复

心肌炎是由多种原因引起心肌内局灶性或弥漫炎性病变，可呈急性或慢性的发病过程。除少数人外，大多数急性心肌炎病人，经适当治疗后都能完全恢复正常，无后遗症。

得心肌炎后还能不能运动，要根据各人病情的轻重缓急来定。处于心肌炎急性期的病人，应限制体力活动，不过也应避免长期绝对卧床。适当的体育疗法有助于增强心脏功能，促进心肌炎康复。轻型心肌炎病人，在退热、心率和心律恢复正常以及心脏功能改善后，可参加 10min~30min 的有氧运动，如步行。步行时应掌握适当的强度，可根据身体情况规定一定的步行速度和距离。

锻炼 3 个月后，如果步行时的心率能达到本人最大心率的 65%，则还可以参加一些自己感兴趣的、缓和的有氧运动，如游泳、骑自行车和做体操等，但一定要注意循序渐进。运动前应做 5min~10min 的准备活动，以预防因突然用力活动对心脏的应激作用。活动后还应有 5min~10min 的整理运动，以避免因突然停止运动可能引起的头晕虚脱症状。此外，可在心脏康复医生指导下进行四肢肌肉力量的锻炼，做短时间和轮流交替的体操、哑铃、拉力器等，不过要避免做屏气动作。大约半年后，还可在耐力、力量、速度逐渐增加的基础上，进行有氧运动专项训练。但仍不可做大强度的训练，也不可做举重、摔跤等要用大力气的运动。

（八）肝炎

1. 甲型肝炎

甲型肝炎是由通过感染甲型肝炎病毒（HAV）引起的急性肝脏炎症，主要经粪—口途径传播。其发病以儿童和青少年多见，是我国常见的肠道传染病之一，在病毒性肝炎中发病率及感染率最高。甲型肝炎的肝外并发症较多，有皮疹、蛋白尿、关节酸痛。还有一些患者伴有肝性脑病、再生障碍性贫血、病毒性心肌炎、格林巴利综合征等。

2. 乙肝

乙肝即"乙型病毒性肝炎"，它是一种由乙型肝炎病毒（HBV）引起的高传染性疾病。从世界范围来看，乙肝在发展中国家发病率较高。

据不完全统计，全世界无症状乙肝病毒携带者（HBsAg 携带者）超过 2.8 亿。携带者中多数无症状，其中 1/3 出现肝损害的临床表现。乙肝疫苗的应用是预防和控制乙型肝炎的根本措施。乙肝可以并发肝原性糖尿病、脂肪肝、肝硬化、肝癌。

本病主要通过血液、母婴和性接触进行传播。应采取以疫苗接种为主切断传播途径为重点的综合性措施。重点是防止通过血液和体液传播。

患有乙肝的人一定要调整好心态，正确面对疾病。情绪能够影响身体的整体机能，尤其是肝功能的运转。良好的情绪有利于慢活肝向慢迁肝转化，而负面情绪会加剧乙肝病情的恶化。许多患者由于对乙肝恶化导致的肝硬化和肝癌等疾病的过分恐惧，保持长久的焦虑心情和低落的情绪，这对身体状况的保持和恢复没有一点儿帮助。另外，由于害怕承受来自社会、亲友的不解和疏远，让乙肝患者的情绪更加低落。这些不良的心态和情绪需要及时调整。为此，患者应该做到正确认识乙肝的危害、发病和发展过程，做到不盲目恐惧。

3. 肝炎患者的运动康复

由于肝炎患者的肝功能受到局限，如肝脏转化肝糖原能力不足等原因，导致耐力较差，运动时比较容易发生低血糖和疲劳的情况。因此肝炎患者在进行运动康复的时候，需要十分注意运动量的把握。不宜进行运动量太大的运动。

患有慢性肝炎或肝炎综合征（肝炎已痊愈，只遗下若干轻微症状）的人，只要肝功能正常或接近正常，且经一段时间观察较稳定，自觉症状不明显，就可以参加体育锻炼。体育锻炼有助于活跃腹腔血液，减轻肝脏淤血，增进食欲，改善消化和吸收功能等。还有助于减轻慢性肝炎患者常有的神经官能性症状，如神经过敏、失眠或情绪低落等。锻炼方法以按摩、打太极拳和其他运动为宜。

以往有不少患者反映："腹部运动做得多了，肝区有不舒服的情况出现。"这通常是由于进行强烈的腹部运动导致的。例如，做仰卧起坐，造成腹肌收缩和松弛，腹内压变动较大，这往往会让肝脏包膜受到牵扯，导致肝区产生不适感。肝炎患者可以做一些普通放松性的腰腹运动。例如，站立位做转体运动、侧体运动等耗费体力较小的伸展性运动。但是不管怎么样，肝炎患者在运动的时候，要做到呼吸自然、轻松，运动的幅度和强度都不要过大，运动时间也不宜过久。最好应该是在疲劳出现之前结束运动。

对于每天的体育运动来说，时间是非常重要的。通常，时间的计算一般不包括气功和散步时间，整体来看不要超过半小时，可分时段各进行1次。同时要注意循序渐进，逐渐加量。

此外，还要十分注意的一点是不要在饭后进行运动。同时，如果遇到饥饿或过饱，也不要进行运动。这一点在运动过程中是十分重要的，应该牢记。如没有任何症状，肝炎痊愈一年后，应该展开日常活动，在运动中可以根据体力情况，逐渐恢复锻炼。当然，如在身体检查时发现肝部问题，但没有其他不适的身体症状，应在一个月内暂停剧烈运动。

针对上述情况，可以做较轻的运动，如做广播操、打羽毛球、打太极拳等。同时，作为恢复，应密切观察健康状况，对于运动后的反应应及时进行记录和反馈。

经过一个月的观察并经复查，如果一切良好，其肝大恢复到正常范围，运动量可稍增加。但如果情况相反，患者对于非常小的运动都不适应，出现有明显的肝区疼痛，就应该减少运动量，甚至及时暂停体育运动，进一步进行治疗。

4.肝炎患者生活注意事项

（1）忌酒。对肝脏的健康来说，饮酒危害极大。一般来说，酒中的乙醇和亚硝胺可使肝脂肪变性，严重者进而能够引起酒精性肝炎，肝纤维化、肝癌。因此，对于乙肝患者来说，在日常生活中，应该无条件戒酒，因为，无论酒量大小还是各种酒的种类，对于已经受伤的肝脏健康来说，都是一种变本加厉的打击。

（2）忌烟。分析烟的成分，能够看出其中含有多种有毒物质，这些物质无疑能损害肝功能。因此，对于肝病患者来说，在日常生活中必须戒烟。有法国科学家对此进行了相关的研究，发现肝炎活动度与日俱增，而且会随患者每日吸烟支数的增加而增加。

一般来说，中度或重度炎症患者在不吸烟组的比例为62%，而对于那些在每日吸烟超过15支的患者，通过进行数据分析能够看出，其中占81.9%之多。此外，一生总吸烟量与肝脏炎症活动度也密切相关，对于那些中度或重度炎症患者，通过在从不吸烟组的分析数据可知，其比例占到59%，在每年超过20包的占84.6%。

（3）忌辛辣。过度的辛辣食品也属于不健康的食品，这种食品易引起消化道生湿化热，湿热夹杂，蕴薰肝胆，气机失调，消化功能减弱。因此，对于乙肝病毒携带者以及患者，一定要注意忌辛辣。与此同时，应该合理平衡膳食，保证健康的饮食习惯，重视饮食调养，提高自身免疫力，从而修复肝脏。

（4）忌食加工食品。罐装或瓶装的饮料食品都是不健康的食品，应该少吃。分析其原因，主要是由于它们中大都加入了防腐剂，易对肝脏产生带有毒性的成分，不适饮用。

（5）忌劳累。肝为人体重要代谢器官，因此，对于肝炎病人来说，更应该多休息，调节失常的功能。

（6）忌情志不畅。对于肝病患者的日常养护，应忌恼怒、悲观、焦虑等。不要产生焦虑，不要胡思乱想。通常肝气郁结，容易导致身体不舒适，思想包袱加重，因此，对于病人来说，日常一定要乐观，增强信心。

（7）忌乱用补品膳食。平衡是保持身体健康的基本条件，如滋补不当，脏腑功能失调，打破平衡，会影响健康。

（8）忌生活不规律。对于病人来说，要进行充分的休息，要能够保持充足的睡眠，进而合理搭配营养，劳逸结合。

（9）忌滥用药物。是药三分毒，一般来说，药物对身体或多或少都有危害，因此，肝病患者一定要合理用药。

（10）忌乱投医。如果出现身体不适，应及时到正规医院进行正确的治疗。

（九）心动过速

心动过速是大学生常见的心脏疾病之一。成人每分钟心率超过100次时，称心动过速。心动过速分生理性、病理性两种。跑步、饮酒、重体力劳动及情绪激动时心跳加快为生理性心动过速；若是由高热、贫血、甲亢、出血、疼痛、缺氧、心衰和心肌病等疾病引起的心动过速，称病理性心动过速。

病理性心动过速又可分为窦性心动过速和阵发性室上性心动过速两种。窦性心动过速的特点是心率加快和转慢都是逐渐进行，通常每分钟心率不会超过140次，而多数无心脏器质性病变的，通常无明显不适，有时有心慌、气短等症状。阵发性室上性心动过速每分钟心率可达160~200次，以突然发作和突然停止为特征，可发生于心脏有器质性病变或无心脏器质性病变者。发作时病人突然感到心慌和心跳增快，持续数分钟、数小时至数天，后又突然恢复正常心率。发作时病人自觉心悸、胸闷、心前区不适及头颈部发胀、跳动感。无心脏病者一般无重大影响，但发作时间长，每分钟心率在200次以上时，因血压下降，病人会眼前发黑、头晕、乏力和恶心呕吐，甚至突然昏厥、休克。冠心病病人出现心动过速，往往会诱发心绞痛。

（十）精索静脉曲张

精索静脉曲张是指精索里的静脉因回流受阻，而出现的盘曲扩张。

1.精索静脉曲张的预防保健

预防精索静脉曲张应做好以下几点：

（1）如出现阴囊坠胀不适、有明显异常，应及时到医院诊治。关于精索静脉曲张的治疗，无症状或症状较轻者，可穿弹力内裤或用阴囊托带；症状较重或伴有精子异常的不育者，可行精索内静脉高位结扎。

（2）合理安排学习与工作，劳逸结合，防止剧烈运动、重体力劳动避免过长时间负重站立。

（3）了解精索静脉曲张的有关知识，消除心理负担。保持心情舒畅，忌暴怒伤肝，注意饮食调整，忌食辛辣之物。

（4）应勤换内裤。因为棉制内裤虽然吸汗，但不容易干，皮肤长时间接触湿衣物，容易出现皮肤瘙痒、红肿、湿疹等症状。

（5）内裤应选用纯棉的材料，一般来说，松紧度较高的棉质材料利于散热和吸汗，减轻重力。

2.精索静脉曲张的运动康复

患有精索静脉曲张时，平时这部分静脉就呈淤血状态。运动时，由于四肢的活动和呼吸运动加深，势必加重其淤血症状。这不仅可使阴囊下坠及不适感加重，而且也会促使病情发展。运动的时候要遵循一定的原则，不要一开始就太激烈，也不要在运动中突然就停下来，要让运动节奏与心跳频率保持一定的顺应性。如何保持顺应性，很简单，就是运动后使整个人觉得很舒服，觉得整个人暖烘烘、热乎乎的。这就证明这种运动强度是最适合的。建议患者可以慢跑。循环系统不强壮导致了该病的发生，而该病的发生发展进一步使阴部的血液循环变差，导致睾丸变性萎缩。所以，想办法改善下半身的循环是阻止病情变重、促进病情转好的重中之重。只有坚持不懈的运动，才能对抗病变带来的伤害。

如果患者做一些适当的运动，身体的血液流动起来，通过血液的快速流动带走病变血管内淤积的有害成分，带来营养血管内的营养物质，改善血液质量，使病变的血管得到修复。

（十一）气胸

正常情况下，胸膜腔（肺和胸壁）之间没有气体，仅有少量液体润滑，如果在没有明确诱因的（如外伤、侵入性操作等）情况下，胸膜腔内出现了气体，则称为自发性气胸。与之相对，由外伤、侵入性操作（如穿刺）等引起的气胸，

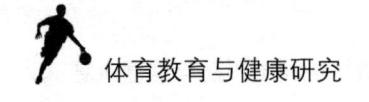

称为继发性气胸。

原发性气胸通常是由于先天性肺组织发育不全，胸膜下存在着的肺小疱或肺大疱破壁后引起，病变常位于肺尖部。继发性气胸是由于原有的肺脏病变，形成胸膜下的肺大疱破裂或者是由于病变本身直接损伤胸膜所致。

自发性气胸多为单侧，双侧同时存在仅占10%左右，继发性气胸则双侧同时存在的概率极大，患者气胸后常有突发胸痛，为尖锐持续性刺痛或刀割痛。

气胸的预防：

（1）禁烟戒酒。

（2）有慢性肺部疾病者，注意体育锻炼，禁忌剧烈运动。

（3）注意原发病的治疗。

（4）女性患者还要注意一点，月经跟气胸的发生也有一定的关系，虽然发生率很低，但也不容忽视。有子宫后屈、宫颈狭窄、处女膜闭锁等异常情况的女性，会有经血排出不畅，脱落的子宫内膜碎片可能逆流进入输卵管，少数碎片行得更远，可随着呼吸运动和肠蠕动形成的腹腔内静水压"气流"，一直向上到达膈肌。如膈肌先天发育不良，存在缺损的话，这些不安分的子宫内膜就有隙可乘，进入胸膜。子宫内膜迁移至胸膜及肺表面生长，当月经来潮时便发生脱落。由于胸膜很薄，易发生损伤，致使空气从肺部进入胸膜腔内，形成气胸，产生症状。

（十二）紧张性头痛

紧张性头痛是由于头部与颈部肌肉持久的收缩所致。长期工作紧张，姿势不良，头颈部肌肉紧张，痉挛性收缩等均可导致头痛。紧张性头痛，表现为头部重压感、紧缩痛或戴紧帽感，也可为痉挛牵扯性头痛，多为双侧性，持续性，并带有很多神经官能症症状。

1.紧张性头痛的预防保健

（1）尽量增加自己休息睡眠的时间，因为充足的休息可以缓解精神上的紧张和抑郁。特别是中午，睡中觉是一个不错的选择。

（2）调节情绪，不要给自己过多的压力，不要一天到晚埋头于书本，要多走出家门到户外进行锻炼，尽量缓解、放松情绪。

（3）要注意早晚的保暖，注意早、中、晚衣服的增减。

（4）少吹冷风，减少自己的压力，学会做深呼吸调节心理的紧张抑郁，多喝水（大部分的头疼状况都是由于脱水引发的）。

（5）饮食上要注意多食用酸甘养阴之物，如西红柿、百合、青菜、草莓、橘子等，忌食辛辣、油腻的食物。

2.紧张性头痛的运动康复

运动可以使整个身体得以伸展，消除肩膀和颈部的僵硬感，使血液顺畅地流入头部，从而缓解头痛症状。

（1）仰卧在床上，两腿并拢伸直，手掌平放在体侧，掌心贴在床面上。

（2）吸气，一边保持两腿并拢、两膝伸直，一边两掌轻轻用力向下按，收缩腹部肌肉使两腿离开床面，举起，与床面垂直。

（3）吸气，凝聚腰部力量，双手按床，将臀部抬离床面。脊骨逐节逐节地伸展，带动双脚翻越头顶，直至双腿与床面平行。

（4）呼气，慢慢把上体后倾，直至双腿着床，可用手臂辅助完成。

（5）双臂放回床面，保持这个姿势10～15秒钟，缓慢而有规律地自然呼吸。

上述动作反复做3次。练习结束，可用鲜柠檬2片，盐2g，冲入1杯热开水中，趁热喝，可顺气化痰，消除疲劳，减轻头痛。

（十三）痛经

痛经，指女子经期前后或行经期间，出现下腹部痉挛性疼痛，分为原发性和继发性。通常，原发性痛经指的是，经过详细妇科临床检查未能发现盆腔器官有明显异常者，这也称之为功能性痛经。原发性痛经是女大学生中最常见的妇科疾病之一，发生率介于30%～50%之间。

与之相对的是继发性痛经，指生殖器官有明显病变者，如子宫内膜异位症、盆腔炎等。女性内分泌失调引起的痛经是当今世界医学尚未攻克的难题之一。有报道，美国有周期性月经的妇女中90%有痛经，36%一直或常有痛经。在美国，痛经是女性缺勤或不能运动的最重要原因。引起痛经的原因很多，概述如下：

（1）精神因素。部分妇女由于天生对疼痛有种恐惧感，因而会对此过分敏感。

（2）子宫位置异常，若妇女长期坐姿不对，可能会导致子宫位置异位，从而影响经血通畅。

（3）子宫发育不良容易合并血液供应异常，造成子宫缺血、缺氧而引起痛经。

（4）子宫颈管狭窄主要是月经外流受阻，引起痛经。

（5）内分泌因素。月经期腹痛与黄体期黄体酮升高有关。

（6）遗传因素。女儿发生痛经与母亲痛经有一定的关系。

（7）子宫的过度收缩。有些女性的子宫收缩持续时间较长，而且往往不能够轻易放松，故因过度收缩而痛经。

（8）子宫内膜以及月经血中前列腺素（PG）含量升高，前列腺素（PG）使子宫收缩引起痛经。

（9）妇科病如子宫内膜异位症、盆腔炎、子宫腺肌症、子宫肌瘤等。子宫内放置节育器（俗称节育环）也易引起痛经。

（10）子宫不正常收缩。痛经患者常常子宫平滑肌缺血，进而引起子宫肌肉的痉挛性收缩，从而产生痛经。

研究发现，处于经期的女性，体内雌激素含量减至最低，加之大脑紧张，对疼痛的忍受度也降至最低。由此可见，痛经的严重程度与大脑紧张度成正比。而这，恰恰使得经期的疼痛更让人难以忍受。此外，通过功能性核磁共振研究更证实，女性对疼痛的耐受能力和雌激素相关，也就是说，补充雌激素能增加女性对疼痛的忍受度。

此外，还有一些女性，往往会出现见到他人痛经而导致自己痛经加重。疼痛导致交感神经紧张，引起血管收缩，而血管收缩、血液运行不畅。例如，当我们全神贯注于影片时，体内产生大量内啡肽，由于精力集中，能切断疼痛信号。但一旦感到愉悦，身体更释放出多巴胺，进而加重痛经，形成恶性循环。

因此，实验证实，对于女性来说，日常可以通过喝热水、多穿衣服等方法加热身体，加热身体的同时应口服安慰剂，这样能够扩张血管、加快血流、对抗子宫平滑肌收缩，进而减轻疼痛。除此之外，痛经时跪在床上、抬高臀部，保持这种头低臀高的姿势能改善子宫的后倾位置，方便经血外流、解除盆腔淤血，减轻疼痛和腰背不适症状。

同时，还要注意的是，若在加热身体的同时口服止痛药则能将药物起效时间提前一半。因为，经血若不能通畅地从子宫颈流出，就会造成盆腔淤血，这样无疑会加重经期疼痛和腰背酸痛。

（十四）小儿麻痹后遗症

小儿麻痹后遗症是一种严重的致残性疾病，发病的结果是患者的肢体终身残疾。在身体残疾的大学生中，80%以上是由于小儿麻痹后遗症造成的。

小儿麻痹后遗症的康复训练最主要的目的是恢复或补偿后遗症患者已丧失的运动功能，进而提高上肢的日常活动能力以及下肢站立和行走功能，争取达到生活自理，早日回归社会。经常训练的内容主要有增强肌力训练、扩大关节活动范围训练，矫形器制作和使用，以及手术后肢体功能恢复训练。康复训练最好在医生指导下进行。一般来说应注意以下几点：

（1）训练不应感到疲劳。如有疲劳感觉，应休息5min～10min再训练，以免过度劳累造成伤害。

（2）任何训练都不应该引起明显疼痛。有时训练中可产生轻微疼痛，但在停止活动后，疼痛应消失。如果训练时发生严重疼痛，休息后又不消失，常常是损伤的信号，要停止训练。如果训练后疼痛剧烈，甚至出现下肢浮肿，表明运动过量，也应该暂时停止训练。

（3）训练应一步步来，不可操之过急。活动次数由少到多，关节活动范围由小到大，使用的力量由轻到重。训练量逐步增加才可能收到良好的效果。

（4）掌握适当的训练尺度、数量和方法。训练量不够，无明显效果。而训练过量又可造成肢体的损害，比如，肌肉拉伤、关节肿胀、骨折脱位等等。所以必须掌握好这个尺度，训练量要适当。

通常认为小儿麻痹症在发病两年以后就会留下后遗症，病情不再进展，但也不易好转，患儿维持一个相对稳定的残疾状态，不会再复发小儿麻痹症。但近年来许多医学专家通过实践提出了不同看法，他们指出有一部分患过小儿麻痹症现已"痊愈"的人，在患病30～40年以后病情仍可复发，出现新的类似小儿麻痹症的症状，被称为小儿麻痹后发综合征。这一情况提醒我们，患过小儿麻痹症现已稳定的患者，如果出现以上的症状，应该立刻去医院看病，千万不能掉以轻心。

（十五）过敏性紫癜

过敏性紫癜是常见的毛细血管变态反应性疾病，主要病理基础为广泛的毛细血管炎，以皮肤紫癜、消化道黏膜出血、关节肿胀疼痛和肾炎等症状为主要临床表现，少数患者还伴有血管神经性水肿。部分病人再次接触变应原可反复发作。

预防该病"避其毒气"的措施主要有：预防呼吸道感染；饮食有节；调节情志保持心情的轻松愉快。

（1）日常生活的注意点。①注意饮食，因过敏性紫癜多为变应原引起，应禁食生葱、生蒜、辣椒、酒类等刺激性食品；肉类、海鲜应避免与花粉等变应原接触。②注意保暖，防止感冒。③注意休息，避免劳累，避免情绪波动及精神刺激。④控制和预防感染，在有明确的感染或感染灶时选用敏感的抗生素，但应避免盲目地预防性使用抗生素。⑤防止昆虫叮咬，去除可能的过敏原。

（2）饮食调理。该病以热血为主，饮食要清淡，主食以大米、面食为主；多吃瓜果蔬菜，忌食肥甘喉味、辛辣之品，以防胃肠积热；对曾产生过敏而发病的食物，如鱼、虾、海味等，绝对禁忌。气虚者应补气养气止血。血瘀者可用活血化瘀之品。

（3）生活调理。经常参加体育锻炼增强体质，预防感冒。尽可能找出变应原。积极清除感染灶防止上呼吸道感染。急性期和出血多时应限制患者活动。

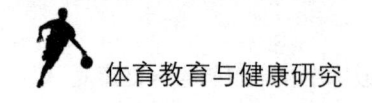

二、大学生常见损伤预防与保健康复

（一）肌肉拉伤

肌肉拉伤主要是由于运动过度或热身不足造成肌纤维撕裂所致的损伤。

解决方法：如果肌肉不慎拉伤，应该尽快在拉伤处敷上冷毛巾或冰袋，持续约半小时。不可揉搓或热敷。如果是在体育锻炼时，或是劳作时用力过度造成拉伤，且伤情较轻，疼痛感不明显，则可采取热水浴、按摩和芳香疗法来减轻症状。拉伤肌肉后，要注意休息，近期避免拉伤再次用力过度。

（二）关节扭伤

关节扭伤通常是指关节上的肌腱和韧带发生扭伤。在大学生体育锻炼中，常见的扭伤多发生于街舞、体操、瑜伽等训练协调性的课程中。

解决方法：如果关节不慎扭伤，应马上仰卧，然后把扭伤的关节部位垫高，并且尽快进行冷敷处理。扭伤约3天后，要进行热敷处理。如果伤者的扭伤部位出现皮肤青紫，组织肿胀和疼痛，则需要就医，遵医嘱进行治疗。

（三）踝扭伤

大学生运动中，球类运动为主要运动，如篮球、排球、足球等。在这些球类运动中，常见到踝关节扭伤。往往是由于跳起后落地时身体不平衡或踩在他物上导致。踝关节的扭伤可用下面的保健方法。

（1）如果不慎扭伤，应尽快进行冰敷处理。情况较轻的可自行痊愈。情况较严重的，如疼痛剧烈，伴随内出血或外伤时应立即送医治疗。

（2）如果不用就医，而且受伤后没有立即进行冰敷处理，受伤后第二天往往出现水肿情况。这时可采用敷中药的方式进行治疗。

（3）出现水肿情况后，要特别注意保护伤脚，尽量避免使用伤脚行走。通常还要将伤腿抬高，有条件的伤者还可以进行辅助理疗，如热理疗。进行热理疗后，立即敷上具有消肿散瘀功效的中药，使中药被尽快吸收。

（4）根据消肿情况，大约两三周时间，通常都会消肿，这时可利用拐杖辅助行走。如果脚部活动灵活，没有明显的疼痛感，则说明脚部受伤的末梢神经基本恢复。

（四）关节脱位

关节脱位是指组成关节的各骨的关节面失去正常的对应关系。临床上可分损伤性脱位、先天性脱位及病理性脱位。关节脱位后，关节囊、韧带、关节软骨及肌肉等软组织也有损伤。另外关节周围肿胀，可有血肿，若不及时复位，血肿机化，关节粘连，使关节不同程度丧失功能。

关节脱位的预防最主要的是要加强劳动保护,防止创伤发生。体育锻炼前应做好充分的准备动作,防止损伤,对儿童应避免用力牵拉。

(五) 肌肉痉挛

在大学生运动中,一些时间长、体力消耗大的运动常出现有学生抽筋的情况。"抽筋"只是一个俗称,其在医学上被称为肌肉痉挛。过冷刺激、肌肉过劳等都可引起肌肉痉挛。肌肉痉挛的发生与个人身体状况有很大关系,有的人容易抽筋,有的人则很少出现抽筋情况。一般认为,容易抽筋的人,往往是缺钙所致。

解决方法:如果不幸抽筋,应立即设法拉直处于痉挛中的肌肉。通常拉直几分钟后就能缓解抽筋症状。例如,如果一只手的手指出现抽筋,应立即用另一只手将抽筋的手指拉直,保持几分钟后按摩抽筋部位,这样就可缓解抽筋症状。此外,经常出现抽筋的人,应当注意补充钙质。

(六) 颈椎病

现代人患颈椎病的概率有增大的趋势,这与现代越来越多的人需要长期坐着办公有很大关系。通常而言,颈椎在20岁左右就成型了,之后就逐渐发生椎间盘变性、脱水、血肿及微血管的撕裂、骨刺,关节及韧带的退行性病变及椎管狭窄。

这些情况通常表现为颈部僵直;活动时有疼痛感;头颈部位的活动受到限制,若左右旋转头颈,可引起偏头痛或眩晕;此外,有椎管狭窄的患者在低头可能会突然引发全身麻木,或全身有如被电流刺激一样的感觉并伴随有手肩感觉疼痛、手指无力的情况。

导致颈椎疾病的主要原因有慢性劳损、外伤及其他,慢性损伤的最常见原因就是长期坐姿工作。

(1) 工作姿势不当。长期处于座位,特别是总是低头工作的人,可造成颈后部肌肉韧带组织的慢性损伤,在日积月累中形成劳损。此外,在屈颈的情况下,椎间盘的内压会有较大的增高,这就会让髓核产生后移,损坏就会慢慢产生。

(2) 睡眠姿势不当。例如,枕头过高、长期睡过软的床等。

(3) 体育锻炼方式不当。如经常锻炼超过颈椎的运动耐受量就会产生颈椎劳损。因此,在锻炼头颈部时,要保持运动量适当,尤其应注意不能用力过猛。此外,已经确诊患有退行性疾病的,不宜进行需要活动颈椎的锻炼。

(4) 某些身体疾病可能会引起颈椎退行性病变。例如,甲状腺功能减退、糖尿病等内分泌功能性病变就可引起颈椎退行性病变。

颈椎病的预防保健主要有:

（1）进行科学的按摩与推拿。运用这一方法时要注意力度。

（2）牵引。换用较低的枕头，使头部在睡觉时保持较低位置，而且活动范围较小。这样可减轻病情恶化的趋势，而且利于颈椎间隙内的突出物还原。

（3）配戴颈围。颈围可以有效限制颈部过度活动，从而减小椎间隙内的压力变化。此外，颈围还可以起到支撑颈部，避免活动范围过大的作用。

（七）滑囊炎

在组织间的摩擦部位，有充满黏液的囊状间隙，这就是滑囊，如肌肉、肌腱经过骨突起的部位。对于一般运动来讲滑囊有润滑的作用，使运动部位间的摩擦减小。

当滑囊产生慢性或急性的炎症时，将其统称为滑囊炎。滑囊是充满滑膜液的囊状间隙，位于组织间产生摩擦的部位。

滑囊对正常运动有润滑作用，可减少运动各部位之间的摩擦力。此外，有些滑囊与关节是相通的，因此由一些关节病变能引起滑囊炎。通常，滑囊炎在多次发作或者反复受到创伤以后，会发展为慢性滑囊炎。发作持续时间一般为数日到数周之间，而且常常多次反复发作。急性滑囊炎可由用力过度或运动过量引起。

有些滑囊炎可由肿瘤引起，当肿瘤扩散至关节时，常引起滑囊炎。

此外，有些损伤也可以引起滑囊炎。例如，一些外力造成的关节损伤，关节过度伸展、外旋致伤等都可引起滑囊损伤，并经过长期摩擦后可形成滑囊炎。另外，某些情况下滑囊会被磨损而逐渐增厚，从而导致炎症，如瘦弱的老年人可在长年的久坐中形成坐骨结节滑囊炎、长期跪位工作者可形成髌前滑囊炎。

滑囊炎的预防有以下几个方面：

（1）采用冰敷。如果关节发热，则可使用冰敷进行降温、减少痛感。一般采用 10min 间隔的办法，即冰敷 10min，间歇 10min 的方式交替进行，直到关节降温、痛感减小为止。

（2）休息是减轻滑囊炎症状，并进一步康复的最好策略。频繁活动通常会使滑囊继续遭受摩擦，不利于康复，因此滑囊炎发作时最好的应对措施就是休息，减少不必要的活动量。

（3）滑囊炎发作时，患者通常会处于休息状态，但可轻轻摆动发作的肢体部位。这样做可缓解疼痛，也可以让患处的血液加快流通，从而促进康复。

（4）得急性滑囊炎的患者，等到肿胀消退、痛感减轻以后，可以进行冰敷、热敷交替的办法加快康复速度。通常冰敷 10min，接着热敷 10min，如此交替进行。

（5）注意个人卫生有利于滑囊炎的康复。因为，在滑囊炎发作期间，人体的免疫系统在集中精力对抗炎症，如果此时不注意卫生，则会给免疫系统造成额外负担，这样不利于滑囊炎的康复，而且如果因不注意卫生而引起其他炎症，反而会使滑囊炎的症状加重。

（八）髌骨骨折

髌骨是膝关节的重要构件之一，它可以起到增强股四头肌力、保护膝关节的作用。骨折通常是由直接暴力或间接暴力造成的。髌骨直接暴力骨折是指髌骨被强大的外力直接打中，造成髌骨裂开、粉碎。这种骨折往往是粉碎性的，伤情比较严重。

髌骨间接暴力骨折是指由于肌肉突然收缩，用力过猛，造成髌骨牵引性拉伤，如突然滑倒时，膝关节半屈曲位，股四头肌骤然收缩，牵髌骨向上，髌韧带固定髌骨下部，而造成髌骨骨折。造成间接暴力髌骨骨折的肌肉多为四头肌。间接暴力为横行骨折，移位大，髌前筋膜及两侧扩张部撕裂严重。

髌骨骨折的具体护理工作内容主要需要注意以下几点。

（1）用丝线做周围固定，方法简单且可用于粉碎性骨折。术后长腿石膏托固定患肢于伸膝位，约3～4周开始练习膝关节活动，但负重要到骨折愈合以后。督促指导病人及时练习，并按照要求进行。

（2）及早开始锻炼股四头肌。如股四头肌萎缩无力，则不能伸直膝关节，也就不能站立。主要是肌肉等长收缩运动，教会病人收缩方法，随时活动。要求每小时作100次，为起床行走准备条件。

（3）髌骨被动活动。如病情允许，在晨晚间，可将髌骨向左右两侧推动几次，以防止髌骨的关节面粘连。坐起时自己也要随时推动。

第二节　高校大学生科学锻炼与保健康复方法

一、科学锻炼概述

所谓的科学锻炼，就是要遵循运动技能形成的规律和人体生理变化的规律，通过自我监督也就是体育锻炼要有一定的自律性，以实现增强体质、增进健康的目的。科学锻炼是一个非常丰富的概念，包含许多内容，其中最基本的一条就是科学锻炼的原则，之后才是充分的准备活动、适当的整理活动、合适的运动负荷和运动疲劳的有效消除等方面。

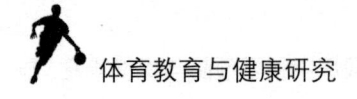

（一）科学锻炼的原则

大学生在进行体育运动的同时，只有遵循科学锻炼的原则，才能实现体育锻炼想要达到的目的。而所谓的原则主要反映的就是体育锻炼客观规律。

1. 自觉性

自觉性原则是指体育锻炼者有明确的健身目标，并能自觉、自愿地从事体育运动。

2. 针对性

针对性原则是指要求体育锻炼根据个人的实际情况有针对性地付诸实施。任何人在进行体育锻炼的时候都要根据自己的具体情况，不同的性别、年龄、职业状况，不同的体育基础、健康状况，甚至是不同的生活条件都一定程度上影响着体育锻炼的选择。因此，在选择体育锻炼项目时一定要根据以上各种条件进行全方位考虑，选择对自身最有利的项目、方法以及负荷，只有这样才能事半功倍，而盲目地从众选择，只会造成不必要的身体负担。

体育锻炼力求全面地作用于人体。大学生在选择体育锻炼项目和体育锻炼的方法时，首先要基于自身的身体条件，尽可能选择有利于全面提高身体素质的体育项目。在体育锻炼的过程中，不要急于求成，要分阶段一步步实现锻炼的目的，与此同时，可以通过不同项目的锻炼促进身体的全面发展，在全身锻炼的同时，还要注意身体某个局部的重点锻炼。

3. 循序渐进

循序渐进原则是指要求合理安排体育锻炼的内容、方法和运动负荷，体现为内容、方法由易到难、由简到繁、由已知到未知，逐步深化，不断提高；体现为运动负荷与强度被控制在最佳范围内。由于人体对内外环境变化的适应是一个缓慢地由量变到质变的过程，而锻炼效果的好坏在很大程度上取决于运动刺激的量和度，所以运动负荷是贯彻该原则的关键所在。

4. 持之以恒

持之以恒原则是指体育锻炼必须持之以恒，使之成为日常生活中的重要内容。人体运动技能的提高、各器官或系统功能的改善、身体素质的增强，都是通过肌肉活动并反复强化的结果。体育锻炼对机体给予的刺激，促进了机体结构和机能的适应性变化，即新的适应不断产生，人的体质不断增强。

5. 全面性

全面性原则是指要求身体形态、生理功能、体适能、心理素质以及适应能力等，通过体育锻炼都能得到全面而和谐的发展。

（二）充分的准备活动

在将要进行锻炼的时候，首先要进行的活动就是"热身"，也就是所谓的准备活动，是一种为正式运动做准备的身体练习。

准备活动最大的好处就是使身体发热，体温升高可以使肌肉黏滞性下降，肌肉收缩和舒张的速度提高，肌力增加；使血红蛋白和肌红蛋白释放出更多的氧，从而增加肌肉的氧供应量；还可使神经系统和肌肉组织的兴奋性提高；使肌肉中相应部位的小血管扩张，肌肉中的血供应增加；同时，体温升高还能使肌肉及韧带的伸展性增强，柔韧性加大，预防运动损伤。对一些比赛前情绪紧张的运动员，不同强度和形式的准备活动还有助于调节赛前状态，使大脑的兴奋性处于最适宜的水平。

总之，准备活动的负荷与强度应比正式运动时小，以免由于疲劳影响正式运动效果。具体的负荷和强度，要根据运动项目、个人情况和气候条件决定。一般做到身体发热、微微出汗即可。冷天做准备活动的时间可以长些。

（三）适当的整理活动

整理活动是指在正式锻炼后所做的、旨在加速恢复机体功能的较轻松的身体练习。其目的是使人体由紧张剧烈的运动状态平稳过渡到安静状态，是加速疲劳消除、促进体能恢复的必要措施。人体的各项机能从安静状态进入运动状态，需要有一个逐渐的过程；从运动状态恢复到安静状态，同样也需要有一个逐渐的、非突变的过程。现已证明，运动之后，做适当的整理活动，对恢复机能和消除疲劳有积极作用。

在运动结束之后，肌肉通常还处于紧张状态，这时候如果完全静止休息，肌肉中许多代谢产物就不能迅速排除，就会使肌肉僵硬，甚至产生酸疼感。在运动后做一些放松练习及牵引（肌肉被动拉长）的练习，可以使肌肉得到充分放松，并将其中积存的代谢产物尽快排除，有助于消除疲劳与预防肌肉酸疼。

运动之后，呼吸、循环等内脏器官还得缓冲一段时间，以补充运动时缺少的氧。如果突然站着不动，那么身体这种静止姿势就妨碍了呼吸的运动幅度，影响氧的补充。同时，如果运动后突然停止不动，血液就会由于重力的作用淤积在下肢扩张着的血管里，使静脉血回流减少，进而导致心输出血量骤然减少，血压下降，严重时可导致大脑暂时性缺血、头晕甚至休克。

如果在运动之后，采取由快跑过渡到慢跑，再过渡到走的整理活动，就可以使神经系统有足够的时间调节下肢血管，使它们收缩以减少血液淤积，就可避免上述情况的发生。

运动之后，做一些放松练习，还有积极休息，对消除疲劳大有裨益。

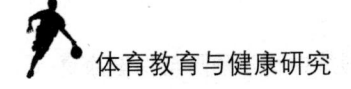

（四）合适的运动负荷

参加体育锻炼必须善于掌握运动负荷。因为如果运动负荷太小，那么不用动员肌肉与内脏器官的机能潜力就可以轻而易举地承担下来，锻炼效果不大；相反，如果运动负荷过大，就会超过人体负荷的极限，不仅达不到增强体质的目的，还会对锻炼者的健康产生不良影响。

检验运动负荷是否合适，一般可以用客观生理指标和锻炼者的主观感受来分析判定。

测量脉搏变化是最简便易行的检验方法。一般，人安静时的脉搏（与心率一致，可用心率代替）为 60~80 次 /min，耗氧量增加时心率相应加快。最大强度运动时可能达到的心率值，称为最大心率（又称极限心率），其推算公式为：最大心率 =210 – 年龄。最大心率仅是一个理论值，在实际运动中是不允许达到它的，否则会对机体，特别是心肺功能造成难以挽回的损害。在运动实践中一般只允许最高达到亚最大心率，其推算公式是：亚最大心率 =195 – 年龄，此时的代谢率相当于最大吸氧量的 80%，此时的运动、训练效果最明显，且不会对身体造成大的伤害。此外，还可以采取在早晨起床前、进行锻炼前和锻炼后 1h 各测一次脉搏（测 1min 的脉搏）的方法。

如果运动负荷较小，那么在锻炼后 1h，脉搏就可以恢复晨脉水平，这表明身体能承担这一运动负荷。如果次日晨脉比往日升高较多（每分钟超过 10 次），而且还有疲劳感，且无疾病或其他原因，则表明运动负荷过大，应适当予以调整。如动脉血压、肺活量、血红蛋白、心电图等其他生理指标，都可用来检验运动负荷安排得是否合适。但因为这些方法比较复杂，所以只在专业运动队中使用得较多。

通过主观感受来衡量运动负荷是否合适也是十分重要的方法。它一般包括运动前、运动中和运动后的感受。正常人在运动负荷安排适宜时，工作、学习、运动起来精力充沛，锻炼前跃跃欲试，锻炼后略有疲惫感，但不影响正常的饮食和睡眠等，有时肌肉也会轻度疼痛或四肢乏力，但这些现象经过一夜的休息，第二天早晨就会消失，而且自己感到身体状况越来越好，疲劳也消失得越来越快。

当运动负荷过大时，锻炼者第二天早晨常会感到精神萎靡不振，周身无力，甚至有头晕现象。这些都说明运动负荷需要适当加以调整。在判断运动负荷是否适宜时，最好把客观生理指标的变化和主观感受结合起来，这样会更加准确。

（五）运动疲劳的有效消除

人运动到一定程度后就不能继续按原来的强度运动了，这时可以认为是产生了疲劳。如挺举 100kg 的杠铃，举了 10 次之后，第 11 次就举不上去了，这时就可认为出现了疲劳。疲劳时，运动能力下降，经过休息后，运动能力又重新恢复。所以，疲劳是一种生理现象，不但不用怕，而且还可以将它作为是否达到适宜运动负荷的一种标志。训练也好，锻炼也罢，都必须使人达到一定程度的疲劳，才能刺激身体各项机能，获得超量恢复的效果。

疲劳是一个实际问题。就体育运动来说，如何延缓疲劳的出现和如何尽快消除疲劳，都是尚未完全解决的问题。

1. 产生疲劳的原因

产生疲劳的原因是很复杂的，下面选择一些比较公认的说法介绍给大家。

（1）衰竭学说

持这种观点的学者认为体内的能源物质耗尽是产生疲劳的主要原因。他们认为运动时间过长，血液中葡萄糖也就是血糖会对应着运动能力的下降而下降，当对血糖进行一定量的补充之后，运动者的体能又会有一定程度的提升。最近的研究发现，疲劳时磷酸肌酸（CP）含量的下降非常明显，这表明 CP 的消耗是产生疲劳的一个重要原因。

（2）堵塞学说

该学说的学者认为，机体之所以会产生疲劳，主要的原因就是肌肉中堆积了某些代谢产物。这一学说的主要代表就是生理学家兰克，他在 19 世纪发现，机体在运动的过程当中，肌肉收缩会产生某些代谢产物，这些产物短时间的大量产生并在肌肉中堆积，就会影响肌肉的工作能力。这种物质后来被证明是乳酸。之后的很多学者通过大量的试验，也证明乳酸的产生，是肌肉疲劳的主要原因。近些年，还有学者通过试验发现运动过程中产生的钙离子在肌肉中的堆积，也会引起一定程度的肌肉疲劳。

（3）内环境稳定性失调学说

还有一些学者认为，引起运动疲劳的原因是失水引起的血液酸碱度的改变、血浆渗透压以及细胞外水分和离子浓度的改变。哈佛大学在经过长时间的试验之后发现，高温状态下的人如果作业时间过长，流汗失水过多，严重疲劳状态会迅速到来，但通过 0.04%～14% 的食盐水之后又能迅速恢复一定的体力。

（4）保护性抑制学说

巴甫洛夫认为，机体之所以会有疲劳状态，不管是体能运动还是脑力劳动，都会出现疲劳，一个很大的原因就是机体大脑保护性抑制发展出的自我保护意识。当机体处于一种运动状态时，各感受器通过自身的感受将大神经冲动传递给大脑，大脑中的中枢的神经细胞会因此而产生相应的反应；当长时间处于这种兴奋中时,就会造成大量消耗,为了减轻这种消耗,保护性抑制就会在消耗到一定程度的时候产生,机体的运动机能也会因此而下降。随着科学技术的不断进步,现在已经研究证明,神经细胞消耗的物质是三磷酸腺苷(ATP)。

总之,人在运动中产生疲劳的原因可能是复杂的,几种因素可能是相互渗透和影响的,在不同运动项目中,产生疲劳的原因也不同,所以单独用一种学说去解释所有运动的疲劳也是不科学的。对各种运动产生疲劳的原因,一定要具体问题具体分析。

2.疲劳的消除

在体育锻炼之后,只有尽快消除疲劳、恢复体力,才能有利于工作、学习及继续进行下一次的锻炼。那么,在运动后怎样才能尽快恢复体力呢?

(1)运动疲劳的消除以及体力的尽快恢复,一个比较有效的方式就是整理活动。通过整理活动,由于血液循环因此而得以促进,体内氧气的供应就相对充足,这就可以是部分的乳酸能够得到进一步的分解,进而转化成能量,其余的乳酸在能量的作用下转化成糖原,从而降低体内堆积的乳酸。另外,肌肉通过整理活动能得到有效牵引和放松,对于消除或预防肌肉酸痛也是非常有效的。

(2)大学生在运动结束之后,相互之间的按摩或自我按摩可以有效缓解运动过后的疲劳;与此同时,也可以对肌肉和血液情况有所改善,使代谢产物能够顺利排出,减轻或彻底消除因运动而导致的疲劳。通常按摩的时间为运动过后的20min～30min,晚上睡觉前进行的按摩也是可以的。

(3)大学生运动过后的肌肉疲劳还可以通过温水浴(水温为32～40摄氏度)来缓解,这主要是因为温水浴对于神经和循环两大系统具有一定的调节作用。此外,运动过程中的汗液与皮肤表面的污物,也可以通过温水浴来清除。不过要想彻底消除疲劳的话,就要使肌肉或皮肤中血管尽可能扩张,加速血液的循环。只有这样,肌肉中的代谢产物才能尽快排出体外,这就需要通过蒸气浴来实现,当然是在有条件的情况之下。

(4)大学生在运动的过程中还有一方面需要注意的就是充足的营养。因为运动是一个消耗的过程,如果仅仅是为了提高身体素质,足够的食物和营养供应是必要的,也只有这样才能保证营养的平衡。此外,在运动的过程中,水分、维生素及无机盐通常都是大量消耗的物质,只有及时并充分补充,才能保证机体的正常运转。在维持机体正常运转的营养元素中,维生素中的B族和E族能有效缓解运动疲劳并提高相应的运动能力,C族维生素主要是在运动过程中促进有氧功能;矿物质中对于促进体内的新陈代谢具有不可忽视的作用,运动过后一定要及时补充。通常,这些营养物质的补充都是通过饮食,这也就意味着一定要多食用含有这些物质的蔬菜、水果、蛋、肉、奶,等等。此外,水分在运动中也是必不可少的,但饮水的方式要适当,或者可以在水中适当加些食盐,以利于机体的吸收。

(5)保证充足的睡眠。大学生在运动的过程当中,神经系统、各内脏器官、各部分的肌肉等在一定程度上处于一种亢奋状态,可以通过睡眠使这些部分得到一定程度的休息,由于大脑在睡眠中处于完全抑制状态,机体在这种状态中加快促进合成,许多损毁的细胞、组织以及消耗掉的物质可以在睡眠中得到修复和补充。很多体育运动爱好者都有这样的体会:如果头一天的睡眠充足,睡得既熟又香,那么第二天锻炼时就特别有劲;相反,如果因为种种原因睡眠不足,那么第二天就会精神不振,锻炼时有气无力。所以在锻炼期间,合理的睡眠制度对恢复体力来说是至关重要的。

二、科学锻炼应注意的几个问题

(一)注意选择适当的锻炼环境

最好选择一个环境好、空气流通的地方健身。有些人之所以不愿意去健身房,大概就是由于健身房太嘈杂的缘故。所以,像进行健身跑、健身走时,建议去公园或郊外,不要去车辆太多或太偏僻的地方,以免发生意外。

(二)注意选择适合的锻炼时间

有人认为一天当中户外健身一般有两个适宜的时段:5时~7时及15时~17时,因为这两个时段的气温、湿度最适合锻炼。也有相关报道认为,15时~17时比较合适进行体育锻炼,因为在这个时段锻炼可以消除一天工作和学习的紧张和疲劳。

(三)注意防止运动过度

健身、锻炼要适量,应该尽量避免运动过度。运动过度的精确含义就是迫使身体过度劳累。如果肌肉和关节都感到疲劳酸痛,那么它们便无法正常发挥功能。持续性的运动过度会使身体面临更大的受伤风险。时间一久,运动过度还会削弱免疫系统的功能。

要避免运动过度,应该持续追踪、观察自己的身体和锻炼状况。如每周跑了多少千米、花了多长时间、身体的反应如何,等等。运动过度也可能是运动上瘾或"迷恋运动"的前期征兆,这与"饮食失序"是相类似的。特别是准备比赛前的运动员或热爱运动的新手最容易出现这种状况。因此,当出现以下征兆时,就应该适当调整运动负荷,使身体获得充分休息。

运动过度的征兆有以下几种情况。

（1）肌肉持续酸痛。
（2）身体疲劳、精力不济。
（3）情绪沮丧。
（4）发生急性伤害，如扭伤、拉伤。
（5）运动效果不好。
（6）难以入睡。
（7）紧张不安。
（8）食欲不振。
（9）生活步调完全以运动为中心，忽略学习、工作、家庭与朋友。
（10）错过运动时间时，会出现非理性的愤怒与罪恶感。
（11）持续出汗或大量出汗。
（12）感冒之类的小病不断，这也可能是由运动过度而导致的免疫系统衰弱引发的。

三、保健康复适宜采用的运动方式

1968年，美国空军运动研究室的库珀（Dr Kenneth H.Cooper）博士提出了一个概念，即有氧（Aerobics）运动。当时，库珀正在美国空军医学研究所从事研究工作，他在给空军士兵及NASA（美国太空总署）太空人制订训练计划的过程中，提出了这一划时代的运动理论。就是在运动的过程中，机体内部的氧气供应比较充分，而有氧反应方式是运动系统所需的能量的主要供应方式。最大耗氧量是衡量一个人有氧耐力的主要标准。

库珀在大量的论证之后认为，20~60岁的人如果想要机体内部的组织和器官发挥更好的作用，就要进行适当的有氧运动，不然机体内部的脏器、肌肉、骨骼的机能以及抵抗力都会不断下降。"有氧运动法"就是在这样的基础上产生的。随即该方法风靡全球，在取得人们广泛认同的基础上，也成为人们最常使用的运动方式。

与以往人们认知中的"肌肉发达、外表强壮"的健康观点不同的是，库珀更注重心肺功能健康，他认为只有这样的健康才是真健康。因为这是维持机体健康的基础，要保证机体内部的细胞的营养供应和功能的维持，本身就是一项非常巨大的工程。只有心肺功能健康，才能将充足的氧气和营养供应到身体的各个部位，使全身各组织器官保持良好的功能状态，并且功能储备（耐力）良好。

实际上，有氧运动也可以说是耐力运动，机体在长时间运动的过程中，心脏和肺部得到了充分而有效的刺激，这就使得血液循环系统和呼吸系统的功能有所加强，进而将氧气和营养供应到身体的所有组织器官，保证功能的最佳状态。因此，有氧运动首先要保证充足的运动时间，通常有氧运动的时间要大于 20min，最好是 30min～60min，运动的方式可以是慢跑、游泳、骑自行车、步行、原地跑、有氧健身操，等等。这些运动方式对于心肺功能的增强都非常有利。通常我们所说的无氧运动指的是静力训练、举重或健身器械、短跑，等等。虽然这些运动对于肌肉及爆发力有比较强的增强作用，但由于不能对心肺造成有效刺激，自然对心肺功能的增强也就作用不大，因此在健身方面，有氧运动要好于无氧运动。

大学生在进行有氧运动时，身体的每个部位都得到了有效刺激。通过有氧运动，心脏受到刺激，心跳加速，就可以将更多的血液输送到身体的各个部位，同时加快了血液循环的速度，使机体内部的新陈代谢的速度得以加快；运动的过程中，呼吸的深度和频率增加，也就增加了气体交换的频率，将更多的氧气输送到血液当中；随着运动时间的不断累积，脂肪也会随之变成能量加入能量供应当中，进而增加脂肪的消耗；机体内部的所有脏器在有氧运动的过程当中有效而和谐地得到改善，与此同时，有氧运动还能有效改善骨髓、肌肉以及神经系统，使身体的整体机能得到改善。

据报道，在多年调查和研究的基础上，美国一位学者为个人的运动负荷设计出了一个相关的测定方法，这套方法简单而便于使用，适于给自己的运动负荷打分。

（1）睡眠：每睡眠 1h 记 0.85 分。计算一下你每天睡几个小时，然后求其与这个单位值的乘积，记分。

（2）静止活动：包括案头工作、阅读、吃饭、看电视、坐车等。这些活动的运动负荷最低，把消耗在这些活动上的时间加起来，每小时记 1.5 分。

（3）步行：如果是悠闲缓慢的散步，则每小时记 3 分；如果是快步走，则每小时记 5 分。

（4）户外活动：慢跑每小时记 6 分；快跑每小时记 7 分；游泳、滑冰每小时记 8 分；各种球类运动和田径运动每小时记 9 分；骑自行车每小时记 4 分；体操、跳舞每小时记 3 分。

（5）家务劳动：每小时记 5 分。

一天的活动结束后，你就可以把以上的分数加起来。如果总分在 45 分以下，则说明运动负荷不够，应设法增加运动负荷；如果总分在 45～60 分，就说明运动负荷正合适；如果总分超过 60 分，就说明运动负荷已经过度，对身体没有益处。

四、大学生运动锻炼的医务监督

(一) 运动训练的医务监督概述

在运动医学当中,其中一项重要内容就是运动训练的医务监督。所谓的医学监督就是通过医学的观察,对运动者的体育运动行为进行科学合理的检查和观察,并对运动者的身体水平和训练水平进行相关评价,一方面将科学训练的依据传递给教练员,另一方面减少运动者的伤病,保证健康,目的就是使运动者的运动技术水平得到全面提高。

运动训练医务监督包括自我监督和训练比赛监控两部分,训练比赛监控包括:健康检查(健康检查、机能评定)、训练监控(训练状态评价、伤病预防、不同训练阶段监控、特殊环境下训练监控)和比赛监控。

• 运动医务监督的内容

1. 运动员身体健康状况检查

运动医务监督的内容首先就是要对运动者的身体状况进行相关的医学检查,通过科学手段得出检查结果,然后对运动者的健康状况、身体机能以及训练状态做一个综合评价,这就是教练为运动者安排训练计划的参照基础。总体来说,运动医务监督的身体健康检查的内容主要是从一些客观指标如形态特点、机能状况和心理状态等对运动者进行评定,可分为初步检查和针对性检查。

(1) 初步检查

适用于开始训练者,采用较简易方法和指标,如身高、体重、脉搏、血压、台阶试验、血红蛋白测定、体脂、心电图、肌力(背力和握力)、神经反应、肌张力,等等。适用于大人群筛查和选拔。

(2) 针对性检查

适用于高水平运动员,根据项目需要,有针对性地进行更为全面、深入的检查和评价。可采用的手段有以下几种。

①脑电图评定神经系统机能、发现早期疲劳。

②超声心动图测定心缩间期、心输出量测定,了解心功能水平。

③最大吸氧量、无氧阈等判断心肺功能。

④肌电图了解动作用力的顺序、大小等情况。

⑤运动负荷试验采用自行车功率计或运动平板,评价心肺功能及身体工作能力。

⑥机体代谢状况如乳酸、磷酸肌酸激酶、尿素氮、血浆睾酮(T)、血浆皮质醇。

2.特殊环境训练的监控

现代竞技体育的发展，要求运动员不断突破自我，取得好成绩，因而产生了一些通过特殊训练环境来提高运动成绩的手段。

（1）运动员高原训练。

（2）运动员异地比赛的时差调整。

（3）女运动员月经期训练和比赛。

（4）冬训。

3.训练场地及环境监控

（1）根据项目要求保证训练设备符合要求，发现问题，不断改善运动条件。

（2）保证训练环境达标、比赛要求，保证训练场馆的照度、温度、湿度、地面条件、水温等符合相关要求。

4.消除疲劳方法的研究

疲劳不论是体力的还是精神的，都是在工作、训练后引起的暂时的生理现象。如疲劳不消除，再继续训练则疲劳可能积累而产生机体机能紊乱，甚至发生过度训练综合征，影响身体健康和运动成绩的提高。因此，如何在训练或比赛后加快疲劳的消除也是医务监督的重要内容。

• 运动医务监督的一般程序

运动员的运动成绩与运动能力由多方面因素所决定，在运动训练过程中全面了解运动员身体状况是运动医务监督的首要环节，运动员身体机能状况的好坏直接影响运动员的训练和健康，通过系统检查掌握其身体健康状况是医务监督工作的基础。

1.健康档案建立

在进行医务监督时，首先需要进行的是建立健康档案，目的在于系统地了解运动员在训练不同时期的身体情况。身体检查根据时期不同可分为以下几种。

（1）入队检查

尽可能详细记录既往史、运动史、健康状况及相关问题，进行全面机能评定，建立完整的健康档案。

（2）定期检查

运动员一般每年进行2～3次，了解特定时间点上运动员健康和机能状况的改变。

（3）赛前检查

除按专项竞赛要求必须进行的检查外，在重大比赛前均应进行以避免意外发生。

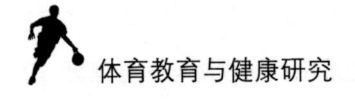

（4）会诊

遇有特殊或疑难问题应请有关专家会诊。

2.医务监督计划制定

对运动员完成健康档案的建立工作以后，需要为他们制定训练过程中的具体实施计划，制定合理、可行的工作计划是进行工作的前提，所以要认真对待这一项工作。

（1）参与人员

制定方案应该有教练、队医和科研人员的参与，要求教练对这方面的工作有一定的了解，并提供一定的支持。

（2）计划制定原则

①要结合项目特点选择指标。因为不同项目有不同的特点，比如耐力项目运动员要侧重身体机能恢复情况的指标，而力量项目运动员应注重训练中对力量负荷的承受能力，球类项目运动员需要在考虑体能的同时注意技术、战术训练的要求。

②确认监控时间点。除了规定每年1～2次的定时检查外，在冬训开始、中间、结束时都应该安排监控。有重大比赛前，如奥运会、世锦赛、世界杯等要安排相应的监控时间点。

③明确监控测试、采样的具体要求，如训练前、训练后，是否空腹，等等。

（3）计划执行与调整

①根据计划要求严格执行监控计划，但是也要在执行中不断评价原计划的可行性、必要性、合理性。

②根据具体监控效果和可行性情况，对监督计划不断进行改进和完善。

③必须及时反馈监控结果并提出训练建议，根据教练反馈，正确分析检测结果，为训练安排提供准确、客观的分析结果，为下一步训练安排提供支持。

（二）心血管系统监督

运动员心血管系统功能与运动员耐力、体能有明显关系，也是训练中应用最多的一类指标。

• 脉搏

安静状态下，脉搏反映机体的恢复程度。运动中脉搏在一定范围内与吸氧量、人体的做功能力呈线性相关，可反映运动强度的大小。

1.安静时脉搏

如果运动者所训练的运动项目是耐力项目，那么窦性心动过缓的现象就会出现在经过系统训练的运动员身上，也就是说，运动者一旦保持安静，他的脉搏将远远低于正常人的脉搏，通常低于 60 次 /min。如果运动者经过长时间并且系统的耐力训练，技能状态良好的运动员安静时，每分钟的心率甚至可以达到 18～25 次 /min。但是对于安静时心动过缓的运动员，应注意排除心脏疾病的可能。

2. 晨脉

所谓的晨脉也就是早晨一个人起床前，状态清醒同时保持卧位的脉搏数，这也是一个人最基础、最稳定的脉搏。不同机体状态的人，其晨脉的表现是不一样的。如果晨脉的数量突然发生变换，不管是过多还是过少，都意味着疾病或疲劳，心律不齐就是引起这种情况的一个重要原因，因此要引起足够的重视。

3. 运动中心率

（1）判断机体的疲劳程度

在完成定量负荷、规定的成套动作时，运动员心率较平时明显增加，说明运动员的机能水平下降或机体已经疲劳。

（2）控制运动强度

用心率控制运动强度，要因人而异，因训练目的不同而有所不同。比如，是发展速度还是发展耐力，是发展无氧耐力还是发展有氧耐力等。

4. 运动后心率

在定量负荷后的规定时间内测定运动员心率的恢复速度，可反映运动员的疲劳程度，身体机能良好时，运动员的心率恢复较快，而疲劳或过度疲劳时则恢复速度减慢。

• 血压

1. 晨血压

身体机能良好时，晨血压较为稳定。若安静血压比平时升高超过 20% 且持续两天以上不恢复，往往是机能下降或疲劳的表现。

2. 运动状态下血压

一般情况下，收缩压随运动强度的加大而升高，舒张压下降。但出现以下情况说明运动员机能下降或疲劳：运动时脉压增加的幅度比平时减少，出现梯形反应，出现无休止音，运动中出现无力型反应。

• 心率储备

心率储备是指最大心率与安静心率之差，是构成心输出量储备的重要部分。运动员心率储备大于常人，表现为安静时心率低，而进行极限强度运动时

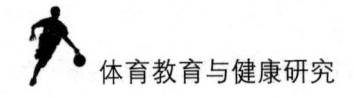

所能达到的最大心率高于普通人。

・最大摄氧量

不同的人种、不同的性别、不同的年龄，甚至是不同的遗传和训练都会对最大摄氧量产生影响。通常，处于青春期阶段以前的男女在最大有氧能力方面并没有非常明显的差别。一旦性成熟，男子的最大摄氧量要比女子多25%～30%；人的一生中最大摄氧量的时期是18～20岁阶段，在这一阶段，不管是男生还是女生都达到了一生中的摄氧量顶峰，之后会随着年龄的增加而逐渐下降；当人类的年龄达到65岁的时候，此时的最大摄氧量只是25岁时最大摄氧量的75%。

在所有的运动者当中，运动的项目不同，最大摄氧量也会存在差异。通常来说，耐力项目和其他运动项目相比更能有效增加运动员的最大摄氧量，这也就是为什么从事耐力运动的运动者具有更大的最大摄氧量的原因。对于运动者或者运动项目来说，最大摄氧量的绝对值和相对值意义不同。对于划船运动员来说，更加注重最大摄氧量的绝对值，绝对值越大，对于完成运动就越有利；而长跑运动员更加注重最大摄氧量的相对值。

・心率变异性

心率变异性反映心脏交感神经与迷走神经的紧张性和均衡性。HRV分析是一种定量评价人体自主神经系统状态的有效方法。心率变异性指标可以作为运动员选材、训练效果评定及机能水平评价的有效指标。

・心电图

心电图反映心脏兴奋的电活动过程，对于心脏基本功能评价及其病理诊断方面具有重要的参考价值。广泛应用于预防和监测运动员心脏异常、指导运动训练，是运动员心脏疾患诊断及心脏机能评定可靠方法之一。

・心电图运动负荷试验

心电图运动负荷试验作为诊断心血管疾病尤其心肌缺血、冠心病（CAD）的一种无创性检查方法，在临床广泛应用。对运动员主要通过观察在进行负荷试验中异常现象的变化情况，如果保持不变或者减少，这种异常往往是运动训练的结果；如果异常现象增多，那么往往是心脏有病理改变，需要通过血清酶等检查进一步确认。

（三）呼吸系统监督

呼吸系统功能与心血管系统功能密切相关，呼吸系统通过气体交换获得氧气和排出二氧化碳。该过程的完成需要与血液循环密切配合，所以呼吸系统机能改变会明显影响运动机能。

- 肺容量

1.肺容量指标

(1) 深吸气量（IC）：平静呼气后能吸入的最大气量＝潮气容积＋补吸气容积。

(2) 肺活量（VC）：最大吸气后能呼出的最大气量＝深吸气量＋补呼气容积。

(3) 功能残气量（FRC）：平静呼气后肺内所含有的气量＝补呼气容积＋残气容积。

(4) 肺总量（TLC）：深吸气后肺内所含有的总气量＝肺活量＋残气容积。

(5) 残气容积（RV）：习惯上称为残气量。指用力呼气末肺内残存的气量。

2.测试方法

(1) 直接测定

通过肺功能测试仪可直接测得潮气量、深吸气量、补呼气量和肺活量。

(2) 间接计算

功能残气量、残气容积、肺总量。肺容积与遗传、身高、体重、训练水平等有关，通过连续测定观察其变化可以评定运动员身体状况。

- 肺通气功能

肺通气功能测定是指单位时间内肺脏吸入或呼出的气量。肺通气功能水平的高低是评价运动员体能的一个重要指标，良好的肺通气功能可以保障运动员在训练和比赛中的体力和脑的正常功能。

1.每分钟静息通气量

每分钟静息通气量是潮气容积与呼吸频率的乘积，正常成人静息状态下每分钟呼吸次数约为15次，潮气容积为500mL，其通气量为7.5L/min。潮气容积中有140mL气体存留在气道内不进行气体交换，称为解剖无效腔，即残气容积，故肺泡通气量仅为5.5L/min。若呼吸浅快则残气容积相对增高，影响肺泡通气量。

2.最大通气量（MVV）

最大通气量是指单位时间内以最快速度和最大深度进行呼吸所达到的通气量。通气量大是保证摄氧量的前提，但是不代表呼吸功能好。

3.用力肺活量（FVC）

用最快的速度完成呼气肺活量测试。可由此计算出第1秒钟呼出气的容积和第1秒钟呼出容积占用力肺活量之比。用力肺活量是当前最佳的测定项目，可以反映较大气道的呼气期阻力是否有障碍。

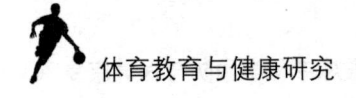

4.最大摄氧量

最大摄氧量（VO_2max）是反映机体利用氧能力的重要指标。在运动实践中，最大摄氧量主要有以下几个方面的应用。

（1）评价运动能力

运动员在不同训练阶段和训练状态下最大摄氧量有所不同。尤其耐力更为明显。最大摄氧量的增加与运动员运动能力或运动成绩的提高有关。

（2）评定运动员的机能状态

当运动员身体状况下降或过度训练时，运动员心肺功能下降，在运动负荷量未达到极量时，摄氧量已达到"极限"，继续维持运动强度需要提高摄氧量主要依靠增加肺通气量获得，能量消耗大，氧利用率低。

运动员状态好时，达到最大强度负荷时，心输出量增加，肺通气量增加，氧的利用率明显提高，呼吸深而频率慢，满足机体对氧的需要量。

（3）运动员选材

最大摄氧量受遗传因素的影响较大，从儿童期到成年期的变化相对较小，因此可以作为选材的重要指标。

（四）身体状况指标

• 血红蛋白

血红蛋白与氧运输能力密切相关，可以反映运动员的身体状况，身体状况正常时会保持稳定，如果出现降低要注意查找原因，常见变化有以下几种。

（1）对运动负荷不适应时会出现暂时性贫血，是由血液稀释所致。

（2）因营养补充问题、身体疲劳、疾病导致的贫血会长期存在。若继续坚持训练，多数运动员不能愈合。

（3）运动员的血红蛋白过高会导致血流速度减慢，不利于氧运输。

• 尿蛋白

安静状态下，运动员的尿蛋白含量与一般常人无差别。运动引起的尿蛋白增加的现象，称为运动性蛋白尿。

（1）运动性蛋白尿的出现反映身体对训练负荷不适应，可以是对训练强度、训练量的不适应，也可以由精神压力、身体机能下降引起。

（2）尿蛋白水平个体差异很大，所以个体间的横向比较意义不大。

（3）运动性蛋白尿在调整训练负荷后会自然消失，不会对机体产生明显不良影响。

• 血乳酸

乳酸是糖代谢（无氧糖酵解）的重要产物，主要用于监控训练强度，判断所进行的是有氧还是无氧代谢为主的强度训练。在运动后 5min 左右出现血乳酸峰值。在进行肌肉活动时其生成率和运动项目、训练水平、运动强度、运动持续时间、糖原含量、环境温度以及缺氧等因素有密切关系。

（1）用于有氧代谢能力的评定，在这种情况下需要得到一条负荷强度—血乳酸浓度曲线，曲线右移表示有氧代谢能力高，反之表示有氧代谢能力低。

（2）用于评价训练状况或者疲劳状况，大强度训练时所能达到的浓度水平越高，说明运动员的机能状况越好。

- 尿素氮

尿素氮是蛋白质和氨基酸等含氮物质的分解代谢产物，经血循环至肾脏排出体外。正常人安静时尿素氮为小于 10mmol/L。运动时肌肉中蛋白质及氨基酸的分解代谢加强，尿素生成增多而使血中含量升高。一般在 30min 以内运动时，尿素氮变化不大，只有超过 30min 的运动后尿素氮含量才有较明显的增加，可用于以下两方面。

（1）反映机体的状态：身体机能差时，相同训练负荷下生成的尿素就多。

（2）监控训练安排的适应程度，可概括出以下三种变化情况。

①在训练期，晨起时尿素氮含量不变，说明运动量小，对身体刺激不大。

②在训练期开始时，晨尿素氮含量上升，然后逐渐恢复至正常，说明运动量足够大，但身体能适应。

③在训练中，晨尿素氮含量逐日上升。说明运动量过大，身体不能适应。因此，在训练期可每天或隔天或大运动量训练后，次日晨测定尿素氮来评定身体机能状态。由于个体差异，尿素氮水平没有绝对标准，有游泳训练专家认为在一次训练课后，血尿素超过 30mmol/L 时，就是运动量过大，要注意调整运动量。

- 血清肌酸肌酶

肌酸激酶（CK）与能量代谢及细胞完整性相关，血清 CK 浓度变化可作为评定肌肉承受刺激、骨骼肌微细损伤及适应与恢复的敏感指标。正常值范围是（肌酸显色法）：8～60 国际单位/升。

1. 监控训练强度

（1）训练达到一定的运动强度，才会引起运动员血清 CK 活性的显著变化。血清 CK 的显著增加往往在中高强度的最大力量训练或耐力训练之后。亚极限强度运动可使 CK 活性增加到 100～200 国际单位/升，极限强度运动活性可增加到 500～1000 国际单位/升。

（2）长期系统积累数据，建立运动员训练强度与 CK 值关系模型，可用于监控运动员训练强度。

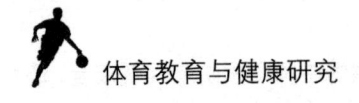

2.血清 CK 与身体疲劳

将强度训练时血清 CK 水平与基础值进行比较，监控训练后身体恢复情况。训练中随着强度的增加，血清 CK 值也会相应增高，如果训练后出现异常波动说明运动员的训练状态不佳或者身体疲劳。系统训练的运动员进行大强度训练后，CK 值一般在 24 小时恢复到正常水平。若明显减慢或要几天才恢复到正常水平，预示运动员可能处于疲劳状态。需要进行调整。

• 睾酮

睾酮具有促进蛋白质合成、促红细胞生成素分泌，增加肌糖原储备的作用，对训练后恢复能力有重要影响。男运动员血睾酮值正常范围为 10.4mmol/L～41.5mmol/L，女运动员血睾酮值正常范围为 0.9mmol/L～2.8mmol/L。

血睾酮值的个体差异较大，仅以某一次的测值与正常人的参考范围作对比来判断高低是不够全面的，需要积累资料进行自身的纵向比较，并结合训练安排将更能说明问题。可用于以下两方面。

（1）睾酮水平主要用于描述运动员的身体恢复能力。

（2）维持睾酮水平有利于机体训练后的恢复，是反映机体对运动负荷适应能力的重要指标之一。

• 皮质醇

皮质醇是肾上腺皮质分泌的激素，可加速糖、脂肪和蛋白质的分解代谢，有利于运动时的能量代谢，保证机体能量的供应。

（1）训练后皮质醇水平升高：说明机体分解代谢处于主导状态，是机体未能适应的表现，会导致运动员训练后代谢处于高水平状态，而不能进行有效恢复。

（2）运动后皮质醇长期保持较高水平还会抑制免疫功能，增加感染机会。

• 主观感觉疲劳等级

主观感觉疲劳等级（Ratings of Perceived Exertion，RPE）是 1970 年瑞典生理学家博格（Hans Berger）提出的概念，是反映主观感觉疲劳程度的指标，它与心率、运动负荷强度等客观指标之间有较好的相关性。在年轻人身上，不同级别的 RPE 值乘以 10 大约相当于在相同状态下的心率值，如在某运动强度下受试者的 RPE 值为 16 时，当时的心率大约为 160 次 /min 左右。

（五）运动训练的监控

• 冬训阶段的医务监督

1.冬季训练的代谢特点

（1）热能消耗增加

在冬训期间，由于外环境气温较低，机体散热大，代谢率增加，运动员的热能需要量增加，寒冷环境就使热能的需要量增加 5%～10%。

（2）脂肪酸分解代谢增强

去甲肾上腺素及肾上腺素分泌增加，血浆自由脂肪酸水平增加，刺激脂肪酸分解代谢供能。

（3）蛋白质代谢增强

寒冷导致蛋白质分解代谢加强，需要量亦增加，表现为尿氮排出量增加，出现负氮平衡，机体蛋白质代谢加强。

（4）脱水和无机盐丢失

我们经常会有这样一种认知，那就是随着温度的下降，人体内部的排尿量会有非常明显的增加，相同的大运动量，运动者在运动训练的过程中所排出的汗量也会明显增加。因此，运动者如果选择在冬季进行训练，就很容易出现血容量减少、脱水以及皮肤黏膜干燥等情况。为了避免和减轻这些情况，运动者在冬季进行相关运动训练的时候应注意及时补充钾、钠、氯、磷酸盐及钙等矿物质和相关维生素，保证机体内部的营养元素均衡，使机体能够正常运转。

（5）维生素代谢增加

低温环境下，人体 B 族维生素代谢发生改变，B 族维生素消耗增多，排出减少。

（6）免疫力降低

冬训期间训练负荷大，机体容易处于疲劳状态，而长时间的大负荷训练就会对机体的免疫功能造成抑制。如果机体的免疫机能在没有得到有效恢复的情况下就进行接下来的周期训练，那么免疫机能会在接下来大强度的运动中再次受到抑制，这就会使机体的免疫力降低，使机体出现免疫漏洞，进而就会使身体受到致病细菌、病毒的攻击，导致疾病的发生。免疫漏洞时期的发生及持续时间与训练量及强度等有关。

2.冬季训练的医务监督

（1）定期体格检查

除了冬训初期的检查，还需要安排定期检查，通常安排在每一训练周期结束时，其结果是教练员修订训练计划、改变训练方法的重要依据之一。

①机能状况

A.血常规

由于冬季特殊的气象和温度，与温度正常情况相比，不管是训练强度还是训练量，都会超出平时的运动水平，在相关指标上的表现就是血常规的较大浮动。运动者在经历了阿基诺大运动量的训练过后，冬训前的基础值就会出现明

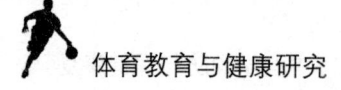

显下降现象。中期开始恢复，总趋势至尾段稳定至中上水平。期间，根据指标的浮动相应调整短期训练计划，以保证指标维持在一定水平。

长时间连续大负荷引起运动员血红蛋白水平显著下降，提示运动员此时对冬训大负荷训练期递增的训练负荷量和强度尚未适应。

B.激素及代谢产物水平

结合训练安排，测定睾酮、皮质醇、尿素氮、CK、睾酮/皮质醇比值来了解运动对训练负荷的适应情况和机体恢复能力。

②免疫机能状况

注意观察记录运动员上呼吸道感染疾病发生率。一方面是寒冷环境导致的机体黏膜受到刺激，导致抵抗力下降；另外，过度训练或精神紧张等可引起机体免疫功能降低。为此，长时间大运动量训练的运动员，尤其是平时好发生感冒而且感冒后不容易痊愈的运动员，可以利用冬训期间的营养调理，提高运动员的免疫力。

③呼吸系统机能状况

冬季寒冷，尤其是北方冬季气候干燥，气温较低，昼夜及室内外温差较大，导致多种呼吸系统疾病在冬季高发，主要包括急性上呼吸道感染、急性支气管炎。冬季训练过程中对于呼吸系统的医务监督主要包括：检查呼吸频率、节律及呼吸类型；听诊有无呼吸音异常，等等。

（2）训练课运动负荷监控

此项工作对提高运动训练的科学水平与训练效果，预防运动员的伤病发生，具有重大意义。其工作内容主要有训练课运动量的记录和训练课中、课后恢复阶段的客观和主观指标评定。

①记录训练课的练习数量、强度、频度、时间和项目等，观察或测定各运动员对训练计划中所确定的训练量、完成的情况。

②记录训练中心率、血乳酸、训练心情、运动成绩或表现，了解完成训练计划情况及身体反应。

③监测训练后恢复过程中脉搏、血压、尿蛋白、体重、食欲、睡眠和自我感受等了解训练后的恢复情况。

（3）训练过程中营养监督

应由膳食管理人员、营养师、队医、教练员协同工作，对物品与食品的采购、加工、烹调、配置、保管、进食、卫生等各个环节，都应进行监督与管理。根据冬训阶段的热量消耗、机体代谢特点及食物供应情况合理安排膳食种类及食谱。

第五章 高校大学生体育锻炼中科学预防与保健康复

• 赛前训练的医务监督

赛前对运动员进行合理及时的医务监督是保证运动员安全、保持最佳运动状态、发挥最佳水平和预测运动成绩的重要手段。赛前的状态监控及调整需要运动员、教练员、科研人员和医务人员的协调配合来进行。运动员通过自我监督的形式，向教练员、科研人员或者医务人员反映自身状态；教练员、科研人员和医务人员通过对运动员的观察、询问和生理生化监测等客观检查来诊断运动员的状态，并对运动员进行及时调整。

1. 赛前检查

通过赛前检查了解运动员的身体健康情况、机能水平和训练状态，以便对运动员进行有针对性的观察和保护。运动成绩最优者、机能状态欠佳者和患慢性伤病未痊愈者应列为重点照顾对象，目的是保证比赛的顺利进行。

关于赛前医学检查的模式没有统一的标准，其目的是避免意外发生、保障运动员身体健康。

基本要求如下。

（1）根据比赛情况有针对性选择体检内容，重点了解心肺机能。如耐力项目运动员，有明显心电图异常不要参加比赛。

（2）保障自身和他人身体健康，有传染性疾病者不能参加比赛，有外伤出血者，必须进行处理和包扎。

赛前检查结果异常的运动员，建议根据情况的严重程度不参加比赛，或者在严格医务监督的情况下参加比赛，建议无体检表的运动员不要参加比赛。

2. 卫生管理

检查食宿环境是否整洁干净，是否有利于休息，比赛场地是否符合卫生要求，主动向竞赛组织部门反映意见和提出建议，以利改进工作。注意饮食卫生、保暖，避免环境改变、媒体干扰带来的不良情绪和压力，特别注意传染病和食物中毒的预防。

3. 时差问题

外地比赛如有时差反应，要注意旅行疲劳和时差影响的消除，尽快适应新环境。

（1）运动员在出发前适当改变作息制度，重新安排进食、睡眠和训练时间，等等。

（2）在飞机上注意休息。

（3）到达目的地后应按当地时间作息，到晚上才容许入睡，并保证充足的睡眠。

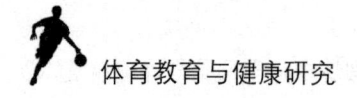

(4)第二天即可开始准备性训练,以后逐渐达到本人适应的运动量,但周期性运动项目应降低强度,最大速度及力量练习的量应减少。

4.疾病问题

比赛期应积极治疗慢性和急性伤病。赛前要做好现场急救准备工作,包括急救站、急救药箱、急救车等,还要熟悉赛场附近的医疗中心或医院情况,必要时可转送运动员到急诊室或住院治疗。

5.女运动员经期问题

月经周期是生殖功能的周期性变化,此种变化也影响人体的某些功能,其规律性目前尚无一致的看法。运动员月经期参加训练和比赛是需要一个适应过程的。应该遵循循序渐进的原则,逐渐增加经期训练的量和强度,逐渐地适应紧张的比赛。

• 高原训练的医务监督

高原训练是指有目的、有计划地让运动员进入适宜海拔高度的地区或模拟海拔高度环境,进行定期的生活和专项训练,以提高运动能力的方法。由于高原训练引起机体产生的生理学适应性变化非常复杂,训练科学与否直接关系到高原训练的作用与效果,所以,高原训练的医务监督非常重要。

1.高原环境对机体的影响

(1)大气压强随海拔高度增加而递减,氧分压也随之降低,氧分压的下降导致动脉血氧含量的减少,特别是在3000m以上的海拔高度。但在海拔较低的高原,动脉血还是能较好维持其氧含量。在人工模拟的低氧房中的环境与高原最大的不同是常压、低氧,这种环境对人体的影响较高原要小一些。

(2)在海拔为1300m的高原上,运动员安静状态下的动脉血氧含量与平原接近;随着海拔高度的增加、氧分压的降低,运动员通过呼吸加深加快,可以在一定程度上增加动脉血氧含量。

(3)在高原环境中,一些个体的通气量明显增大,而每分肺通气量的增大使运动员在运动时出现呼吸困难的情况。

2.高原环境对运动能力的影响

(1)在高原环境中血氧饱和度降低导致的动脉血血氧浓度的下降是VO_2max下降的主要原因,血液运输氧的能力下降导致耐力运动能力随之下降。

(2)高原大运动量训练可提高运动员的有氧能力和无氧能力。高原训练后期,乳酸—速度曲线右移。血乳酸在高原强度训练时可达16mmol/L,最高达20mmol/L以上。

（3）高原训练可以改善运动员的机械效率，进而提高平原上的运动能力。高原训练可以提高相同运动强度下的氧利用能力和肌肉的缓冲能力，使肌肉的耐酸能力提高。

（4）高原训练的不利影响

①在高原上进行最大运动时，肌肉电活动和最大心排血量均减小，说明中枢神经系统的抑制限制了骨骼肌的活动。

②在最大负荷运动中，中枢神经系统限制了可以募集的肌纤维的数量，从而导致运动能力的下降。因此，在高原环境中，骨骼肌的功率输出减小，运动的刺激相应减小，运动员一般都不能保持平原上的运动强度。

需要强调的是，运动员对高原的反应存在显著的个体差异，只有部分运动员才能在高原上获得运动能力的显著提高。

3.高原训练的医务监督指标

（1）血红蛋白

高原训练可以使运动员在平原的运动能力提高，主要是通过高原适应中的血液中血红蛋白的增加，提高动脉血的携氧能力，从而使平原上的耐力运动能力得到增强。但是要控制好下高原时间与比赛时间的间隔。

（2）促红细胞生成素

高原缺氧有促使体内促红细胞生成素（EPO）增长的作用。成人 EPO 有 90% 为肾脏产生，10% 由肝脏产生。EPO 的分泌和红细胞的生成还与血清睾酮水平有关。高原训练期血清睾酮水平与 EPO 水平变化基本一致。

（3）血液流变学指标

高原训练可导致机体红细胞和血红蛋白不同程度地增加，但是要注意血红蛋白浓度升高是绝对升高还是血液浓缩导致的相对升高。血液流变学常用指标很多，运动训练监控常用的有以下几种。

①全血黏度：全血黏度是指血液整体（包括血浆和所有血细胞在内）的黏度。黏度高会导致血流速度降低，对机体氧运输不利。

②血细胞比容：又叫红细胞比积，是指全血中红细胞体积与全血体积之比值。它表示血液中红细胞的浓度。由于正常人血液中绝大部分是红细胞，因此，也大致代表血液中所有血细胞的浓度。压积过高也会导致血液浓度改变，容易发生血栓。

③红细胞变形指数：是表示红细胞变形能力的指标，它是红细胞刚性指数的另一种计算方法，该指数增高表示红细胞变形能力下降，可以反映红细胞的状态或者质量。高原训练后红细胞数增加，红细胞的变形能力增强，血液黏稠

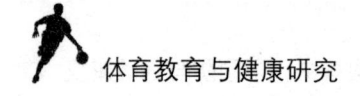

度降低,使血流阻力减少,血流速度加快,改变了血液的流变特性,有利于血液对各器官及工作肌的灌注,改善微循环,增强血液的携氧能力和运输营养物质的能力,加快对代谢产物的排泄率。同时还有利于调节体温。

(4)最大摄氧量

最大摄氧量一般是在上高原初期下降,高原训练中后期回升,高原后期及返回平原后呈超量恢复,超过原平原值。不符合上述变化的要查找原因。

(5)肺通气量

在高原缺氧时,同时存在通气加快和减慢的相互矛盾的两种调节机制。初到高原呼吸频率加快,通气量加大,胸闷气急。平原游泳运动员初到昆明前几天,安静呼吸频率比平时增加14%,通气量增加18%;相同负荷运动时通气量增加23%以上。通气量增加,CO_2排出量增多,血中PCO_2下降,导致呼吸性碱中毒。呼吸性碱中毒对呼吸中枢有抑制作用,反射性引起肺通气量减少。

(六)训练场地及环境监督

训练时,不仅需要结合各运动项目的技术特点,做好充分的准备活动,还要根据场地、气候等客观因素,不断改善训练设备和训练环境。

• 设施监督

1.运动建筑设施的一般卫生要求

(1)基地的选择及坐落方向

如果可以选择训练基地或者场地时,体育建筑的选址应避开空气、土质污染和噪声较严重的地区,应选择地势稍高,且土质颗粒较大、通透性好的地方。室内体育建筑要充分利用日照,一般应坐北朝南,或偏向东南、西南。室外运动场的方位最好是正南正北方向,避免阳光直射。

(2)采光与照明

良好的采光与照明,除了有利于体育活动的进行外,还具有保护体育运动者的视力、杀菌、预防伤病和调节室温等积极作用。采光照明可分为自然采光和人工照明两类,室内照度一定要符合要求。

(3)采暖与降温

室内运动建筑应保持适宜的温度,室内的适宜温度一般应控制在21℃左右。采暖最常用的方法是蒸汽和热水管道采暖。室内降温的方法最好采用自然通风、需要时辅以人工通风、冰块降温和空气调节等多种方式。

(4)通风

通风的目的是更新室内空气。室内运动建筑应有良好的通风设施,通风可分为自然通风和人工通风两种。自然通风是指通过门窗和气流作用，与外界进行气体交换；人工通风是指使用机械手段促进气体交换。

2. 训练场地安全检查

（1）加强场地设备、器材的维修与管理

场地管理人员对场地的地面、设备、器材定期检查、保修；训练前教练、队医巡视运动场，认真对运动场地、器材、个人运动服装以及护具等进行安全检查。

（2）积极开展预防运动损伤的宣传教育工作，加强运动员自我医务监督的意识通过网络、宣传栏、知识讲座等方式让运动员掌握场地卫生的知识，了解什么样的地面、场地是合格的。使运动员了解如何在运动前、中、后进行自我医务监督，加强自我保护意识，减少或避免运动伤害。

- 自然环境（空气、水）

人体健康与自然环境有着密切的关系。每个人都在一定的环境中生活、学习和工作，人们的一切活动都会影响环境，而环境的变化反过来又会影响人们的生活和健康。

1. 水与健康

水是生命之源，是保证人体活动的必需物质。注意生活用水、饮用水的水质、硬度对身体健康的影响。水的温度和成分不同，对于机体来说就会产生不同的影响。例如，冷水浴对机体起强壮作用，温水浴促进血液循环。若水质受到污染则直接影响人体的健康。

2. 大气与健康

空气是万物赖以生存的首要条件，人只有依靠空气中的氧气才能生存。在污染的空气中进行锻炼或者训练会影响健康，所以尽可能选择空气质量好的地点或时间段进行运动训练。

- 气温

1. 热环境中的运动

在热环境中，耐力运动员的运动能力有所下降，运动员的表现会较差。运动员进入热环境初期要有适应过程，无论运动还是休息都要防止脱水的情况发生，以避免成绩下降。在比赛前制定训练计划时，须将比赛当地的环境气候作为考虑因素之一，尽可能把气候因素对竞赛的影响降到最小。

2. 寒冷环境中的运动

当人体温度下降时，心率和耗氧量会降低，大脑存活所需的氧气远少于正常。当机体暴露于寒冷环境中时，四肢末端和皮肤的血流会减少，皮肤和四肢末端的血管收缩，血流量以及由血流带到皮肤的热量减少，皮肤温度降低。皮肤和环境温度的差值减小，减少热量散失。

（七）运动员自我监督

所谓的自我监督就是运动员对自己运动状况的监督，主要是通过自我的主观反应以及一些简单的医学指标，对自己的身体健康状况进行时刻观察的一种方法。通过运动员的自我监督，相关运动的教练员可以对运动员的身体、心理以及精神状况有一个及时了解，并根据已经掌握的情况对运动员制订实际的符合个人特质的运动计划，并建立相关的训练档案，运动员自我监督的内容主要包括进行基本指标监督和写训练日记。

• 自我监督的指标

运动员的自我监督包括主观感觉和客观检查两个方面。主观感觉通常包括精神状态、不良感觉、睡眠、食欲、排汗量和主观疲劳感觉等方面；客观检查通常包括脉搏、体重、运动成绩和肌力检查。

1.主观感觉

（1）精神状态

对于一个运动者来说，机体的状态如何可以通过精神状态直接表现出来，尤其是中枢神经系统。状态好，整体给人的感觉就是精神焕发；状态差，就给人一种相对消极的感觉。一名身体健康的运动者，在运动时拥有良好的精神状态，就会用充沛的精力、愉快的心情，用较高的积极性投入到运动当中去。而当一名运动员处于患病状态或筋疲力尽的状态中时，表现出来的精神状态就是萎靡不振，那么在进行运动训练时，就比较容易出现疲倦、乏力、头晕等，有时候甚至会反映到情绪上。在记录运动员运动过程中的精神状态时，如果自己感觉精神饱满、心情愉快，就可以将"良好"记录到登记簿上，反之就可以记上"不好"；如果处于中间状态就可以记为"一般"。

（2）运动心情

应当说，运动者在运动过程中的运动心情与上面所说的精神状态直接相关，此外还与运动者与所要进行的运动兴趣有关。同一项运动项目，不同的健康状况，不同的精神状态以及不同的运动心情，可能表现出来的参与运动的程度就不尽相同。在登记的时候，运动者可以根据自己的实际运动心情进行登记，在渴望训练、愿意训练、不愿意训练等选项中选择。

（3）不良感觉

所谓的不良感觉主要针对运动或训练之后，有些运动员由于种种原因，在运动或训练之后就会出现肌肉酸痛、关节疼痛、四肢无力、心悸、头晕等身体不适。对于这种情况，运动者也要在自我监督的记录簿上将自己当时的感觉准确描述出来，为以后的运动调整做基础。

（4）睡眠

一个人如果已经养成了长时间运动的习惯，那么他的睡眠质量相对来说应该是不错的，具体表现为入睡快、少梦，睡醒之后具有较好的精神状态。运动能改善睡眠质量，但是运动不适应或过度训练也会对睡眠质量造成不好的影响。因此，运动者在记录自己的运动状态时，可以将自己的睡眠状态、睡眠时间、睡眠状况（良好、一般、不好）如实填写到登记簿上。

（5）食欲

健康人食欲应当良好。食欲减退，表明健康状况不良或有过度训练倾向。记录时可填写食欲良好、一般、不好、厌食，等等。

（6）排汗量

排汗量的多少与气温、湿度、饮水量、衣着有关，也和训练水平、身体机能状况、神经系统紧张程度、运动负荷等有关。记录时可填写出汗正常、减少、增多、夜间盗汗，等等。

2.客观检查

（1）脉搏

在自我监督中，常用晨脉来评定训练水平和身体机能状况。因为晨脉反映了基础代谢下的脉搏，健康人的晨脉是基本稳定的，如晨脉经常在较快水平，可能与过度训练有关。在测量脉搏时，还应注意脉搏的节律，如果发现节律不齐，表示可能有心脏功能改变。记录时应写明每分钟脉搏数和心律是否整齐。

（2）体重

正常成年人体重较为稳定，儿童少年随着生长发育，体重逐渐增加。儿童少年体重长期不增加、增加缓慢甚至体重下降，是营养不良或健康状况不佳的表现，应查明原因。在进行自我监督时，应每周测体重1～2次，记录下具体体重。

（3）运动成绩

在合理的训练中运动成绩应该逐步提高。如果成绩没有提高甚至下降，动作的协调性被破坏，可能是身体机能状况不良的反应。记录时，根据运动成绩稳步提高、运动成绩保持原有水平、运动成绩下降或动作协调性破坏等情况，可分别记录为"良好""一般"和"不良"。

（4）肌力检查

在机能良好时，肌力不断增加或稳定在一定水平上，如果运动员的肌力明

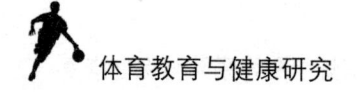

显下降，则说明运动员疲劳。肌力的测定可根据具体情况选择不同的方式，如握力、背力、立定跳远、纵跳摸高及计算机测力，等等。如果肌力持续下降就应引起注意。

除了上面所说的几种客观指标以外，如果有条件，也可以通过相关设备定期对其他生理指标进行测定，但在自我监督的过程中，相关的指标过多反而并不好，因为这会影响运动者的贯彻性，一名运动者要想做到自始至终，就要秉持简单有效、易于操作的特点。只有指标数量得当，运动者的自我监督工作才能不断坚持下去，对于运动者所进行的运动项目来说才更有意义。

自我监督表填写的内容，如食欲、睡眠，都是前一天和当日清晨的情况。自我监督表中的某些内容，如晨脉、自我感觉、食欲等，必须每天填写。有的指标如体重，可以一周或半月测一次。

自我监督工作是系统的运动训练医务监督工作的一部分，是教练员与运动员之间交流的有效渠道，也是提高训练水平、提高教练员执教水平的基础工作。

• 训练日记

1. 训练日记的意义

训练日记是运动员自我监督的另一种形式。

（1）训练日记与训练计划同样重要，但又不同于训练计划。

（2）训练计划是在训练之前根据经验和设想来制定的，而训练日记则记录了实际完成训练的情况。

（3）训练日记可以使教练员和运动员看到训练中进步的情况，总结训练的完成情况，并激励运动员坚持训练计划。

（4）运动员翻看过往的训练日记可以自己系统地检查训练计划，发现训练中出现的问题，以及值得坚持的地方。

（5）教练员可以此为依据针对每位运动员制定个性化的训练计划，最大限度地发掘运动员的潜能。这样的训练计划将会更加合理，从而更有效地把运动员带到竞技状态的高峰。

2. 训练日记的内容

（1）训练课的基本情况

训练课开始和结束的时间、地点、天气、场地、教练员，等等。

（2）训练课的内容

训练课类型（如技术课、身体训练课、大运动量课、大强度课、调整课等）、训练内容、训练手段、训练量、强度，等等。

（3）训练效果

掌握技术和技术提高的情况、身体素质指标提高或降低的情况、运动成绩提高或降低的情况。

（4）训练课的个人体会

学习和完成技术动作的感觉、发现的缺点、错误及产生的原因、如何进行改进、对训练课的意见和建议、身体感觉情况，等等。

（5）生活情况

睡眠情况（时间长短、质量）、饮食情况（食欲、质量）、作息时间、业余时间主要活动，等等。

第三节　高校大学生的急诊与急救的常见方法

一、晕厥的处理

晕厥通常是由于突发性脑缺血引发的意识障碍。晕厥的发生往往比较突然，因此，在应对的时候也要及时而准确。

（一）病因

晕厥的原因较多，常见的原因有剧烈疼痛、强烈的情绪激动、闷热、恐惧、久蹲坐后突然站立等。此外，清晨或午睡后、夜间小便时会发生排尿性晕厥。

（二）临床表现

在晕厥发作的时候，病人通常会感到头晕、恶心、心慌和乏力。这种感觉往往是突然发作，而且来势凶猛。病人往往没有时间反应就出现暂时失去意识，然后晕倒在地。发作后，病人往往脉搏缓慢，四肢凉冷，呼吸缓慢，肌肉松弛，有些患者的血压还可能有所降低。

此外，有些患有心脏病的病人可突发"心源性晕厥"，发作时心律失常，后果较严重。若不及时救治，可威胁到生命安全。

（三）急救方法

如果遇到有人晕厥的情况，身边的人切忌慌乱。有急救知识和技能的人员应给予病人及时的救助，迅速将病人放平、卧好，或取头低脚高位。但是，如果晕厥者较肥胖，则不可采取头低脚高位，以免引起其呼吸困难。正确处理患者的姿势后，将其衣领、腰带解开，使其保持呼吸畅通。同时注意实行通风、

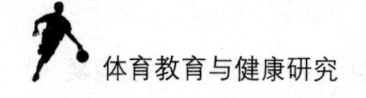

保暖等措施。

经过以上急救措施后,通常病人都能较快恢复。但是如果是心源性晕厥患者,往往伴随心搏骤停。此时应由专业人员就地迅速实施人工胸外心脏按压,并及时拨打120寻求救助,将患者送医治疗。

二、触电的急救

(一)发生原因

如果通过人体的电流超过一定强度和时间,就可引起触电事故。触电事故通常由不按安全用电原则使用电器引发。此外,室外高压电触电、雷击等事故也常有发生。高压触电和雷击通常是致命的。

(二)临床表现

电流对人体造成的伤害程度视电流强度和流经人体的时间而定。如果电流强度不大、电流流经人体的时间较短,受害者可能还保持神志清醒,只会出现皮肤疼痛、头晕、心慌、心律失常、四肢麻木、部分肢体乏力等症状。

但是,如果电流强度比较大,电流流经人体时间较长,则受害者往往会出现昏迷的情况,表现为面色紫红或苍白,以及呼吸停止、心搏骤停等症状。

(三)急救方法

如果遇到触电事故,应立即切断电源,使触电者与电源分开。就具体情况而言,若电源有控制开关,则应立即将开关断开,然后将触电者与电源分开;若无控制开关,应在确保施救者安全的情况下,用绝缘物将触电者与电源分开。在未切断电源的情况下,施救时切记用手去拉触电者,以免造成连带触电事故。

面对心脏骤停的触电受害者,需要及时实施人工呼吸和胸外心脏按压的救治手段。

1.人工呼吸

人工呼吸救治方法通常以口对口的方式进行,这样实施救助的效率较高。救助前要先把病人的领带、衬衫领口、皮带等有碍自由呼吸的障碍物解开,然后将病人放置为仰卧状态。救护人员跪在受害者一侧,用一只手捏住被救助人的鼻孔,阻止气体从其鼻孔流出。同时用另一手托住被救助者的下颌,将其口腔打开,并用掌根轻压被救助人的环状软骨,这样可以间接压迫食道,避免吹气时气体从食道进入消化系统。

救护人员先是深吸一口气,然后将气吹入被救助者口中,气体会随着呼吸道进入肺部。吹气完毕后，松开捏鼻子的手，然后按压被救助者的胸部，以帮助被救助者恢复呼吸。

人工呼吸每分钟的频率通常是10～20次。注意吹起时要防止漏气过多，吹起要足，确保气体能有效进入被救助者的肺部。

2. 胸外心脏按压

救助触电者之后应当立即检查其心跳是否正常。如果被救助者的心跳停止，应当立即实施人工胸外按压。在实施前将被救助者放平，让其躺在硬木板或土地上（不宜躺在软床上）。然后救助者将一手掌根放在病人胸骨下段两乳之间，另一手掌根叠放在该手的手背上，伸直肘关节，双手掌根部适度有力，有节奏地带有一定冲击性地向下压。按压标准以胸骨下陷3～4厘米为宜，这样可以让心脏间受压而排出血液。挤压后应当立即释放压力使胸骨复原。如此反复，可使心脏被动工作，直至恢复主动跳动。若经过一段时间人工按压后，心脏仍不恢复主动工作，需及时进行心脏电击治疗，为被救助者抓住最后一丝生还的希望。

进行胸外心脏按压，频率为成人每分钟60～80次，小儿80～100次。

如果发现被救助者的呼吸和心跳同时停止，此时需要同时实施人工呼吸和胸外心脏按压措施。两者操作频率之比为1:4，即每次人工呼吸后进行4次胸外按压，这与常人呼吸和心跳的频率规律一致。在获得专业的医疗人员和设备的救助前，要给患者进行持续不断的人工呼吸和胸外心脏按压救助。

三、出血与止血

（一）出血的原因

出血可分为外伤出血和内伤出血，外伤性出血是指由外伤引起的可见性出血，如擦伤、刀伤、刺伤、皮肤撕裂等引起的血液流失。内出血则由疾病、扭伤、击伤等引起。此外，凝血功能障碍者（血友病），止血功能障碍者（血小板不足）等都容易引起出血。

（二）出血的表现

外出血的表现是明显的。内出血通常表现为局部组织瘀青，并伴随疼痛感觉，也有些内出血并不表现出肉眼可见的症状。这需要医疗辅助诊断。

人们在少量出血的情况下，通常没有明显不适之感。当一次性出血量超过800mL时，就会出现浑身无力、面色苍白、口渴、头晕等症状。如果出血量超过1500mL，就很可能休克，可能危及生命，需要及时输血治疗。

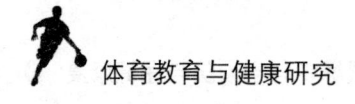

（三）急救方法

由于内出血症状不可见，暗含着危险，应当送医救治。特别是针对体腔内部的出血情况，应尽快送医诊断，以防严重事态发生。

如果伤者是外出血，可以尽快采取一些止血措施，再视情况决定是否送医。常用的急救止血方法有加压包扎法和指压法。

（1）出血范围较小或受伤的血管较小时，可用绷带加压包扎法。用数层无菌敷料覆盖创口后，用绷带加压包扎，以压住创伤部位的血管，达到止血的效果。紧急情况下，如果现场没有医用绷带和消毒敷料的时候，也可用洁净的毛巾、宽布来替代绷带的作用。这样虽然可以止血，但有加重感染的风险，因此当得到专业救助后，应及时更换包扎用品，并进行消毒处理。

（2）指压法。这是在出血部位的向心端（靠近躯干），在相应的压迫点上用拇指或其他手指把该动脉压迫在邻近的骨面上，以阻断血流的来源，达到止血的效果。指压法可由受伤者用健康的手实施，也可以由救助者实施。对于较大的血管出血或是动脉出血，指压法只能应一时之急，实施指压后应当立即寻求专业救助或送医治疗。

四、高热的处理

如果人体口腔温度出现39摄氏度，甚至更高的温度，则为高热。高热对人体有严重威胁，应立即就医处理。

（一）病因

高热可由多种原因引起，常见的原因有急性感染，如上呼吸道感染、败血症、肺炎等。此外，还见于脑部体温调节中枢损害引起的高热，如中风、中暑等。

（二）处理方法

如果遇到有人出现高热的情况，应将高热病人移到通风、温度适宜的地方，然后采取一些必要救护措施。例如，可以用约含30%酒精的溶液擦拭身体，可以擦在胸背部、四肢、额部、颈部、腹股沟以及腋下等地方。与此同时，让患者服用凉开水、凉盐水等，防止患者脱水。采取急救措施后，应该送医治疗，或是遵医嘱服用降温药物。高热病人身边要有人不间断陪护，以便随时监控病情，如果病情恶化，应当立即送医。

五、中暑的处理

如果人们长时间暴露在高温环境中，就可能导致身体的体温调节能力失衡，造成中暑。

（一）病因

在高温或高热环境中长时间的工作或体育锻炼，都可能引发中暑。特别是湿度高、通风不良及头部缺乏保护而被烈日直接照射等情况下，或年老、体弱、产妇等在上述环境中停留时间较长，容易因体温调节功能障碍而发病。

（二）临床表现

按照病情的严重程度，可把中暑分为中暑前兆、轻症中暑和重症中暑三级。

（1）中暑前兆。在高温环境中工作或锻炼一定时间后，有大量出汗、口渴、头昏、耳鸣、胸闷、心悸、恶心、四肢无力感等，体温通常都不超过37摄氏度。

（2）轻症中暑。有中暑先兆，同时具有下列症群之一者为轻症中暑。体温38.9摄氏度以上，伴有面色潮红、胸闷、皮肤灼热等；有面色苍白、恶心、呕吐、大量出汗、皮肤湿冷、血压下降和脉搏细弱而快等情况。

（3）重症中暑。凡有上述症状，并有昏倒或痉挛，或皮肤干燥无汗，体温在40摄氏度以上。

按照中暑的发病机理，又可把中暑分为下面四种情况。

（1）循环衰竭型。面色苍白，皮肤湿冷，明显脱水，脉搏细弱，血压下降，昏倒，神志不清或恍惚。

（2）高热昏迷型。体温达39.5℃以上，烦躁不安，嗜睡或有昏迷。

（3）热痉挛。因出汗过多，体内大量氯化钠丢失，引起肌肉疼痛和痉挛。尤以对称性腓肠肌痉挛最为多见。

（4）日射病。由日光直接照射头部，引起剧烈头痛、头晕、眼花、耳鸣、恶心、呕吐、兴奋不安或意识丧失，体温升高或正常。

（三）急救方法

如果发现有人中暑，应马上将中暑者带离高温环境，在通风凉爽的室内或室外阴凉处休息，然后立即采取降温消暑措施，如清凉的饮料、解开衣扣等，如有必要，应服用藿香正气水、人丹十滴水等药物。对于中暑严重，甚至出现昏迷情况的患者，在采取必要救护措施后，应立即送医。

对日射病患者，重点是进行头部降温。如让患者仰卧，垫高头部，额部做冷敷（如冰袋）或以30%的酒精擦身。同时用风扇向患者吹风散热。

（四）预防

在炎热季节，应适当延长午休时间。体育锻炼时间应安排在上午或傍晚，时间也不要太长。在烈日下停留时间不要太长，或戴遮阳帽，穿浅色、宽敞、

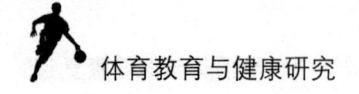

通气的薄衣，注意室内通风、降温。经常饮用清凉饮料。

有中暑先兆症状者应立即到阴凉、通风的地方休息，喝些解热消暑的饮料。

六、烧伤与烫伤的处理

烧伤常见于火灾、爆炸事故，烫伤常见于开水、热汤倾倒。烧伤和烫伤，可依据受伤面积的大小进行施救。

（一）大面积烧伤、烫伤

如果是大腿、小腿、胸部、手臂等较大面积的烧伤或烫伤，常可造成伤者休克，需要立即送医抢救。若是耽误了治疗，可造成更严重的后果。

灼烧后，应使伤者躺下，最好卧在毯子或床单上，以免伤处接触地面。在伤处未肿胀前，除下戒指、手表、鞋子等，立即脱去热水浸过的衣服。用无绒毛的洁净布料盖住伤口，再用毛巾或布条扎紧。如伤者神志清醒，可喝一些冷开水，以补充灼烧面失去的水分。如伤者胸部受伤并不省人事，可把头转向一侧并后仰，以使气管通畅，然后用垫子等物抬高身体的另一侧。

（二）小面积烧伤、烫伤

尽可能在伤处肿起前除下戒指、手表及紧身衣服。如果伤处疼痛，可能是灼伤表皮，可用冷水冲洗伤口 10min。如疼痛未缓解，可继续冲洗。然后用消毒敷料或清洁的手帕敷盖，再用干净布条包扎。

如果伤处皮肤呈深红色，并剥落或烧焦，伤处又不太痛，可能伤势严重，应把伤处盖好后即送医院治疗。

需要注意的是，不要上膏药、油剂或乳膏。如果受伤处的皮肤有起泡的情况，不可将水泡刺破，也不可用手触摸伤口。

七、低血糖症的处理

一般情况下，人的空腹血糖含量为 3.9～6.0mmol/L。正常人在空腹时的血糖含量明显低于 3.9mmol/L 则为低血糖。

（一）病因

引起低血糖的原因很多。常见的有功能性、原因不明性低血糖症；糖尿病人饮食控制，进行降血糖治疗时易引起低血糖症；胰岛素细胞功能损坏；严重的肝功能衰竭及进食太少或进食间隔时间太长也会引起低血糖症。

此外，人们在运动和体力劳动时，如果时间过久、进食不足，也可能引起暂时性低血糖。这是因为长时间剧烈运动或体力劳动，使体内血糖大量消耗，或运动和劳动前饥饿，肝糖原储备不足，不能及时补充血糖的消耗。赛前情绪过于紧张或身体有病也是引起此病的诱因。暂时性低血糖通常在长跑、超长跑等时间较长的激烈运动中较易发生。此外，如果不吃早餐就开始工作或学习，也可引起暂时性低血糖。

（二）临床表现

低血糖轻者表现为面色苍白、饥饿感强、心悸、极度疲乏、出冷汗、头晕。严重者可出现呼吸短促、语言不清、四肢发抖、烦躁不安、精神错乱或神志模糊，甚至突发惊厥、昏迷等情况。对于低血糖症状，医务人员检查可发现患者脉搏细而快，瞳孔有扩大的情况。

（三）急救方法

当发生低血糖症时，应使患者平卧，注意保暖。神志清醒者可饮浓糖水或吃少量易消化吸收的食物，如饼干等。一般经短时间后即可恢复。对不能口服者，可静脉注射50%葡萄糖；对昏迷不醒者可针刺或指掐人中、百会、涌泉等穴位，并快速送医院救治。

八、一氧化碳中毒的急救

一氧化碳中毒事件多发于采暖季节，也有因煤气泄漏造成的一氧化碳中毒事故。因此，人们在采暖和使用煤气的时候一定要多加小心。

（一）发生原因

管道煤气的主要成分有一氧化碳，天然气和液化石油气的不完全燃烧产物中含有一氧化碳。因此我们在使用这些燃料的时候一定要遵守安全使用原则，如注意通风透气、用后务必关好阀门等。此外，有些家庭在取暖季会利用木炭、煤球、蜂窝煤等燃料，这些燃料的不充分燃烧也会产生一氧化碳，因此使用这些燃料取暖时一定要保持室内有新鲜空气流通。

人体依靠血液中的血红蛋白运输氧气。一氧化碳使人体中毒的毒理是与血红蛋白结合，使血红蛋白失去携带氧气的能力。因此，吸入过多一氧化碳会使人体缺氧，严重的可导致缺氧死亡。

（二）临床表现

一氧化碳的轻度中毒表现为乏力、头晕、呼吸节奏快。中度中毒表现为恶心、乏力、呼吸困难、头晕、意识模糊、呼吸困难等。重度中毒表现为神志不清、呼吸困难、行走困难、昏迷、心率过快等，而且检查皮肤黏膜可发现其呈樱桃红色。

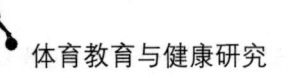

（三）急救方法

发现一氧化碳中毒事件，应立即打开门窗，保持通风，或将中毒者转移至室外，使中毒者呼吸到新鲜空气。症状轻的，可喝些热浓茶。症状严重，恶心呕吐明显、神志不清或昏迷者，应及时送医院急救。护送途中要尽可能清除病人口中的呕吐物及分泌物，取出假牙，并将病人的头偏向一侧，以免呕吐物阻塞呼吸道引起窒息和吸入性肺炎。如果病人呼吸、心跳均停止，应立即进行人工呼吸和胸外心脏按压，在送到医院之前，必须坚持抢救。

九、毒蛇咬伤的急救

每年我国都有关于毒蛇咬伤人的报道，学会毒蛇咬伤急救是非常必要的。我国的毒蛇咬伤事件多见于南方地区。从季节上看，多发于夏秋季节。因此，我们在夏秋季节行走于南方山区时，要小心防范毒蛇的袭击。

（一）病因

据统计在我国境内生存着大约50种毒蛇，以南方地区分布最为广泛，其中较为常见的有蝮蛇、蝰蛇、眼镜蛇、竹叶青蛇、金环蛇、银环蛇等。通常毒蛇都会有毒牙，毒蛇咬伤人时通过毒牙将毒液注入人体。按照毒理分类，蛇的毒液大致可分为两种：神经毒素和血液循环毒素。神经毒素主要侵害人体的神经系统，血液循环毒素主要侵害人的血液循环系统。有的毒蛇只具有一种毒素，有的则具有混合毒素。现实中蛇的毒性往往具有复杂性，给治疗造成一定困难。

（二）临床表现

（1）神经毒症状主要由金环蛇、银环蛇、海蛇咬伤引起，伤后局部症状不明显，仅有麻痒感。一般被咬1～3小时后才会出现全身中毒症状。一旦发病，病情迅速发展。首先出现视力模糊、眼睑下垂、声音嘶哑、语言和吞咽困难、牙关紧闭等。严重者有肢体瘫痪、惊厥、昏迷、休克、呼吸麻痹等。海蛇毒易引起肌肉瘫痪。

（2）血循毒症状主要由五步蛇、竹叶青蛇等咬伤引起。伤后局部有明显剧痛、肿胀，并迅速向整个肢体蔓延，伴有出血或局部组织坏死等症状。全身症状有发热、心悸、烦躁不安、便血、血尿、少尿或无尿，皮肤有痕点或痕斑。严重者有循环衰竭和肾功能衰竭等。

（3）混合毒症状主要由眼镜蛇、眼镜王蛇、腹蛇咬伤引起。神经系统、血液和循环系统损害的症状均能出现，但主次可有不同。

（三）毒蛇咬伤的识别

（1）毒蛇的识别。毒牙是识别毒蛇的要点。毒牙是毒蛇的两颗大门牙，并与毒腺相连。毒蛇的头部多呈三角形，但金环蛇、银环蛇、眼镜蛇的头部不呈三角形。眼镜蛇看到人时就竖起上半身，颈部膨大；金环蛇、银环蛇体表有特殊环形色彩。

（2）伤口的识别。伤口有一对较大的毒牙痕，可确定为毒蛇咬伤。伤口如有2或4行均匀而细小的牙痕，则多为非毒蛇所咬伤。

（四）急救方法

如果不幸被毒蛇咬伤，受害者一定要保持理智，不要惊慌失措，更不要快速奔走。因为快速奔走会加快人体血液的流动，使毒液更快地侵入身体的其他部位。受害者应该学会用正确的方法处理伤口后，尽最大可能寻求救援。

1. 结扎受伤部位。

这样做的目的是防止或减缓毒液入侵身体其他部位。具体做法是用布条、绳索、毛巾或止血带等一切可能的东西将伤口的近心端给包扎好，防止毒液随着血液循环经过心脏并进入身体其他组织。例如，手背咬伤，可在腕关节上端结扎；伤在足背，则在踝关节上端结扎。需要注意的是，结扎后每20min左右就要放松一两分钟，避免被结扎的身体组织因缺血、缺氧而坏死。等到做好伤口的急救处理后可解除包扎，或是等到就医后由医务人员解除包扎。

2. 冲洗伤口。

冲洗伤口的目的是将毒液尽可能冲走，让进入身体组织的毒液尽可能地稀释。因此，如果不幸被毒蛇咬伤，要马上用干净、清洁的水冲洗伤口。如果条件允许，用0.1%高锰酸钾溶液或生理盐水冲洗，会有更好的效果。此外，如果伤口有毒牙残留，应该立即将其取出。

3. 扩创排毒。

这一处理的目的是将已经侵入皮肤组织的毒液排出。这是急救处理中最重要的环节。经结扎、冲洗伤口后，用消毒的手术刀或经消毒的其他刀，按毒牙的方向纵向切开伤口，也可作十字切开。切口不宜过深，只要切至皮下，促使毒液排出即可，伤口可用吸引器、拔火罐或吸奶器等用具进行多次反复吸引，尽量吸去毒液。在紧急状况下，如口腔中无伤口，也可用口吸。吸完后，伤口用湿敷，以利毒液排出。经上述急救处理后，应立即送医院治疗。

若症状较轻又无条件急送医院治疗的，可根据当地条件，立即选用药物解毒。民间常用的有效鲜草药有双目灵、白叶藤、白花蛇舌草、田基黄、八角莲、徐长卿、七叶一枝花、半边莲、两面针、地丁草等。取以上鲜草一到数种，洗

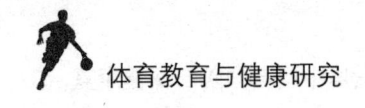

净，捣烂，取汁，每次口服 40mL～50mL，日服 4～6 次，首次加倍。同时取汁湿敷伤口，一日换数次，以保持湿度。症状严重者应尽快送医院处理。

第四节　几种有利于大学生体育保健项目

一、太极拳的教学要领

太极拳练习的过程中对身体的协调性要求比较严格，其中对于头部、上肢、下肢、躯干的要求更为严苛，下面我们针对太极拳运动中对以下四部分的姿势要求以及相关的注意事项进行研究，具体如下。

（一）头部

在太极拳的头部动作姿势中，我们重点需要注重以下几个部位的姿势：头部、顶部和颈部，具体如下。

1.头

学练太极拳时，对头部姿势要求是很严格的。头要正直，不可低头、仰面或左右歪斜，转动时要自然平正，防止摇头晃脑。站桩或做动作时，设想头上轻顶一物，可以防止头部俯仰歪斜。

眼平观前方，眼光也要看向远方，要想向哪去，眼光要先去，身手腿的动作随之向前移动，在做动作的时候，眼光要紧随手或者脚的转动，定式的时候目光看向远方，在向前看的时候眼光要紧随手或者是脚的移动而转动，避免出现呆滞的目光。

口唇要轻闭，齿轻合，舌轻舔上腭，这在一定程度上能够使得口腔的津液分泌增多，可以随时湿润喉咙，使得呼吸不会受喉头干燥的影响，唾液入胃还能够促进胃部的消化。

太极拳在运动时，一般都采用腹式呼吸，同时"意注丹田"，意识引导呼吸，将气慢慢送到腹部脐下，以呼吸绵绵、顺其自然为适宜。

下颌要微向内收，不能够向前仰起，仰面鼻呼吸时不能带来及时的氧量，因为随着运动量的增加，身体所需氧的量也就逐渐增加，如果不能及时增加氧气的含量，在一定程度上可能会影响"虚灵顶劲"和"拔背"的姿势。

2.顶

太极拳主要强调的是"虚灵顶劲"。顶劲的要求是头顶百会穴轻轻上提，就好像头顶有绳索悬着一般，百会穴与会阴穴之间要保持垂直的姿势，也就是保证身体以腰为轴。头顶百会穴上提一定程度能够使得头部自然垂直，防止前俯后仰、左右歪斜。

3. 颈

颈项要端正竖起，而且要松竖，这样左右转动时方能自然、灵活。如果只注意放松而变成软塌，走到僵硬的反面，同样也会影响到左右转动自然。因此，颈项要端正地松松竖起，不犯僵硬，不犯软塌。要使头正顶平，就必须使颈项竖直，下颌里收。

（二）上肢

1. 肩

太极拳在松肩的前提下要求沉肩坠肘，只有松肩才能够使劲力贯穿到手臂。而手臂的灵活程度则主要取决于肩关节的松开与否。松开关节主要是在意识的指导下，然后加之刻苦的训练才能够逐渐做到。等运动习惯形成之后，自然而然就能肩松而下沉。等肩关节松开之后，全部的手臂伸缩缠绕，这样也就能够随心所欲地做动作了。

2. 肘

学练太极拳时，肘始终要微屈并具有下坠劲。两肘下坠之外，也要有一些微向里的裹劲，两臂由于肩、肘的下坠会有一种沉重的内劲感觉。太极拳中即使是手臂上举超过肩部，肘的内劲依旧是下坠而沉。若肘部远离身躯向外突出，是舍近求远的做法，妨碍沉肩，也影响沉气，同时因两肋暴露太大，在技法上也是有害无利的。

此外，在练习时，肘尖要与膝盖上下呼应，两肘在前后、左右、上下也要互相呼应；同时，注意上臂不可紧贴身体，腋下须始终留有空隙，约可容纳一拳位。

3. 腕、掌

腕部在全身关节中最为灵活，旋转度很大：缠、坐、解、脱，沉着疾速。唐豪、顾留馨合编《太极拳研究》中则强调"坐腕"。坐腕是腕关节向手臂、虎口的一侧自然屈起，即要求在手臂伸缩缠绕过程中，腕部既不僵硬，也不软弱，而要柔活、有韧性地运转，定式时腕部应沉着下榻而有定向，使内劲贯注到手指尖端。

太极拳动作以掌法为主，要求舒指坐腕。掌的动作是整体动作的一部分，许多掌法都是与全身动作连成一气的，因此，舒指坐腕实际上是将周身的劲力通过"其根在脚，发于腿，主宰于腰，行手指"，完整一气。初学者手形以自然为主，手指不要用力并紧或张开，掌心也不要故意做窝型。

4.拳

太极拳的拳型，与其他拳种大体一致，即四指并拢，拇指扣于食指、中指第二指节。只是太极拳要求拳要松握，不宜太紧，必须有团聚其气的意念。各式太极拳又各具特点，陈式讲求"去时撒手，着人成拳"；而在武式中握拳最松，四指微屈，大拇指贴于食指梢节，拳心中空成拳式，这是一种用意不用力的练法。初学时应握实拳，作团聚其气的想象，但不要握得太紧。

太极拳用拳击打有五个动作，即掩手肱捶（搬拦捶）、撇身捶、肘底捶、栽捶、指裆捶五种，但由于太极拳的动作是缠绕运转的，在五捶的运转中，又形成各种动作。练拳日久，应体会拳的伸缩旋转、劲点变换，最终达到劲能贯于拳的要求。

（三）躯干

1.胸背

太极拳是采用腹式呼吸。因此，胸部采用"含胸"姿势，即肩锁关节放松、两肩微向前合、两肋微敛的姿势。含胸不同于凹胸的紧张内收，含胸是胸廓略向内涵虚，使胸部要有宽舒的感觉，这样有利于腹式呼吸；胸腔上下径通过动作放长，横膈肌有下降舒展的机会，它既能使重心下降，又能使肺脏、横膈活动加强。

2.腰脊

人体在日常生活中，行、站、坐、卧要想保持正确的姿势，腰脊起着主要作用。在练习太极拳的过程中，身体要求中正安舒，不偏不倚，腰部起着重要的作用。无论是进退或旋转，凡是由虚而逐渐落实的动作，腰部都要有意识地向下松垂，以帮助气的下沉。

3.臀部

可尽量放松臀部、腰部肌肉，然后轻轻向前、向里收敛，像用臀部把小腹托起来似的，做到圆裆（裆即会阴部位）松胯。会阴处虚上提，裆自会圆实，加上腰的松沉、臀的收敛，自然产生裆劲。头顶百会穴的虚灵顶劲要与会阴穴上下相应，这是保持身法端正、气贯上下的锻炼方法。

（四）下肢

1.下肢训练应注意的问题

在太极拳练习的过程中，腿部的支撑作用是非常重要的，腿部的进退变换以及发劲的根源、身体的稳定性等都取决于腿,基于这一点考虑,在进行太极拳练习的过程中,腿部动作的移动以及脚所放置和弯曲程度等都要保持一个适量的状态,既不要过大也不要过小,如果腿部动作过大,则很容易造成动作的夸张,如果腿部动作过小,则很容易造成动作不明显,腿部动作的正确与否决定了整个动作完成的质量。

2.下肢与身体其他部位之间协调发展

太极拳的初学者通常情况下在练习伊始会出现一些不协调的动作,比如会过分注重上肢的动作,对于腿部动作没有给予重视,如果在练习的过程中单纯注重上肢动作,忽视下肢动作,这样就会使动作显得极度不协调,基于这一点考虑,我们更加应该在练习的过程中注重腿部动作的学习与掌握,将步型与步法很好地运用。

总体来讲,在练习的过程中下肢动作需要特别注意的就是重心落于何处,如果动作要求将重心落至左腿,则右腿应适时进行放松,并将重心转移至左腿,如果动作要求将重心落至右腿,则左腿可以进行适当的休息,双腿之间轮流进行休息,在一定程度上也减轻了腿部肌肉的紧张感。

二、健步走保健

健步走就是指以健身为主要目的的行走,是不同于人们平常所熟悉的行走活动,它是有所设计和遵循一定的规则而进行的活动,比如要达到靶心率、运动强度、运动频率、运动量,等等,通过多方面科学系统的控制,使之产生良好有效的运动健身累积效应,从而产生持续性的质地改善。

健步走是改变后形式地走,或者说是包装内涵和外延后地走的时尚形式,它主张通过大步向前,快速行走,提高肢体的平衡性能,是介于散步和竞走之间的一种运动方式。健步走不受年龄、性别、体力等方面的限制,突出的特点是方法易于掌握,不易发生运动伤害;运动装备简单,只需一双舒适合脚的运动鞋,属于低投入、高产出的有氧健身运动,是人们在以车当步后缺失原始而纯朴健身方式的一种创造性补充。健步走在欧洲开始兴起,当今在很多的国家普及和发展,它不仅仅是一种运动,更是代表着一种生活的态度,它已经逐渐地成为新的时尚健身的一种潮流。

(一)健步走技术

每一个人从开始会爬到逐渐站立,再到学会迈步行走,并没有人指导而自然形成了自己的动作。但如果选择的行走方法不适合自己,就会事与愿违,达

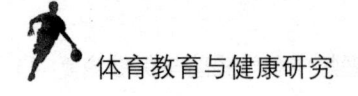

不到完美的效果。

- 正确的行走姿势

1. 头部

在行走的过程中，头部需要一直保持着直立，头顶的上方有一种被绳子在牵引的感觉，使身体如同圆柱一般。

2. 视线

不要过分俯视，视线可以达到在安全距离范围内稍远的地方，一般是 3m～6m。

3. 呼吸

调整呼吸使其沉稳自然，舒畅自如，长出气，深吸气，步行时不要太过注意呼吸情况。

4. 手臂

摆臂时要感觉手臂是从胸部中线开始向外延展，而不只是肩部以外的部分，屈臂 90 度为最好。

5. 腰腹

行走时始终保持紧缩收腹，对向前迈腿的动作有帮助；同时，不要出现挺腰和弓腰的姿态。

6. 骨盆与臀

要保持左右左的螺旋转动，但是也不要左右摇摆太大；要有意识地把臀部当作腿部的一部分向前迈动，出脚时要用力向后下方蹬地。

7. 大腿和膝

脚接触地时不要过分紧绷，腿部伸展，出脚要柔和自然。

8. 足

向前迈步出脚时，脚尖上翘，脚跟先着地，身体重心要快速敏捷地从脚后跟过渡到整个脚底。迈步抬脚时要让脚趾跟部有意识地用力抓蹬地面。

- 健步走的技巧

抬下巴，耳朵与肩膀形成一条直线，眼睛直视前方，肩部放松垂下，挺胸，背部要直，手臂放松，以肩关节为轴自然前后摆臂，手掌成杯状，摆臂不要高过肩；收紧小腹，膝盖保持柔软，臀部摆动；同时，腿朝前迈，脚跟先着地，过渡到前脚掌，然后推离地面，脚迈向正前方，上下肢应协调运动，并配合深而均匀的呼吸。另外，走的韵律和节奏感也很重要，走步正确，自然会产生愉悦的韵律。

(二) 健步走的阶段与原则

• 健步走的三个阶段

对于准备进行健步走的人来说，锻炼的要领是：循序渐进、因人而异、贵在坚持。可分以下三个阶段进行。

1. 基础阶段

主要集中在第一周。这一周内，可健步走3～5次，速度可比散步快一些，每分钟110-120步，步幅在60cm～75cm，时间在20min～30min。晚上休息前用热水泡脚，对大腿、小腿肌肉，跟腱（脚后跟与小腿肌肉之间的部位）和脚心进行3min～5min的按摩，可快速消除初期练习的疲乏和酸胀。

2. 提高阶段

时间为第二到第五周。锻炼者渐渐提高健步走速度和增大步幅。重点训练健步走的正确姿势，调整步行速度，提高精神饱满度。

3. 舒心阶段

坚持了1个月，你的健步走速度、姿态都已经达到了一定的水准。可增加健步走过程中的乐趣，如边走边听音乐，经常改变路线等。选择好的场地和有意识地调整心情是这一阶段的重要内容。

• 健步走的准备

（1）要检查你的身体。假如已久病一年以上或以前很少活动；或有心脏方面的疾病、怀孕、高血压、糖尿病、在用力的时候有胸痛症状、常感疲劳并伴有严重的头晕等任何一种状况，都需要先与医生讨论，以确定你是否能进行健步走运动。

（2）准备衣服，宽松舒适轻松的衣服能让你活动自如。要根据气候和季节的变化，增减衣服；穿棉质的袜子吸汗，防止脚起泡。

（3）白天走路时，涂抹防晒用品，夏天可戴太阳镜，以防紫外线的伤害；寒冷时节可戴遮阳帽保护头部，以免体温流失。

（4）不要负重，轻松上路。

（5）鞋要合脚，稍微留点空间，舒适有弹性，有避震、减震性能；最好选用一双专门的跑鞋，两双以上交替使用，每走800公里换一双。

（6）随身携带水壶，走路前、走路时和走路后都应喝水，特别是在潮湿炎热的天气时。小口喝，不要一次大量饮水；运动饮料比水更好。

• 健步走的注意事项

（1）健身时间一般可以根据自己的生活习惯进行安排，也没有特定的要求。不过人们通常喜欢在早晨进行晨练，在傍晚或晚饭后进行锻炼。喜欢在早晨锻炼主要是因为这个时间较为固定，很容易养成锻炼的习惯。在傍晚前后锻炼主要是因为科学研究表明，人的精力在17点到21点是最为充沛的，并且这是在繁忙的下班后，可以与家人相聚一起锻炼，有利于家庭和睦和健身氛围的形成。

（2）不提倡空腹运动。因为，人在运动时会消耗热量，而糖类是热量的主要来源。空腹运动易造成血糖降低，体质较弱者容易产生眩晕的症状。吃饭后一到一个半小时运动为宜。

（3）运动期间不宜大量补充水分。运动本来就要消耗大量能量，如果在运动中（特别是运动量比较大的时候）摄入大量水分，第一容易增加胃部负担，引起胃下垂等疾病；第二会导致血液大量流入胃部，造成脑部缺氧，人会觉得昏昏沉沉的，影响运动质量。

（4）女性经期的健步走锻炼可以转变为速度稍微慢些的散步锻炼，从而保持锻炼的连续性和持续性，等经期过后可以继续恢复到以前的健步走水平。

（5）每周健步走3～4次。你可以选择隔天一次或2天休息一次。

（6）保证一定量的蛋白质摄入，比如牛奶、鸡蛋、豆制品等。只要保证蛋白质的摄入与消耗平衡，其方式可与吃荤者相同。

（7）大量出汗后千万不能立即冲凉，因为运动后毛孔张开，冷水刺激会使毛孔突然紧缩，容易造成静脉曲张。

三、散步

散步是指不拘形式闲散、从容地缓缓步行，是中国传统的健身方法之一，亦为现代养生者所青睐。《黄帝内经》指出，要"广步于庭"，意思就是清晨起床后，在庭院里缓缓步行，有益于健康。"饭后百步走，能活九十九""没事常走路，不用进药铺"等俗语则生动、形象地说明了散步与健康长寿的关系。

散步有利于健康，主要是因为心情舒畅和极小范围及程度的身体刺激与锻炼。散步更适合老年人、体质较弱的中年人、慢性病患者和孕妇。

（一）散步的健身功能

散步早在几千年前就被中国古老中医认为是"百炼之祖"，被誉为医学之父的希波克拉底称步行为"人类最好的医药"。已有许多研究证实，有规律的散步，可增进身体所有部位的健康，促使大脑分泌内啡肽，这是一种俗称"愉快素"的物质，能使身体的各种节律（生物钟）处于和谐状态，促使心情愉快，从而增加参与者的幸福感受，提高生命质量。

散步能走出健康，并不是说散步可预防治疗所有病痛，其效果也不可能立竿见影，"走"到病除。但只要能坚持走下去，就一定会有益处，尤其到了老年，散步的益处更会显现出来。

1. 散步使身体内循环顺畅

从某种角度来说，散步可以使我们身体内的循环更加顺畅。首先，散步时需要匀速地呼吸，这样既满足了肌肉运动时所需要供给的氧，又能锻炼和提高呼吸系统的机能。其次，散步可以使我们身体里的消化腺的功能得到提高，例如，像腹壁肌肉的运动可以对胃肠有按摩的作用，从而更有利于食物的消化和吸收，还可以预防并治疗便秘。最后，因为散步可以起到降低血管壁破裂的可能性，降低脂肪在动脉管壁上沉淀淤积的机会和减少血凝块的形成的作用，从而也使心梗和脑中风的发病率大大地降低。

2. 散步对脑力劳动者尤其有益

通常情况下，散步对脑力劳动者是非常有益的。一方面是因为散步可以使神经肌肉的紧张得到缓解从而达到镇静的效果。另一方面，散步可以让我们的身体慢慢地发热，加速了体内的血液循环，大大增加了大脑的供氧量，从而提高了我们的思维能力和工作效率。因此，散步又被称为"智力催化剂"。

3. 散步提高老年人的灵活性

书上说"人老腿先老"，事实上腿脚灵活对于老年人来说是特别重要的。众所周知，散步主要是活动下肢关节的肌肉，一方面通过散步，可以达到锻炼下肢肌肉、关节的效果。同时，因为散步可以保持关节的灵活性，可以使关节附近的肌肉增强，可以使肌肉萎缩得到预防，可以使骨质增生的发生得到减少或延缓，从而减轻了疼痛。另一方面散步还可以对下肢血液向上回流心脏起到促进的作用，从而有利于全身的血液循环。

医学专家研究表明，散步可使人的大脑神经细胞活跃，有利于防止人未老先衰，更有利于预防老年痴呆症。

4. 散步改善慢性病患者的精神状态

对于神经衰弱、男女更年期综合征及患有抑郁症的人来说，散步是改善其病症的有效方法；散步还可以加强肺的吐故纳新，对中、老年肺气肿有良好的辅助治疗作用。

5. 散步对孕妇好处多

散步是孕妈妈最适宜的运动，有利于呼吸新鲜空气，提高神经系统和心肺功能，促进血液循环，有规律地按摩子宫，从而很好地促进胎儿大脑发育和皮

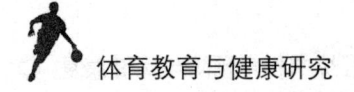

肤发育；增强腹肌、背肌、骨盆肌的力量和弹性，使关节、韧带变得柔软、松弛，有利于分娩时放松肌肉，减少产道阻力，增加胎宝宝娩出的动力。散步还可以促进胎宝宝有效吸收钙等功能。不过孕妈妈要选择安全和优雅的环境，在有人陪伴下进行散步活动。

散步是一项经济省事、不需要专家指导的有氧运动，能让你身材更好、更健康，方法就是每周至少行走三次，每次至少30min，并不断增加行走步率。有研究表明，散步的益处可与有人指导的运动相媲美，值得推荐。

（二）科学的散步设计

散步要达到很好的养生效果，需要进行科学的设计。不仅要有好的动作、姿态，还要注重运动时间、强度、量等。

1. 散步的姿态

当我们走路的时候，所摆的姿势实际上是动员你身体里边能量的一个表现，如果你是拖着走，会越走越累，越烦，越苦恼，反过来，如果是非常好的姿势，很兴奋地迎接挑战地来走，那你身体里边各种物质都会很积极的活动；同时，代谢可以很正常，可以克服精神上的压力。

2. 运动量

散步运动量要适度，做到"形劳而不倦"，并且要循序渐进，持之以恒，方能收到动形以养生的功效。

散步可消耗热量，对身体有好处，但研究结果显示光散步不足以带来健康。人们不能只注意运动，而忽略了运动强度。加拿大科学家比较了随意进行一万步走和另一组按照详细科学计划实施定期的运动所产生的效果，时间是6个月，消耗的热量也相同，共有128人参与计划。他们发现，6个月后，随意步行者最高氧气摄取量平均增加了4%；但是按照详细计划的运动组别这个数字是10%。其他整体健康指标，例如，空腹血糖值和血脂水平都不受两种运动影响。

研究人员说，人们不能只关注总步数，而不注意步速和力度。每天一万步运动的确能让人们活动，但是要运动有效，得增加一点强度，要有些气喘的感觉。走一万步之中，要有200步到400步疾步。最为关键的是要调心养神，并且要重新审视自己制定散步计划的目的和意义。

正如澳大利亚科普作家朗达·拜恩的著作《秘密》中所阐述的吸引力定律所言：关注什么就得到什么。都是在双脚行走，它可能只是交通方式，也可能是健身方式，也可能是散心与沟通方式。当我们将焦点进行转移和锁定时，你想要健康，健康就被你吸引而来。试想，在农村有很多勤劳的农民，他们一辈子总在劳作，如果从运动科学层面来分析，他们的运动和训练强度，密度和负荷一定会很大，然而这些一生劳作的运动，并没有给他们带来锻炼和健身的效果。因为他们关注的焦点不一样，是庄稼收获，而不是内在的自我身体健康，而有些市民他关注的是健康，因此他就会事半功倍。看来，制定活动和徒步的健身目标及计划才是得到健康的第一步。

尽管散步在所有健步走运动中健身的目的偏重于养生、保健，参与者还是可以根据自己体质状况的逐步提高，逐渐增加步频和步幅以及负重的形式来健身。比如提着哑铃散步或者采用北欧式健身走等。这种通过改变已有的人们惯用的运动方式，而采用一种非常态的运动方式，可以使我们的身体产生一种应激状态，从而对身体产生更深刻的刺激记忆，这样能产生更好的健身效果。日本医学博士横山正义也建议，散步健身不妨从增加重量开始，这样热量消耗会加倍。他建议大家握着哑铃走，0.5kg～1kg 的哑铃对男女都适宜，起初速度可以稍微慢些，姿势以不让肩膀感到有负担为准，然后再根据自己的实际情况加速。

3. 散步与竞走的量速对比

竞走与散步是健步走的两个极端区域模式，让我们通过彼此的对立面来更好地认识运动本身。散步是慢速位移，目的主要在于散心、健身、爽神；而竞走是一种高强度竞技项目。通过以下比较我们能更直观详细地了解。

2009 年柏林田径世锦赛上，女子 20km 竞走冠军是俄罗斯人卡尼斯金娜，也是 2008 年北京奥运会此项目金牌得主，用时 88min，也就是每分钟 227m，如果步幅在 1.1m，也需要 206 步，这个速度比经常参加锻炼的年轻小伙子跑步速度还要快很多。也就是说对于步幅 0.7m 左右的人来说，要走 302 步，而事实上普通人的步频上限为 140 次左右。散步的步频通常在 90 次以内，甚至更慢在 70 次以内，并且步幅一般在 0.6m 左右，也就是每分钟 42m 左右，就是说竞走的速度是散步的 5～6 倍。

4. 散步与健步走区别

（1）最大区别不在于目的是健身还是休闲，因为休闲气氛下的散步注重的是散心和消化系统的调理，对于健康本身也是很有益的。健康的内涵中，最重要的就是心理和情绪的健康。

（2）另外，还要看参与的人群，比如对于年迈的老人、久病初愈的人或者孕妇，散步对于他们来说，运动量已经可以达到他们活动的健康阈值，甚至已经达到健身阈。

（3）强度不同。健身走的心率必须达到一定的要求，即靶心率。

（4）时间不同。健身走必须坚持半个小时以上。而且健身走的姿势不同于散步，要求摆臂跨步的幅度大，同时要做到有节奏的深呼吸。如果有的中老年人身体条件较好，健身走无法达到目标靶心率，则可以将快走和慢跑结合起来，以提高锻炼的效果。

5.散步的多种形式

散步是一项最常见的体育运动，既安全又易行。但是，散步也有讲究。散步的方法很多，每个人可根据个人体质和实际情况自由选择，各种方法也可以交叉使用。唐代医学家孙思邈在《长寿歌》中提到"饱食走百步，常以手摩腹"。现代医学研究证明，在走步中，两手进行自我腹部按摩可促进食物消化吸收，促进心脏供氧能力，强健脾胃。

下面介绍两种适合老年人的对"症"散步法。

（1）量速散步法

分为慢速和中速两种，慢速每分钟60～70步，中速每分钟70～90步，依体质情况选择，每次散步30min～60min，每日2次。

（2）定程散步法

在小坡度的路上散步，每次2～3公里，早晚各一次，体质较好的中老年人可用这个方法。

6.散步原则

（1）散步之前，宜全身放松，适当活动一下上肢，调整呼吸，然后再从容展步。

（2）散步宜从容和缓，不宜匆忙，更不宜使琐事充满头脑。散步者"须得一种闲暇自如之态"，百事不思，如此可以使大脑解除疲劳，益智养神。

（3）步履宜轻松，犹如闲庭信步，周身气血方可调达平和。唐代医学家孙思邈有"行不宜疾"之说。《寿亲养老新书》中也有"徐徐步庭院散气"之论。这种步法，形虽缓慢，然气血畅达，百脉疏通，内外谐调，可取得较好的锻炼效果，对老、弱、病人尤其适合。

（4）循序渐进，量力而行。散步时要根据体力，量力而行，做到"形劳而不倦，勿令气乏喘吁"。这对于年老体弱有病之人，尤为重要。

（5）要持之以恒，将散步作为个人生活中必不可少的内容。

（6）结伴而行，畅谈其中，对于散步者更是一件惬意的事情。

7.散步的注意事项

散步，人人能走，但也要注意科学散步，方可达到散步锻炼的效果。

（1）要注意选好鞋，最好是平底布鞋，且鞋的前部有适当空隙，好让脚伸展开散步。

（2）要制订切合实际的目标。实践证明每天定时散步最合适。上下班以步当车。上下楼不乘电梯而走楼梯，工余或假日离开麻将桌或电视，到城郊野外去散步，都能收到有效的散步锻炼效果。

（3）要在散步时保持心情舒畅，步履轻松，逍遥自在，不疾不徐。如此，才可达到走出来的健康。

四、徒步运动

（一）徒步运动的分类

1. 按徒步的地形分类

（1）平原徒步。这些地方主要是一些好的风景区、古镇、遗址等，比较轻松、安全，行前有张地图，便可以走天下。徒步期间可以领略到田园的美景，古镇的纯朴，遗址的沧桑。

（2）山岭徒步。时而攀越，时而探谷，时而涉溪，行前最好有张山势地形图，带好攀岩的装备，找个向导。穿越其中，可以领略到攀岩的刺激，探谷的神秘，涉溪的乐趣。

（3）山地丛林徒步。山地丛林穿越林深路险，行走之前一定要搜集大量的资料，确定详细的路线，最好有向导。穿越其中可以领略到自然的千姿百态，走原始森林，过独木桥，吃野山果，听鸟唱、兽嚎，看山泉瀑布。

2. 徒步的距离分类

根据距离的不同，通常可以分为四类。

（1）15km 内的称为短距离徒步。比如在郊区公园进行的周末活动。

（2）15km～30km 的称为中距离徒步。比如周末在郊外一天以内的背包徒步。

（3）30km 以上的称为长距离徒步。比如由户外俱乐部或网上自由组合的小组，进行2天以内的主题户外徒步活动以及有一些户外运动品牌赞助的比赛项目，如100km超长耐力跑。

（4）100km 以上的称为超长距离徒步。比如欧洲的环勃朗峰徒步，重走长征路等。

3. 几种典型的徒步种类

以下是四种比较典型的徒步类型，它们目前在国内比较流行，且有较好的健身效果。

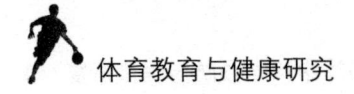

（1）城郊徒步

城郊徒步一般是指在城市周边以休闲健身为目的进行的一天以内徒步运动。徒步过程中没有较大的海拔落差，没有复杂的地形，一天之内即可往返。城郊徒步深受生活在大城市里人们的喜爱。紧张的生活节奏，拥挤的交通，污染的空气，促使一批批市民在闲暇时间走出城市，亲近大自然。进行城郊徒步运动不需用太多准备工作，对体力要求不高，危险系数也较低，很容易实施。周末约上几个朋友走在郊外，放眼望去，心胸开阔，呼吸着新鲜空气，再加上适当的流汗，让之前劳累的身心得到放松。郊外徒步可以说是一种简单易行、绿色健康的运动。

进行城郊徒步的对象主要分为两类，一类是以感情为纽带联系在一起的人群，通俗地说就是一群熟人，比如亲人、朋友、同事或者同学之间，往往是三五一群，规模不会很大。他们所选择的徒步地点是较为人熟知的，自驾车容易到达，甚至公交地铁即可到达的山林或丘陵地。有时候为了方便安全，会直接到一些以山林为主要特色的旅游景点，像北京周边的香山、西山、金山、百望山、凤凰岭等。这些地方路线成熟，服务设施健全，适合于各种年龄段人群，一般不存在安全隐患。周末的时候，家长带着孩子，子女陪着老人，同事和同事，同学和同学，一起到城市的周边进行徒步活动是一种很好的联络感情的健康方式。这种以散心和联络感情为主的徒步运动属私人休闲活动。

另一类是通过户外俱乐部或者网络联系起来的一群人，有户外爱好者，也有具有一定目的人（比如想认识更多的人），在组织方搭建的平台上一起娱乐健身。户外俱乐部组织的徒步活动多种多样，但大都还是城郊徒步活动为主，参与人员非常广泛，下至几岁的儿童（监护人陪同下），上至近百岁的老人，从各行各业的基层工作人员到白领阶层。这也说明参与城郊徒步的条件非常简单，有健全的身体，一定的时间即可。一般来说户外俱乐部所举行的城郊徒步活动，在路线上是有一定的特色且为非开发旅游景点。

城郊徒步路程较短，用时较少，但还是要有一定的准备。衣服鞋子都应该适宜运动，不必追求专业，舒适即可。如果是爬山的话，要注意穿着底厚、可裹脚踝的鞋子，避免新鞋、小鞋。脚上的水疱往往是挤出来的，而不是磨出来的。

徒步前行注意走有明显标示或已成形的道路，切不可孤身一人探路。迷路的情况往往发生在独自寻找道路却忘记回来的路。

城郊徒步运动是进入户外的最初级别的运动，进入门槛低，适宜于各年龄段人群，是全民健身的绿色运动。它与更高级别的户外运动相比，最大的区别在于心理上没有应对危险情况的准备。

在郊外徒步时，非大山大林还是容易买到水的，如已知补水困难就应带足饮用水，一个正常人一天的用水量大约1.5L，一次一天之内即可往返的徒步，一人2L水足矣。

（2）野外徒步

野外徒步一般是指在距城市较远的山地、丘陵、峡谷等地进行的并在队伍中具有一定角色分工的徒步运动。野外徒步通常所需时间为2～5天。为了发挥各队员的优势，提高团队工作效率，野外徒步运动要求团队中人员在队伍中需要有一定的角色分工，并且在活动进行前期进行较充分的准备。一般来说，进行野外徒步人员之间都是相互认识、彼此熟悉的，但也不乏商业活动中临时组建的队伍。

①前期准备。野外徒步前期准备工作多是专门针对已选定的路线来做的，而路线的选择往往又是由队员实力所决定的。

毋庸置疑，大自然是壮美的，但同时也是残酷的。当都市人走出水泥森林，突破盒子空间，离开了电气电脑化的现代生活，直接面对大自然的时候，所需要的不单是浪漫心境和诗情画意，更重要的是要有对安全的重视。野外活动不同于之前所讲的城郊徒步，应以安全为第一准则。而野外徒步活动因为环境的因素经常会遇到一些不可预料的突发事件。虽然远足并不需要特别的技巧，但如果有适当的训练和准备，将有助于应付大自然多端的变化，减少意外发生的机会。

②路线选择。收集路线资料。我们通常所进行的野外徒步活动，选定的路线大都已经是被户外爱好者穿越多次，甚至已经为普通户外爱好者所熟知的路线。在这里，我们不提倡进行未开发野外路线的徒步，这也是避免意外发生的有效方法。既然我们所选择的徒步路线是被人所走过的，那么了解此路线的第一选择，就是与这样的人取得联系进行沟通。要注意的是，最好能联系到最近一次徒步该路线的人，但是还要注意他们所徒步的时间与我们即将徒步的时间是否有季节跨度。在野外，时间的迁移有可能造成路线一定程度的变化，而季节的变化会造成路线穿越方式质的变化。还有一点要说的是，如果我们选择的路线最近一两年内发生过自然灾害，哪怕是普通的山体滑坡、泥石流等，都要慎重考虑路线的可行性。当然，在夏季南方的许多地方暴雨频发，洪水、山体滑坡、泥石流都有可能阻碍徒步路线。在这里，我们不提倡在发生过自然灾害的野外路线上或者可能发生自然灾害的路线上进行徒步活动。

以上所述只是一些路线选择的原则性问题。搜集路线资料的方式有很多

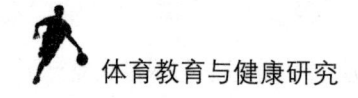

种,除了咨询徒步当事人外,还可以通过网上搜寻一些旅游的游记、线路攻略;户外协会、户外俱乐部的路线资料等。

(3)公园徒步

徒步不是只能在离开城市较远的山林里才可以进行,一些在城市里或城市边缘较大的公园都可以实施健身徒步活动。公园徒步是一种比较适合喜爱户外运动的初学者、中老年徒步健身爱好者、以家庭团聚健身为目的的市民和以班级建设为目的的学生游玩。

这些公园大都风景优美,有山有水,景色宜人,并且有很成熟的已开发的线路,公园的配套和服务设施也较完善。徒步爱好者只需要带够一天行军用的水和聚餐用的食品即可,不需要再多携带备用的食品和物资。因为,这里很方便补给,不过价钱会高一些。

通常徒步的人群集中在周末的一天出行,由于比较近,可以选择坐公交出行,这样可以避免堵车的现象,而且节假日公园一般很难找到停车位。乘公共交通的好处,还在于可以自由选择徒步线路,比如选择从公园的东门进来,在翻越多座小溪和大山后在北门出来。不受时间限制,可以收放自如。

当你多次徒步这个公园时,你就会很熟悉所有的线路,那么你就可以更科学地设计行走的线路和时间,从而能够更好地锻炼身体。由于徒步健身的盛行,目前一些公园也会特意设置一些经典的健身徒步线路,并标有步速、步幅、步数和脉搏等多种测量指标,来指导大众科学健身。比如北京的香山就特意开发多条登顶线路,来适应不同健身目的的人群;颐和园和圆明园更是设计多条经典线路,沿途每隔百米设立一个标记牌,提醒健身者的徒步速度和距离,还在马路边竖起很多健康与科学徒步的知识牌。

可以说公园徒步是更加靠近户外的健步走版本。它是健身性和安全性最佳搭配的徒步健身方式。

一般人走路是大腿带动着小腿走,而科学的户外行走姿势是以膝盖为轴,小腿弹踢带动大腿行进。因为,在登山或徒步中,用小腿带动行进,可使大腿处于相对停滞状态,当停下休息时,大腿会迅速给小腿供给养分,将小腿产生的运动酶代谢掉,这样我们就不会感觉腿部酸痛,因为运动酶是肌肉产生酸痛的根源。有的人喜欢走外八字,这种步行姿势极易造成髋关节及两膝的肌肉十字韧带长时间处于紧张状态。

(4)徒步旅游

①徒步旅游的特点

徒步旅游是指除借助一定的交通工具外,大部分旅行区域靠徒步行走,从起点到终点，中间可能跨越山岭、丛林、沙漠、雪域、溪流或峡谷等地貌的一种户外活动。徒步旅游要注意保护自然环境和维护当地人生活习俗，尊重当地文化和传统。

②徒步旅行的必要条件

A.客观条件。可自由支配的收入多，闲暇时间充裕，身体健康状况良好，人群结构良好、素质较高；旅游地的文化信息宣传，景象气候迷人等客观因素。

B.主观条件。徒步旅游的发展证明，相当数量徒步旅游者的动机中，都包含有探新求异的需要或者说是好奇心和探索求知的驱动。

总之，徒步旅游可以让参与者满足对于运动、娱乐、疗养等恢复或保持身心健康需要的诉求，是人们暂时离开工作和家庭环境，用以调节生活节奏而产生的动机。

至于在徒步旅游中了解和认识异域异地文化，其目的也正是希望了解、探究异地他乡的文化情况，重塑性格，磨砺意志，造就思想的变化以及保持与社会的经常接触，进行社会交往等所产生的效果。

（二）徒步行走的技巧

徒步运动由于是在环境复杂的户外进行，因此为确保安全，所需要的技术也较多，以下详细介绍各个徒步技术。

1.徒步的身体动作

（1）身体。徒步运动不仅仅是腿部运动，它还是一种全身运动，在行走的过程中需要通过手臂的摆动来调节身体的平衡。

（2）足部。全脚掌触地，先是脚跟，然后到脚尖。

（3）节奏。最好的速度是边走边聊而不气喘。

（4）呼吸。调匀呼吸，避免岔气，用腹部深呼吸。

（5）背部。沉肩，保持背部挺直。

2.徒步的行走技术

不同地形的行走技术和平时走路的技巧完全不一样，行进的过程中姿态也是有技巧的。

（1）平地。行进时背部肩沉背挺，用腹部深呼吸，全脚掌触地，从脚跟到脚尖位移。

（2）上坡。特别是坡度较大时可以把脚撇开一些，也就是外八字方式，全脚掌着地，重心应在脚掌前部，身体稍向前倾。如果大于45度的坡，还要借助双手攀缘路边可以利用的支点（如灌木、岩石等）或借助登山杖，坡度大时应当走"之"字形。

（3）下坡。注意重心稍低一些，身体稍微下垂，适当向后仰一点避免向前栽倒。

（4）山脊行走。山脊地势较平，利于行走；视野开阔，不易迷路。

（5）横切行走。属于过渡性的通过方式，存在一定的危险性，谨慎采用。

（6）过栈道。峡谷边的窄路，一边是河谷，一边是峡壁，道路仅能一次通过一人，通过时，身体重心要放低，要贴近峡壁一面行走，要细心，大胆。

3. 徒步的节奏

最好的行走速度是走而不喘，脉搏尽量不要超过 120 次/min，尽可能要按自己的行走节奏去走，不要时快时慢，时跑时停，尽量保持匀速。

徒步节奏的过程是徒步活动中最主要的部分，也是很有技巧的部分。

如果我们只知道不停地蛮走，只会把自己累死，而且也看不到什么景色。行进中，最重要的就是保持自己的节奏，在自己最舒服的步伐和频率上走。如果被前面的人落下，也不必急于追赶，落下别人也不必担心，只要大家还在同一条没有岔路的路线上或者视野之内。改变自己应有的节奏去适应别人的行进节奏往往是最累的。

衣物的增减也需要保持节奏。这看似简单，然而也是最容易被忽略的。出发前之所以要减衣服，是防止过多地出汗。减下的衣服是方便穿脱的，而且要把减下的衣服放在伸手可及的地方，如背包的头包下。徒步过程中停下来休息时一定要注意加衣服，绝不能嫌麻烦，一旦失温很容易引起身体不适。

为了在徒步中很好地控制节奏，我们可以将一个徒步活动，按照体能状态的变化分为以下五个阶段。

（1）初始阶段。这段时间通常很兴奋，速度快，精神状态好。最艰难的路段最好安排在这一阶段。

（2）假性疲劳期。大概在初始后半小时到一小时左右，会第一次感觉到累。但这是"假性的"，这时应该继续坚持走，千万不要停，只要坚持住，很快就可以渡过这一段难关，进入状态良好期。这个阶段就如同长跑运动中的"极点"，坚持住很快就会迎来"第二次呼吸"，从而使身体状态很好地恢复。

（3）完全消耗点。在上个阶段结束后，身体的能量就消耗得差不多了，这时应该好好地休息一下。最好是在达到这个连接点前完成当天的任务，否则会很苦，因为你马上就要进入体力透支期。

（4）体力透支期。现在全靠顽强的精神力量支持着，咬牙挺着，而事实上自己的肌肉早已麻木；这种状态下人的肢体活动控制能力非常差，动作很不协调,如果路比较险峻,那会十分危险。所以不到不得已的时候,不要轻易在体力透支期行进。

五、少林拳保健

少林拳源于少林寺,拳因寺而得名,故名少林拳,是少林拳术和器械的总称。少林拳朴实无华、立足实战,其动作迅猛、快速有力,具有鲜明的技击性特点。经常从事少林拳练习不仅可以健身,同时还能起到防身的作用。

(一)少林拳的基本动作

• 手型

(1)方拳。四指并拢,一齐向掌心弯曲卷紧,拇指第二指节压于食指、中指第二指节上。由于要求拳面要平,外形似方正,故名方拳。

(2)棱拳。四指并拢,一齐弯曲内扣,拇指弯曲后,以第二指截面紧顶食指、中指、无名指的第三指节。拳要紧,拳棱要突出。

(3)柳叶掌。四指并拢伸直,拇指弯曲紧内扣。

(4)分指掌(透风掌)。五指分开,掌心微凹。

(5)勾。见传统武术基本功。

(6)爪。五指用力分开内扣,掌心凸突。

• 步型

(1)弓步。前腿屈膝前弓,脚尖微内扣,大腿高于水平;后腿挺膝蹬直,脚尖斜向前方,双脚全脚着地。

(2)马步。两脚左右开立,脚间之距比肩稍宽,屈膝半蹲,大腿接近水平。

(3)仆步。见传统武术基本功。

(4)虚步。一腿屈膝半蹲,脚尖外摆,大腿接近水平;另一腿屈膝在前,脚尖虚点地面,两膝靠近、护裆。

(5)歇步。见传统武术基本功。

(6)丁步。两腿并拢半蹲,一脚全脚着地,支撑重心;另一脚脚尖支点地面。

(7)坐盘。两腿交叉叠拢下坐,臀部与后腿外侧及脚外侧贴地,前大腿接近胸部。

• 手法

1.冲拳

预备动作:侧身并步直立,两拳抱于腰间。目视前方。

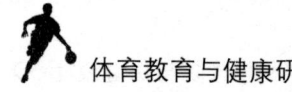

动作纲领：拳从腰间向内旋臂向前快速冲出，拳心向下。紧接不停，乘前冲之势，左拳借反弹力回收，使臂保持微屈，拳眼向上。练习时左右拳可交替进行。

2. 劈拳

预备动作：两脚并步直立，两拳抱至腰间。

动作纲领：右拳经腹前向下、向左运行，向上经头前上方向右侧平劈，拳眼向上。练习时左右拳可交替进行。

3. 掼拳

预备动作：两脚并步直立，两拳抱至腰间。目视前方。

动作纲领：右拳从腰间向前、向左内旋臂弧形摆至面前，高与眼平，拳眼向下。练习时左右可交替进行。

4. 裹拳

预备动作：两脚开步站立，两拳抱于腰间，目视前方。

动作纲领：右拳从腰间向右、向前、向左摆击，高与胸窝平，拳心向里，拳眼向上，力达拳面。练习时左右拳可交替进行。

5. 栽心拳（上勾拳）

预备动作：两脚并步直立，两拳抱至腰间。

动作纲领：左拳从腰间向下、向前、向上迅猛发力，拳心向里，高与胸平，力达拳面。练习时左右拳可交替进行。

6. 推掌

预备动作：侧身并步直立，两掌上提至腰间，掌心向上。

动作纲领：左掌从腰间内旋臂向前推出。接着迅速乘前推反弹力微回收，使左臂保持微屈，力达掌根或掌外沿，掌指向上。练习时左右掌可交替进行。

7. 砍掌

预备动作：两脚开立，与肩同宽，两拳抱至腰间。

动作纲领：右拳变掌，屈臂至左胸前，掌指向上，掌心向左。目视左方。紧接不停，右掌向右挥砍，掌心向下，臂微屈，力达掌外沿。目视右掌方向。练习时左右手可交替进行练习。

• 步法

1. 击步

预备动作：两脚前后开立，同肩宽，两手叉腰。

动作纲领：上体前倾，后脚离地提起，前脚随即蹬地前纵。在空中时，后

第五章 高校大学生体育锻炼中科学预防与保健康复

脚向前碰击前脚。落地时,后脚先落,前脚后落。眼向前平视。在练习时,需要注意跳起空中时,要保持上体正直并侧对前方。

2.偷步

预备动作:两脚左右开立,与肩同宽。两拳抱至腰间。

动作纲领:右脚提起,经左腿后向左落步,前脚掌着地。两腿微屈,重心位于两腿。练习时可左右交替进行。

3.跳步

预备动作:两脚前后开步站立,两拳抱至腰间。

动作纲领:右脚提膝前摆,脚尖外展。左脚用力蹬地,使身体腾空。右脚先落地,左脚随后向前落步。如此可进行重复练习。

4.弹子步

预备动作:侧身前后开步站立,两掌前伸,掌心向上,两掌间距离与肩同宽。

动作纲领:两腿屈膝,左脚向前上步,右脚用力向后扒地抬起。同时,两掌向前并向两侧分搂,掌心斜向下。右脚向前上步,两掌掌心向上由两侧向前平砍,两掌间距与肩同宽。左脚用力向后扒地,两掌内旋向两侧分搂,掌心斜向下。两脚可在行进间交替练习。

5.垫步

预备动作:侧身,两脚前后开立,身体重心六分在右腿,四分在左腿。

动作纲领:身体重心移至左腿,两腿微屈,右脚抬起。右脚落于左脚内侧,左脚向前上步成预备动作。此步法可进行连续练习。

• 腿法

1.正踢腿

预备动作:侧身站立,左腿直立,右腿向前,脚尖虚点地面,两拳抱于腰间。目视前方。

动作纲领:身体重心前移,右脚向前上步。同时左拳向前上方勾击,拳与领平,拳心向里。左脚勾脚尖向额前方踢摆,左拳向下并向后抡劈,拳心向右,目视左脚,左脚落地,向前上步,脚尖虚点地面,目视前方,两脚可在行进间左右交替进行练习。

2.里合腿

预备动作:两脚并步站立,两拳抱于腰间,目视前方。

动作纲领:左脚向左横跨一步,脚尖外展,随着身体左转,左拳变掌向左

177

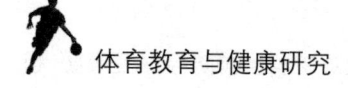

前上格挡，掌心朝前。右脚脚尖勾起，向前上方踢摆，并于面前迎击左掌。同时右拳屈臂上摆至右肩前，拳心向内。身体左转，右腿屈膝成独立势。右拳经肩前向下栽于体侧，拳心向后；左掌变拳，屈臂至左肩前，目视前方。此动作可两脚交替进行练习，动作相同，唯方向相反。

3.单拍脚

预备动作：侧身并步站立，两拳抱至腰间。

动作纲领：左脚向前上一步，重心移至左腿，右脚脚跟提起，右脚脚面绷平向前、向上直腿摆起，同时右拳变掌，由腰间向前直插，于胸前迎击右脚面，右脚向前落地，脚尖虚点地面，右拳收抱腰间，目视前方，此练习可左右脚交替进行，动作相同，唯方向相反。

4.勾踢腿

预备动作：侧身并步直立，两拳抱于腰间，拳心向上。

动作纲领：左脚向前上步，腿微屈，脚尖外展，身体微左转。右拳变掌屈臂上摆至左肩前，掌心向左，掌指向上。右脚脚尖勾起内扣，脚跟擦地提膝向左前方勾踢。同时上体微左转，右掌向下、向后切；左掌屈臂至于右肩前，掌心向右，掌指向上，目视前方，此练习可左右脚交替进行，动作相同，方向相反。

5.后蹬腿（小提鞋）

预备动作：侧身开步站立，两拳抱于腰间，拳心向上。

动作纲领：左脚向前上步，屈膝下蹲；右腿屈膝跪于左脚内侧（膝盖不触地），脚跟提起。上体微右转，右拳变掌向后下方撩击，虎口与脚跟相对；左拳变掌屈臂摆至右胸前，掌心向右，掌指向上。身体起立，左腿支撑；右腿由屈到伸，顺势向后蹬出，目视蹬脚方向，此练习可左右两腿交替进行，动作相同，唯方向相反。

6.缠勾腿（蝎子尾）

预备动作：两脚开立，与肩同宽，两拳抱至腰间，拳心向上。

动作纲领：左脚为轴，身体右转180度。同时右脚离地随转体外摆，右拳变掌向右后平搂。紧接不停，身体继续右转180度，右腿屈膝上提，脚尖绷平内扣。右掌向下插，右前臂与右小腿内侧贴紧，右掌背贴紧内踝，掌心向外，掌指向下；左拳变掌架于头上方。左右腿可交替进行练习，动作相同，唯方向相反。

(二) 少林拳的基础练习

1.面壁功

动作纲领：两腿交叉，屈膝盘坐，两手分别扶在膝关节处，或两掌相叠，手心向上，放于腹前，两目垂帘。

2. 椅子桩

动作纲领：两脚并拢，屈膝半蹲，大腿成水平，两臂自然前伸，两掌掌心向下。

3. 丁步桩

动作纲领：两腿屈膝半蹲，右脚全脚着地，左脚脚尖点地于右脚内侧。右拳屈臂于右肩前；左拳直臂下砸，贴于体侧。此为左丁步，右丁步动作同左丁步，唯左右相反。

4. 弓步斜形

预备动作：两脚左右开立，两拳抱于腰间，拳心向上。

动作纲领：左脚向左跨步，上体微左转，两拳变掌向左下方伸出，掌心朝上。身体重心后移成半马步，两掌变拳，屈肘抱于胸前，拳心向里，高与肩平，目视左前方，右腿用力蹬地，身体左转成左弓步，两拳内旋臂，右拳向前、左拳向后撑出，两臂微屈，拳心均向下，目视右拳，此练习可左右交替或在行进间进行，动作相同，唯方向相反。

5. 马步单鞭

预备动作：两脚左右开立，两拳抱于腰间，拳心向上。

动作纲领：左脚向左跨一步，同时两拳变掌向下插出，掌指下，掌心向前。两腿屈蹲，两掌变拳屈肘抱于胸前，拳心向里。两腿屈蹲成马步，两拳分别向两侧平撑，力达前臂外侧。此动作可在行进间左右进行练习，动作相同，唯方向相反。

6. 虚步挑掌

预备动作：两脚并步站立，两拳抱于腰间，拳心向上。

动作纲领：身体左转，右腿屈膝下蹲；左腿屈膝，左脚向前半步，脚尖虚点地面。两拳变掌，左掌向前挑掌，右掌屈臂附于左臂内侧。左脚踏实，屈膝半蹲；右脚向前上步，脚尖虚点地面，同时，右掌向前挑掌，左掌屈臂附于右臂内侧。此动作可左右交替进行练习，动作相同，唯方向相反。

7. 仆步切掌

预备动作：两脚并步站立，两拳抱于腰间，拳心向上。

动作纲领：身体左转，右脚向前上步，脚尖外展；左脚屈膝提起。两拳变掌，右掌上撩，掌心向上；左掌屈臂附于左肘内侧，掌心向下，目视前方。右腿屈膝全蹲，左脚内扣向前铲，呈左仆步。同时右掌变拳收至腰间；左掌顺势向下切，力达掌外沿。此动作可左右交替进行练习，动作相同，唯方向相反。

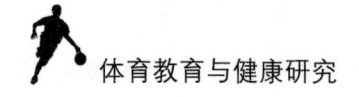

8.歇步冲拳

预备动作：两脚并步直立，两拳抱于腰间，拳心向上。

动作纲领：左脚向左上步，脚尖外展。同时左拳变掌向左搂手。身体左转180度，两腿交叉屈膝全蹲成左歇步。同时左掌变拳收至腰间，右拳向前冲出。此动作可左右转身交替进行练习，动作相同，唯方向相反。

9.转身推掌（跨虎蹬山）

预备动作：并步站立，两拳抱至腰间，拳心向上。

动作纲领：左脚向左上步成左弓步，上体微左转。同时右拳变勾，向上经胸前向左、向下经腹前搂至右后侧，钩尖向上，直臂贴身；当勾手经腹前时，左拳变掌经右前臂内侧向前推掌，以两脚为轴，身体右转180度成右弓步。同时左掌向右经胸前向下经腹前向左变勾搂至左后侧，钩尖向上，直臂贴身；当勾手搂经腹前时，右手变掌经左前臂内侧向前推掌，目视右掌。此练习可进行原地左右转身交替，动作相同，唯方向相反。

六、太极剑保健

（一）太极剑的教学要领

1.手型

太极剑手型主要为剑指。中食指伸直并拢，向手背方向翘曲。拇指压在无名指和小指的指甲上，撑圆。其手法一般从右胯经左胯至头上左侧前，护于手腕催劲，以腰带动剑指领劲。

定式：剑指向前方，剑指与手臂成一字，剑指于手腕、剑指置于头上左侧前，眼看前方或看剑尖、剑指。

2.步型

步型有并步、弓步、虚步、仆步、丁步、歇步、独立步、平行步、叉步等。其步法要求转换进退虚实分明，轻灵稳健，前进时，脚跟先着地，后退时，前脚掌先着地，不可重滞突然，重心移动平稳、均匀，两脚距离和跨度要适当，脚掌和脚跟辗转咬合度，膝部要松活自然，不可僵挺。

3.身型

同太极拳身型一样，太极剑身型要端正自然、不偏不倚、舒展大方、旋转松活、不忽起忽落，动作要以腰为轴，带动上下，完整贯穿。

4.腿法

太极剑腿法有蹬脚、分脚、摆腿、震脚、后举腿等。要求支撑稳定，膝关节不可僵挺，上体维持中正，不可前俯后仰或左右歪斜。

（二）42式太极剑基本套路

太极剑的套路练习一定程度上讲，在整个武术运动整体中占据非常重要的地位，下面为大家展示太极剑的套路，为了更加直观地为练习者呈现太极剑套路的动作步骤，我们以表格的形式为大家展示太极剑套路的具体动作。

表5-1　42式太极剑套路运作名称

起势（1）	进步绞剑（15）	右弓步劈（29）
并步点剑（2）	提膝上刺（16）	后举腿架剑（30）
弓步斜削（3）	虚步下截（17）	丁步点剑（31）
提膝劈剑（4）	右左平带（18）	马步推剑（32）
左弓步拦（5）	弓步劈剑（19）	独立上托（33）
左虚步撩（6）	丁步托剑（20）	挂剑前点（34）
右弓步撩（7）	分脚后点（21）	歇步崩剑（35）
提膝捧剑（8）	仆步穿剑（右）（22）	弓步反刺（36）
蹬脚前刺（9）	蹬脚架剑（左）（23）	转身下刺（37）
跳步平刺（10）	提膝点剑（24）	提膝提剑（38）
转身下刺（11）	仆步横扫（左）（25）	行步穿剑（39）
弓步平斩（12）	弓步下截（右、左）（26）	摆腿架剑（40）
弓步崩剑（13）	弓步下刺（27）	弓步直刺（41）
歇步压剑（14）	右左云抹（28）	收势（42）

（三）长期练太极剑的好处

现在喜欢太极剑的人越来越多，太极剑也是由太极拳而来的，也是一种热门的养生健身运动。太极剑具有调整身体诸系统的功能、促进血液循环提高供氧能力、有助于骨骼的强健、提高和改善消化系统的功能、消除慢性疾病，平衡如增强免疫力等养生功能。

1.调整身体诸系统的功能

舞剑要求精神专注，内外结合，完成动作连绵不断，一气呵成，这些复杂的人体活动，是依赖大脑神经的兴奋与抑制所调节的，对大脑是很好的锻炼。进而调整身体诸系统的功能，使其趋于正常。

2.促进血液循环提高供氧能力

常练太极剑，会有腹鸣和指尖酸、麻、胀、热等感觉，这是畅通经络的反应。通过肢体的运动，使动脉血管变得柔和、舒张，促进血液循环提高供氧能力，促进新陈代谢。

3.有助于骨骼的强健

长期演练使全身各关节也都得到多方位的、幅度较大而柔和的运动，从而保持关节的柔韧性，此外，肌肉牵引关节和骨骼运动，起到自我按摩的作用，有助于骨骼的强健。

4.有助于呼吸的调节

练太极剑时，始终要保持"腹实胸宽"的状态，把胸部的紧张状态转移到腹部，使肺部舒适，腹部松弛而又充实，既有助于呼吸的调节，又稳定了身体重心，还可对内脏起到按摩作用。

5.提高和改善消化系统的功能

练剑时我们常常要进行绵长、均细的深腹式呼吸或逆腹式呼吸并引导气沉丹田，这样一来就促进了膈肌的上下运动和腹肌的运动。膈肌的升降运动能够使我们的肺部机能得到非常好的改善，许多的肺部疾病患者都是因为练剑或者打拳而得以痊愈的。腹肌的收放对腹腔器官形成按摩使各脏器气血流畅，开通闭塞导引阴阳，从而加强了腹腔的物理循环，提高和改善消化系统的功能。

6.促进血管弹性的增强，防止血管硬化

太极剑的动作同样比较舒缓，因而能够使得身体内部的神经系统变得稳定，也就能够起到降低血压的作用。同时，长期坚持进行太极剑的练习，能够有效地预防血管硬化等问题。另外，太极剑的练习对于心脏病患者也有很好的治疗效果。

7.对神经系统的重要保健方式

在演练太极剑时我们首先要入静，要高度的入静，以意导气，以气引导力，这样一来就使大脑皮层进入保护性抑制状态。如果我们长期保持大脑皮层进入这种保护状态，就可以改善交感神经和副交感神经的不协调，避免因大脑皮层紊乱而引起的疾病。通过太极剑的"用意"演练可消除大脑神经的紧张，活跃情绪，修复神经系统的平衡，消除慢性病灶。从而提高我们的工作绩效和生活质量。

8.消除慢性疾病,增强免疫力

首先练习42式太极剑我们就要清楚明白地知道,用意是太极剑练习中的一个重要内容,只有运用好了用意才能更好地养生。

这是因为在用意不用力的状态之下,大脑会不断地发出积极的信号,从而帮助身体的气血变得畅通,也就能够促进身体中的新陈代谢功能,增强我们身体细胞活力。

第六章 体育与健康课程实施模式的构建与发展趋势

第一节 体育课程实施途径与意义

一、体育课程实施的途径

(一) 课堂教学是体育课程实施的主阵地

毋庸置疑，课堂教学是体育课程实施的主要途径。在当前的教育背景下，课堂教学有着得天独厚的优势，因为体育课课时有保证、上课教师有保证、上课所需场地器材基本有保证。不过，体育课堂教学的有效性亟须改进和提高。长期以来，我国体育课开设的时间跨度不可谓不长，教师的教学责任心不可谓不强，学生的学习热情不可谓不高，但体育课堂教学的效果不甚明显。因此，体育课程实施模式的研究要积极探索如何构建有效甚至高效的体育课堂教学模式。

在我国，体育课程贯穿了整个基础教育阶段，时间跨度之长，是其他学科难以比拟的。不过，我们不得不反思，我们的体育课程究竟带给了学生什么？我们的课堂教学究竟应该教会学生什么？我们的体育课到底有什么效果？有学者认为，基础教育体育课程改革中存在的主要问题是：①教学目标虚化；②教学内容泛化；③教学过程形式化；④教学评价和气化。有人将中小学体育课程与教学改革中一些教学的真实性和有效性缺失的问题归纳为：有些教师缺乏责任心，体育教学随意性加大；单纯迎合学生的兴趣需要，使得体育教学放任自流；淡化运动技能教学，使体育教学变了味；只求表面的热热闹闹，忽视体育教学的实践；借口关注个体差异，放弃了体育教学的基本要求；自主、合作、探究学习有形无实；情感、态度和价值观不能有效地融入整个教学之中，确确实实，在体育课程实施的过程中，教学目标不能不切实际，教学内容不能肤浅随意，教学过程不能重形式而轻实效，教学评价也不能搞一团和气，体育课堂教学的有效性必须受到高度关注。

（二）课外体育活动是体育课程实施不可或缺的重要路径

尽管体育课堂教学是实施体育课程的主要途径，但并不是唯一途径。体育课程的有效实施有赖于课内与课外双管齐下，仅仅通过每周2～3节体育课很难实现体育课程目标，也无法达到教育部倡导的"每天锻炼一小时，健康工作五十年，幸福生活一辈子"的要求。学校体育界对体育课程究竟是学科课程还是活动课程的看法并不一致，其实，以体育课形式出现的体育课程类似学科课程，而以课外体育活动形式出现的体育课程则属于活动课程。学科课程性质的体育课与活动课程性质的课外体育活动齐抓并进，才能更有助于实现体育课程的目标。

教育部倡导并推广的大课间体育活动打破了传统的课间操活动形式，有助于学生体能水平的提高和终身体育能力的培养，有助于加强师生之间、学生之间的交往，有助于人际交往能力的培养。大课间体育活动形式多样，活动内容丰富多彩，能起到体育课无法取代的作用，值得大力提倡，需要探索行之有效的实施模式。

（三）学校体育课程实施是体育课程的实现途径

1. "人"是学校体育课程实施的直接主体

体育课程在实施过程中涉及的人员是多样的，包括课程设计者（课程专家、体育教研员、政府相关部门的决策人员）、体育教师、学生和学校的管理者（校长、课程管理员）、学生家长等等。这是一个多元化的主体构成结构。在整个课程设计、实施过程中，这些人员都会对课程的实施产生影响，但是他们承担的角色和发挥的作用是有所差异的。学校是课程实施的核心，学校的影响作用是课程实施过程中最主要的，也是不能忽视的环节。本论文对于体育课程实施主体的研究限定于学校范畴，即体育教师、学生和校长（管理者），尤以体育教师为主。

（1）体育课程实施中的教师角色定位

研究体育课程实施的主体当首推体育教师。体育教师的首要任务是实施体育课教学，课程实施的成功与否、质量高低首先取决于体育教师的工作。而体育教师角色定位就是对体育教师在课程实施中的地位与作用的良好说明。

角色，是指处于一定社会地位的个体或群体，在实现与其地位相关的权利和义务时所表现出来的符合社会期望的行为和态度的总模式。"角色"一词属于戏剧用语，后被引入社会学、心理学等学科中。在这些学科领域里，角色由社会文化规定。社会对每一个角色给予的一定期望或规范要求决定了个体在占据某一位置时应该表现的行为和应该具有的特征。教师角色问题直接关系到课程实施的问题。

美国约翰·麦金太尔（D.John McIntyre）和玛丽·约翰·奥黑尔（Mary John O'Hair）在《教师角色》一书中提出了教师应该扮演的十大角色，即组织者角色、交流者角色、激发者角色、管理者角色、革新者角色、咨询者角色、伦理者角色、职业角色、政治角色和法律角色。[①] 国内学者吴康宁等人也对课堂教学中的教师角色进行了研究并根据教师言语行为的总体类型概括出教师的角色：定向者、定向·定规者、定向·定论者、定向·定规·定论者。[②]

本研究针对体育教师工作特点，认为体育教师应承担以下角色：

①体育教师是体育课程的传递者

在一定意义上看，体育课程实施的过程就是将体育课程传递给受教育的学生的过程。将体育课程向学生传递的过程事实上就是教师"教"的过程，这一过程要通过学生参与体育活动来实现，即学生的"学"的行为。这种"教"主要是传授体育知识（技术技能）、指导学习活动、激发学生体育学习兴趣、组织学生体育练习活动、与学生交流、个别辅导纠正错误、答疑等。被传递的体育课程既包括专家设计的课程，也包括体育教师自己设计的课程；既有预先设计的课程，也有一边设计一边传递的课程。

②体育教师是体育课程的学习者

体育教师要顺利地完成体育课程的有效传递，首先必须自己先掌握课程，对于课程要进行预先的学习、钻研。教师对课程的学习，一是对新课程内容的学习，体育课程内容具有多样性和丰富性，且各项内容之间的技术结构和规范差距比较大，体育教师以往的运动基础不一定能够满足新课程的需要，因此，体育教师要学习与体育课程内容相关的、自身知识储备不足的运动项目；二是对新理念、新思想、新方法、新教育技术的学习，在科技高速发展的今天，课程知识的更新速度很快，虽然体育运动项目的技术变化不大，但是课程理念、课程思想以及新的教育技术在课程中的应用还是必要的，体育教师要对这些内容进行学习，以便更好地执行课程实施活动；三是要学习体育运动中涉及的各

---

① [美]约翰·麦金太尔，玛丽·约翰·奥黑尔著.丁怡，马玲等译.教师角色.中国轻工出版社，2002.

② 吴康宁等著.课堂教学社会学[M].南京：南京师范大学出版社，1999:98-108.

种相关信息,当前信息传递的速度和方式都发生了本质的变化,学生获得知识的途径很多,体育课程教学已经不是教师的"一身堂",有时学生对一些流行性体育运动知识的掌握已经超出教师的范围,如果不及时补充新内容,学生将会对教师的领导地位产生怀疑。

当今社会是一个学习型的社会,学校成为一种学习化的组织,学习成为一个人终生的行为,作为教师尤为如此。先秦时期的《学记》说:"是故学然后知不足,教然后知困。知不足,然后能自反也;知困,然后能自强也。故曰'教学相长'也。"古人尚且如此,何况今天的体育教师。

③体育教师是体育课程的领导者

在当前课程领导日益民主化、教师职业专业化、教师自主权日益增强的情况下,体育教师在课程中的领导地位和作用不断提升。体育教师在课程实施中的领导职责主要表现为:一是制定体育课程实施的具体方案和行动方案,即根据《课程标准》编写适合本学校、本年级的体育课程实施方案和具体的教学方案;二是进行体育课程实施的宣传与动员工作,带动其他教师、学生和相关工作人员积极配合协调工作;三是在课堂中的具体组织行为,上好体育课,也是最本职的工作;四是对课程实施进行监督、调控和反馈。同时,体育教师的领导作用还体现在班级领导(体育教学班的指挥者)、学校领导(学校体育工作的主要力量,校本课程的制定者)、学区领导(课程研究的参与者)等方面。

④体育教师是体育教育的研究者

体育课程的有效实施,必须经过体育教师的教育研究活动。从一定意义上说,体育课程实施过程本身就是一种研究活动过程,教学方案的设计、教学的组织实施、实施效果的反馈、课程内容的调控,每一个环节都是通过体育教师的精心设计之后进行的。体育教师的研究活动可以促进教师教学能力的提高,促进教师的专业发展,提升教师的人生价值,使体育教师在业务素质、教学水平、学术研究、课程创新、文化发展上有所建树,成为具有科研素养的体育教师。

⑤体育教师是体育课程的建构者

体育教师在课程实施的过程中既要实施设计好的课程,也要通过自身建构课程。体育教师在整个"教"与"学"的过程中,根据自身对体育课程目标和课程内容的理解,针对学区学校和学生的实际,将体育课程目标转化为具体的、可操作的体育教学目标,同时,结合教学目标和《课程标准》《课程指导纲要》的要求确定教学内容,并选择适宜的组织形式和教学方法实施体育课程。这一系列活动的发生和发展显示体育教师在体育课程实施的过程中不仅参与了课程实施的过程,而且对课程实施进行了内部要素的选择与建构。尤其在体育课程改革的今天,体育新课程在课程内容方面只提供了导向性的标准,而学生体育学习的具体内容的选择和排列则主要依赖于体育教师根据实际情况选择确定,这给体育教师提供了课程研究和创造的空间,为体育教师"课程构建者"这一角色的发挥提供了一个良好的平台。

⑥体育教师是学生学习的合作者和交流者

在体育课程实施的过程中,体育教师要尊重、理解、平等地对待学生,让每一个学生都感受到来自体育教师的尊重和关注,尤其是对于体育基础比较差的学生,使学生积极主动地参与到体育学习和体育活动中,获得体育运动知识,体验学习成功后的快乐。体育教师要善于同学生进行交流,体育课堂本身是一个开放的课堂,教师与学生之间通过语言、更多的是教师指导和保护帮助下的身体活动进行交流和沟通,教师要通过多种方式为学生创造一个宽松、自然、安全的学习环境,使学生充满信心地参与体育学习。综上所述,体育教师在课程实施过程中的角色定位确立了教师在课程实施中的核心地位和主导作用,体育教师对待课程实施的态度、教师自身的专业素质势必会影响课程实施的效果。

(2)体育课程实施中的校长角色定位

校长是学校的灵魂,是一所学校的首席"执行官",是上级教育行政部门的相关政策的"执行者",是介于学校所有学生、教职员工与上级教育行政部门之间的"桥梁"。校长是学校一切事物的决策者和管理者,也是学校课程决策和课程教学工作的引导者与设计者。在今天课程改革的背景下,课程权利不断下放,地方教育机构和学校对课程具有越来越大自主权的情况下,学校的校长对学校各门课程的设置、实施、课程环境的改善以及教师的工作具有绝对的话语权。教育革新成功与否,校长起着核心作用,学校在教育革新实施之际,起关键作用的是校长。受校长支持和教师理解的教育革新,远比不支持、不理解的教育革新容易实施。由此可以看出,在学校顺利有效地实施体育课程,校长的作用是不容忽视的。

①校长是体育课程实施的决策者

校长是学校一切工作的决策者,体育课程的实施也是一样。校长的决策地位主要表现在:一是对上级教育部门有关体育课程文件的实施决策,相关体育课程文件由校长负责传达给体育教师,并决定对文件规定的具体实施时间、步骤、参与人员、实施程度把握与定位。二是对课程本身的决策,体育课程设置、开课年级学时规定甚至对课程内容涉及都会有所干涉,例如,场地周边有教学楼,不设足球内容,怕砸坏了玻璃;出于安全考虑,体操运动的单杠、双杠等在很多学校都已不见踪迹,甚至操场上的器械都被拆掉了。三是对校本课程开发的决策,校本课程设计虽然是体育教师和体育教研组集体研究的成果,但要由校长最后决策实施。

②校长是体育课程实施的设计者

校长是学校发展远景和发展规划的设计者,体育课程的发展规模、发展特色、实施水平、课程研究、课程业绩等都与其他学科一样属于校长对学校工作规划设计的组成部分。换句话说,校长给予学校体育课程的定位层次,将决定体育课程在学校工作中的地位和发展前途。

③校长是体育课程实施的保障者

校长掌控着学校的一切资源。一是体育课程实施的人力资源保障,校长具有人事决定权,课程实施所需要的体育教师队伍、工作人员队伍要由校长提供;二是体育课程实施的物力资源保障,课程实施所需要的运动场馆、体育设施器材需要校长给予提供;三是经费保障,四是时间保障等等,最后还要提供一定的制度保障,使体育课程实施有据可依。所有这些保障都取决于校长对体育课程的认可度和支持力度。

④校长是体育课程实施的监督者

校长要负责对其所管辖的工作进展情况给予监督和检查。包括学校校本体育课程的开发与实施、学校体育教学和课外体育活动的正常开展、教师团队的组织建设、体育课程的实施效果等等。

除此之外,校长还是学校同政府、家长、社会各个环节、机构的协调者。

(3)体育课程实施中的学生角色定位

学生是体育课程实施的直接参与者,也是接受体育课程教育的对象,学生对体育课程的认知程度和喜爱程度,直接影响学生参与体育学习的积极性和主动性,从而影响体育教师对体育课程的执行情况,影响体育课程实施的效果。由于学生是体育课程实施过程中的教育对象,是体育学习的参与者。学生的角色首先是体育课程实施的接受者,是体育教育的"原石",是体现体育课程效果的"成品"。然后才是体育学习行为发生的主体,学生的作用就是参与体育课程实施,积极地、主动地、能动地接受体育课程教育。

2.体育教学和课外体育活动是体育课程实施的重要途径

"途径"也可以写作"途迳"。其含义为:方法、路子、路径,多用于比喻。清代李渔在《玉搔头·缔盟》中所说:"就是这箇尊衔,也只好借为途径。"夏仁虎在《旧京琐记·考试》:"考试取士为清代登进人才唯一之途径。"这中间的"途径"都是作为方法、路径的意思。体育课程实施的途径就是指在课程

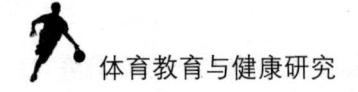

实施过程中，将体育课程计划、方案等由文本资料变为课程实践活动，以达到预期目标的方法和路径。

在体育课程实施过程中，这种途径的核心是体育教学。另外，作为学校体育工作内容的课外体育活动是为了实现体育课程目标要求而设立的对体育教学起到补充作用的辅助手段和方法。

（1）体育教学是体育课程实施的主体途径

体育课程是学校教学计划中所规定的必修课，是学校体育教学的基本组织形式，是实现学校体育教学目标的主要途径。[1]

体育教学是体育教师在规定的时间内，对相对固定的学生按照《课程标准》的规定而实施的体育课堂教学活动，它是体育课程在学校体育中的主要表现形式，是实现体育课程目标的主要途径。

体育教学的主要作用在于传授知识、形成技能、培养智能和发展个性。这四个方面是相互联系、相互重叠渗透的统一体。传授知识即向学生传授体育学科的基础理论知识和运动技术技能知识；形成技能即在体育课程中按照运动技能的形成规律帮助学生掌握体育运动技术，发展运动能力。知识传授是形成技能、培养智能和发展个性的基础，运动技能形成过程与体育知识传授过程是统一的，两者互相依存，不可分割。这两个方面是体育教学最基本的作用和功能。而培养智能和发展个性是建立在传授知识和形成技能基础上的，是在体育知识传授和运动技能形成过程中的辅助产品。

（2）课外体育活动是体育课程实施的辅助途径

课外体育活动有多种解释。第一种，课外体育活动是学生在学校内外参加的体育课以外的有组织的体育活动。[2]第二种，课外体育活动是在体育课程以外，以健身、保健、娱乐为目的的体育活动，以提高运动技术水平为目的的课余体育训练，以及为丰富学生课余文化生活而举办的课余体育竞赛的总称。第三种，课外体育活动是指课前、课间和课后在校内进行的，以全体学生为对象，以保健操、健身活动为主要内容，以班级为基本组织单位，以满足广大学生多种身心需要为目的，促进学生身体、心理和社会适应能力和谐发展的体育锻炼活动。[3]

无论哪种解释，始终要坚持课外体育活动首先是体育课以外的活动；第

---

[1] 全国体育院校教材委员会审定.学校体育学[M].北京：人民体育出版社，1991:108.
[2] 全国体育院校教材委员会审定.学校体育学[M].北京：人民体育出版社，1991:167.
[3] 潘少伟，于可红.学校体育学[M].北京：高等教育出版社，2005:172

二,是面向全体学生的活动;第三,是在学校内进行的、有组织的体育活动。本研究认为课外体育活动应该是除去学校体育工作规定的早操、课间操、课余体育训练之外,由学校在规定的时间段内,统一组织的体育活动,才是真正意义上的课外体育活动。

课外体育活动的作用主要表现为:满足学生参与体育活动的需求,有效促进学生的身体发育和体质的增强;巩固体育课上学习的知识和基本的技术技能,提高体育运动技术,形成学生自身的运动特长;丰富学生课余生活,促进学生在身体、心理和社会适应方面的全面发展;培养和发展学生的体育兴趣与能力,为终身体育奠定基础。

3.教学环境是体育课程实施的基本保障

体育课程实施是发生在教师与学生之间的人类体育教学实践活动,因此课程实施也有其特有的、密不可分的环境。环境对处于其中的课程实施行为亦会产生影响。体育课程实施最直接的表现形式是体育课,而实际上体育课是体育教学活动的组织形式。因此,体育课程实施环境就是体育课所处的环境,也就是体育教学活动发生的环境——体育教学环境。

教学环境是一种特殊的环境形式。概括地说,教学环境就是学校教学活动所必需的诸多客观条件和力量的总和,是按照人的身心这种特殊需要而组织起来的育人环境。[①]

教学环境具有广义和狭义之分,广义的教学环境是指社会制度、科学技术、家庭条件、亲朋邻里等。而狭义的教学环境则是从学校教学工作的角度定义,教学环境主要是指学校教学活动的场所、各种教学设施、校风班风和师生人际关系等。本论文中课程实施的环境指的就是这种狭义的环境。由此,体育课程实施环境就是体育课程实施(教学)活动的场所、各种体育场馆、体育设施、体育器材、校风班风和师生人际关系等条件的总和。

二、体育课程实施的意义

(一)体育课程实施是体育课程改革的重要环节

一场完整的体育课程改革通常包括课程设计、课程实施和课程评价三个环节。课程设计是体育课程改革的起始环节,是指研究制定体育课程改革的理想及实现这种理想的具体方案。体育课程的设计包括体育课程标准的研制、体育教科书的编写、地方体育课程方案的制订等内容。课程方案设计好以后就应该

[①] 李秉德,李定仁.教学论[M].北京:人民教育出版社,1991:271.

进入课程实施环节。课程改革的实践过程包括三个不同阶段：第一阶段是做出使用课程计划的决定，称为"发起"或"动员"阶段；第二阶段是实施或最初使用阶段；第三阶段是常规化或制度化阶段。如果说课程设计与课程实施存在先后顺序的话，那么，课程实施与课程评价则是同步并行的。课程评价并不仅仅是对课程实施的结果进行评价，还包括对课程设计质量和课程实施过程的评价。根据发展性评价理论，课程评价的目的是为了促进教师和学生的主动发展及课程建设的不断完善。从课程改革的角度看，体育课程评价的目的在于了解体育课程设计和实施的情况，及时总结体育课程设计和实施过程中的经验，发现存在的问题与不足，通过课程评价为改进课程设计，促进体育课程的有效实施提供建设性意见。

从课程计划与课程实施的关系来看，两者是理想与现实、预期的结果与实现结果的过程之间的关系。课程计划制订得越完善，就越便于实施，实施的效果也就越好，但课程计划制订得再好，若不付诸实施，也不会有实际意义。从课程实施与课程评价的关系来看，课程实施过程可为课程评价提供内容。课程评价要考察课程实施的可能性、有效性及其教育价值等，而这些都要通过课程实施阶段才能获得，同时评价又可为课程实施提供反馈信息，以便及时对各种课程要素进行调整。但是，我国以往的体育课程改革恰恰忽视了课程实施这个重要环节体育课程改革的设计者往往对课程方案的科学性、先进性、时代性和完善性等做了比较充分的论证，对课程改革的结果也有一些定性和定量的评价，然而却很少关注课程方案和改革结果之间的实施过程。我们不能苛求体育课程标准和体育课程方案一经制订便完美无缺，重要的是把这些精心研制的标准和方案付诸实践，并在实践过程中发现问题，不断总结经验。只有这样，体育课程改革的美好理想才可能转化为现实，体育课程的价值与意义才可能得以生成。如果说课程设计为体育课程改革的成功提供了可能，那么，体育课程实施就是把这种可能变为现实的过程。

（二）从课程层次理论看体育课程实施的意义

20世纪90年代初，当课程实施研究在美国成为一个蓬勃发展的新兴领域的时候，美国课程论专家古德莱德的课程层次理论便深刻地触及了课程实施的深层含义。古德莱德认为，课程可以分为5个层次，处于不同层次的课程，其含义是不一样的。[1] 观念层次的课程（ideological curriculum）。这是尚处于观念之中的课程，往往由研究机构、学术团体和课程专家所倡导。这

---

[1] 李臣之. 课程实施：意义与本质[J]. 课程·教材·教法，2001（9）：15～16.

类课程是否产生实际影响,要看它是否被官方所采用。[①]②社会层次的课程(societal curriculum)。这是指由教育行政部门规定的课程计划、课程标准和教材,也就是被列入学校课表中的课程,即正式的课程(formal curriculum)。该层次的课程远离学习者,国家和地方通常通过各种政策法规和课程指南来确立教学科目、教学内容、教学时间、教科书和其他材料。③学校层次的课程(institutional curriculum)。该层次的课程通常以学科的形式组织起来。这类课程大部分源于国家和地方确立的"社会层次的课程",并经过学校的修改。④教学层次的课程(instructional curriculum)。这是教师规划并在课堂上实际实施的课程。教学层次的课程体现了教师对课程的理解,也体现了教师在课堂上对课程的实际运作,是"理解的课程(perceived curriculum)"与"运作的课程(operational curriculum)"的统一。⑤体验层次的课程(experiential curriculum)。这是学生实际体验到的课程。尽管经历了同样的课程学习,但不同的学生会获得不同的学习经验或体验。这也是所有课程层次中最重要的课程,是被学生内化和个性化了的课程。该层次的课程是对课程组织的最终检验每一个学习者究竟受到了怎样的影响。观念层次的课程和社会层次的课程属于课程设计、课程采用阶段,而学校层次的课程、教学层次的课程和体验层次的课程则进入课程实施阶段。课程变革不仅包括制订和采用课程计划,更根本的还在于课程实施过程。课程的实际含义不仅指各种各样的课程资料,更根本的还在于学校的运作、教师的实践和学生的体验。

从古德莱德的课程层次理论来看,体育课程同样具有含义不同的5个课程层次。例如,随着我国社会的不断发展,人们越来越认识到学生身心健康协调发展的重要性,研究机构、学术团体和课程专家倡导体育课程要促进学生的健康成长,这就形成了观念层次的体育课程。随着人们对体育课程健康促进价值认识的日益深化,"健康第一"的思想广泛地渗透到我国21世纪体育课程标准的制订和体育教材的建设之中,这便是社会层次的体育课程。各级各类学校根据课程方案和体育课程标准开设的体育课和大课间体育活动等属于学校层次的体育课程,而体育教师在课堂教学和大课间体育活动等课程实施活动中真正实施和学生真正体验到的体育课程,则是教学层次和体验层次的体育课程。无论是观念层次的体育课程,还是社会层次的体育课程,只有学校真正知觉了,教师真正运作了,学生真正体验了,才能有效地促进学生的身心发展。

[①] 张华.课程与教学论[M].上海:上海教育出版社,2000:332~333.

（三）体育课程实施是体育教师专业发展的过程

体育课程改革的关键在于有效的课程实施，而体育课程实施的关键在于体育教师的实际运作体育教师对新课程的理解和参与是实施新课程的前提，因为他们最终决定着体育课程实施的走向。体育课程实施是体育教师根据具体的课程情境，对课程目标、内容和方法进行调适的过程。如果体育教师对新课程缺乏兴趣，担心实施新课程会影响自己业已形成的优势，就不可能主动参与课程实施过程，不可能积极地调适体育课程实施方案，体育课程改革就很难取得成功。

在新课程标准的条件下，体育教师专业发展越充分，按照课程实施的具体情境进行调适的可能性就越大，体育课程实施的水平也越高。促进体育教师的专业发展是体育课程实施的关键所在。既要深化体育教师专业教育的改革，又要使广大体育教师明确体育课程改革的意义和目标，充分调动他们的积极性，使体育课程实施的过程变成体育教师主动发展的过程。

第二节 有效体育教学实施模式构建

一、有效体育教学模式的基本特征

（一）致力于促进学生健康成长的指导思想

合目的性是创建有效体育教学模式的首要依据。从合目的性这一视角来看，有效体育教学模式的创建必须确立致力于促进学生健康成长的指导思想。众所周知，自改革开放以来，我国中小学生的体质健康状况呈现出持续下降的趋势，造成这一现象的原因是多方面的，一是由于生产和生活方式的快速变迁，青少年学生在日常生活中体力活动越来越少；二是由于一些学校片面追求升学率，没有按国家规定开齐上好体育课，课外体育活动流于形式；三是由于"安全第一"下的因噎废食，一些带有一定危险性的运动项目被学校所禁止，一些学校和地区甚至在运动会项目的设置上取消了中长跑比赛；四是由于独生子女普遍受到溺爱，部分学生意志品质和吃苦耐劳思想的缺失。因此，扭转青少年学生体质健康状况持续下降的趋势是当前我国学校体育工作的首要任务，促进学生健康成长理所当然应该成为创建体育教学模式的指导思想。

（二）致力于提升体育教学有效性的教学理念

如果说体育教学模式是一种外在的教学程式，那么，有效体育教学模式的核心理念就是致力于提升体育教学的有效性。事实上，有效性是体育教学的永恒话题，那种"只顾耕耘，不问收获"的体育教学是低效甚至是负效的，那种"只顾埋头拉车，罔顾抬头看路"的体育教学是需要杜绝的。体育教学的有效性可以分为三个层次和三个维度。体育教学有效性的第一个层次是体育教学是否有效果，即通过体育教学学生是否有收获；第二个层次是体育教学是否有效益，即通过体育教学学生是否发生了积极的变化；第三个层次是体育教学是否有效率，即在相对固定的时间内通过体育教学学生是否获得了尽可能大的进步。考察体育教学有效性的第一个维度是体育教学是否有助于学生体质健康水平的提高，强身健体始终是体育教学的本质追求，也是体育课程实施过程中落实"健康第一"指导思想的基本要求；第二个维度是体育教学是否有助于学生运动技能和方法的掌握，因为运动技能既是全面达成体育课程目标的重要载体，也是激发学生体育兴趣，养成终身体育习惯的依托所在；第三个维度是体育教学是否有助于学生的心理健康和社会适应，体育教学对于培养学生优良的心理品质和社会适应能力具有独特的作用。总而言之，全面提升体育教学有效性是创建和运用有效体育教学模式的重要理念。

（三）综合发挥各种教学方式优势的教学方法体系

教师教学方式的变革和课堂教学行为的重建是我国基础教育体育课程改革的重点和难点问题，也是本次课程改革的热点和亮点。强调学生的主体性发展及创新精神和实践能力的培养是新课程教学方式变革的重要特征，在新课程的课堂教学改革中，学生的主动参与是实现其学习方式转变的核心。也就是说，教师应树立主体性教学思想，真正落实学生在课堂教学中的主体地位，改变学生以往被动、机械的学习状态，形成多样化的学习方式，积极引导学生进行自主性学习、有意学习和发现学习。在此基础上，不仅要使学生掌握系统扎实的基础知识和基本技能，形成良好的情感态度和价值观，而且要具有较强的创新精神和实践能力。[1]在主体性教学思想和建构主义学习理论的影响下，不少一线教师对自主学习、合作学习、探究学习等教学方式进行了积极的尝试，也积累了许多有益的经验。不过，体育教学方式的变革应该避免形式化和绝对化，不应过分强调自主学习、合作学习、探究学习的优点而贬低接受性学习的作用。体育教学方法具有多样性，它们分别适用于不同的教学对象、教学目标及不同的教学内容，没有哪一种教学方法是万能的，因此，有效体育教学模式应摒弃那种非此即彼的片面取舍性思维，建立能综合发挥各种教学方法优势的教学方法体系。

---

[1] 张天宝.新课程与课堂教学改革[M].北京：人民教育出版社，2003:144.

（四）既考虑体育教学效果的迟效性，也注重体育教学效果的长效性

体育教学很难收到"立竿见影"的速效，无论是运动技能和方法的习得，还是学生体能的发展，都需要一个循序渐进和逐步积累的过程。运动技能的学习要经历习得、保持和迁移的过程，运动技能的形成是指通过练习从而逐渐掌握某种外部动作方式并使之系统化的过程，可以分为认知阶段、联系形成阶段和自动化阶段。运动技能是在大量练习的基础上获得的，因为大量的练习往往意味着过度学习，而且在练习过程中常凭借外部和内容反馈信息来不断校正动作。因此，经过过度学习的任务是不易遗忘的。研究表明，运动技能越复杂，练习量越多，遗忘发生得越少；运动技能越简单，练习量越少，遗忘越明显。[1]

由此可见，学生运动技能和方法的掌握需要经历一个漫长的过程。有效体育教学模式既要从局部考虑一节体育课、一个体育教学单元或一个选项教学模块给学生带来的收获和进步，也要从整体上考虑一个学段甚至学生的整个学校学习生涯的体育学习成效；既要看学生在某一局部时间内体育学习的阶段效果，也要从终身体育的角度看学生体育学习的长远效果。

（五）既考虑体育教学效益的普遍性，也注重体育教学效益的个体性

如果说体育教学效果注重的是通过体育教学学生发生的变化，那么体育教学效益则强调这种变化是积极和有价值的。毋庸置疑，体育课程的价值具有普适性，它对所有学生都具有提高体质健康水平、学习和掌握运动技能和方法、促进心理健康和社会适应能力发展的积极作用。不过，体育课程的普世价值具有较大的差异性，这种差异性主要表现在三个方面：一是地区之间的差异。我国幅员辽阔，各地经济、文化、教育、体育、习俗等存在着较大的差异，而且文化和习俗等方面的差异是难以消除的，因为文化具有多样性。二是学校之间的差异。教育资源的不平衡是当前我国教育发展的一个普遍现象，城市学校与农村学校、重点学校与一般学校在体育课程资源方面的差异是相当明显的。三是学生个体之间的差异。学生在身体发育、运动能力、体育需求、性格和气质等方面的差异是客观存在的因此，有效体育教学模式既要发挥体育课程的普适性价值，也要注重体育教学效益的个体性，使每一名学生都学有所获，学有所成。

（六）既考虑体育教学效率的相对性，也注重体育教学效率的综合性

体育教学效率是指在某一时段内学生进步和发展的程度，学生进步大、发展快则意味着效率高，而学生进步小、发展缓慢，则意味着效率低。一方面，

---

[1] 莫雷.教育心理学[M].广州：广东高等教育出版社，2002:250～253.

体育教学效率具有相对性,不同的任课教师、不同的教学内容、不同的教学方式很可能有着不同的教学效率。体育教师对体育教学有效性的理解及教学方式、教学组织形式、教学手段等教学策略的设计和运用,在很大程度上决定着体育教学的效率。练习密度是衡量体育课堂教学效率的一个重要指标,因为身体练习既是学生习得运动技能和方法的必要条件,也是发展体能的重要保证。如果教师能根据教学目标和教学内容的特点恰当地选用教学方式和教学组织形式,恰到好处地做到精讲多练,就可以提高练习密度,获得相对较高的教学效率。另一方面,体育教学效率还具有综合性,这是由体育课程价值的多元性所决定的,因此,有效体育教学模式要注重发挥体育教学的综合效应。体育课程的多种价值是相互促进、相辅相成的关系,只有正确处理好身体发展、运动技能和方法的习得、心理素质和社会适应能力的培养等各种主要价值之间的关系,才能切实提高体育教学的综合效应。

二、有效体育教学模式的实施步骤

有效体育教学模式的实施步骤主要包括分析体育教学情境、明确体育学习目标、精选体育学习内容、实施体育教学过程、开展体育学习评价等5个主要环节。

(一)分析体育教学情境

全面、准确地分析本校的体育教学情境是运用有效体育教学模式的起点,也是因材施教、因校制宜的需要。因材施教体现了主体性教学思想,体现了新课程"以学生发展为中心"的理念;而因校制宜则是落实新课程"关注地区差异和个体差异,保证每一位学生受益"理念的要求。体育教学情境分析主要包括学生主体情况的分析和本校体育教学资源的分析,其中,学生主体情况分析是因材施教的基础,是避免以学科为中心或以教师为中心的重要保证;而本校体育教学资源分析则是因校制宜的前提条件,主要是分析本校可供利用的运动场地、体育器材和设备及本校的体育传统等。

学生主体情况的分析通常简称为学情分析,是指对学生身体、心理、体育基础、班级情况等方面情况的分析。学情分析可以从两个层面进行:一是从宏观层面分析不同学习水平学生在身体形态、身体机能、身体素质、心理素质等方面身心发展的年龄特征;二是从微观层面具体分析授课班级在体能状况、运动技能基础、心理素质与社会适应能力、兴趣爱好、组织纪律等方面的具体情况。学生身体素质发展的特点和不同年龄阶段学生的心理特征是学情分析的两个重要方面,其中,身体素质方面主要分析学生身体素质发展规律、敏感期及力量、速度、耐力、协调、柔韧等各项身体素质的年龄差异；而心理特征方面主要分析学生在注意、思维、意志三方面的心理特点。

（二）明确体育学习目标

在传统的体育课程目标体系中，体育学习目标通常以"教学目标"的方式来表述，主要是体现教师的教与学生的学的共同目标。从国内外当代体育课程理念来看，体育课程的最终目标是要服务于学生发展的需要，因此，以体育学习目标来表述更为恰当。体育学习目标是体育教学活动期望达到的预期结果，它在有效体育教学模式中具有十分重要的作用，是评判体育教学有效性的重要依据。

第一，体育学习目标的制定要从体育课程的总目标出发，服务于学生健康成长的体育需求。体育与健康课程对于实施素质教育，培养学生的爱国主义、集体主义精神，促进学生德、智、体、美全面发展具有重要的意义。通过课程的学习，学生将掌握体育与健康的基础知识、基本技能与方法，增强体能；学会学习和锻炼，发展体育与健康实践和创新能力；体验运动的乐趣和成功的喜悦，养成体育锻炼的习惯；发展良好的心理品质、合作与交往能力；提高自觉维护健康的意识，基本形成健康的生活方式和积极进取、乐观开朗的人生态度。体育教学作为体育课程实施的核心路径，理应为实现体育课程的总目标服务。

第二，在制订最为具体的体育课堂学习目标时，应注重课堂学习目标的全面性、明确性和层次性。虽然新课程划分为运动参与、运动技能、身体健康、心理健康与社会适应4个学习方面，但这4个学习方面是一个密切联系的整体，不能割裂开来进行教学。体育课堂学习目标不一定要面面俱到，但需要注意学习目标的全面性，既要有运动技能学习方面的目标，又要有身体健康学习方面的目标，还应有心理健康与社会适应学习方面的目标。体育学习目标的明确性则是指所制订的学习目标要明确具体，不要用类似"发展学生体能""掌握××运动技能"这样笼统的表述，建议用如"进一步学习箱上前滚翻的完整动作，80%的学生能在保护帮助下完成""通过各种各样的跳绳练习，发展下肢力量、协调性、灵敏性等身体素质"之类的表述。体育学习目标的层次性则是指学生的体育课堂学习目标要有主次之分，即本节课学生重点要在哪一方面发生良好的变化。

（三）精选体育学习内容

体育学习内容是为实现体育学习目标而选用的体育与健康知识和运动技能，它是有效达成体育课程目标的重要载体。在有效体育教学模式的运用中，不仅需要对体育学习内容进行选择，而且要对所选择的学习内容进行课程化改造。竞技运动是广大学生喜闻乐见的体育活动，具有很高的体育课程价值，但不能把竞技运动生搬硬套地移植到体育课堂教学中，而需要进行适当的改造。竞技项目课程化改造的目的是要避免学生对所喜爱的竞技运动"叹为观止"，使其在体育学习过程中体验到学习的乐趣，强化内心的成功体验，真正变"要我学"为"我要学"。体育学习内容改造的总原则是使之适合学生学习的需要，可以从改变成人化的场地器材规格、改变竞技化的竞赛规则、改变规范化的组织形式，这三个方面着手。

（四）实施体育教学过程

体育教学过程是实现体育学习目标的实践性环节，它是学生在教师有目的、有计划地组织和指导下，学习体育与健康基本知识、基本技能和方法的过程。体育教学过程在很大程度上决定着体育教学的有效性，体育教学效果有多少、教学效益有多大、教学效率有多高，往往取决于体育教学的实施过程。

课堂教学是体育教学的基本单位，依据人体生理机能活动变化的规律、运动技能形成与发展的规律、学生心理活动过程的规律、认知规律等，可把体育课堂教学的基本过程划分为激趣热身、技能学练、提高拓展、放松收课4个主要步骤。

（五）开展体育学习评价

有效体育教学模式的评价是从教学效果、教学效益、教学效率三个维度对体育教学计划、体育教学过程及体育教学结果进行的评估判断。有效体育教学模式的实施要注重发挥评价的诊断功能和调控功能。从诊断功能来看，评价是对教学结果及其成因的分析过程，借此可以了解体育教学各个方面的情况，从而判断教学的成效和缺陷、矛盾和问题。全面而准确的体育学习评价不仅能评估学习目标的达成程度，而且还能揭示教学效果不良的原因，它如同进行体格检查，可以对教学现状进行严谨的诊断，进而为教学决策和改进提供反馈。从调控功能来看，学习评价的结果必然会得到一种反馈信息，从而使教师和学生能及时了解自己教和学的情况，从而为教和学的策略调整提供依据，进而有效地改进教学。在有效体育教学模式的实施中，教师要善于根据评价所反馈的信息，更加准确地分析体育教学情境，及时修订教学计划，改进教学过程，以进一步提高体育教学的有效性。

三、有效体育教学模式的实施要点

（一）准确把握有效体育教学的八大"外部事件"

学生体育学习需求的多样性、学习目标的多元性、学习内容的丰富性和可选择性及体育教学情境的随机性和多变性,决定了体育教学过程的复杂性和创造性。有学者认为,有效教学的实质,就是要促进学生形成有效学习,即"有意义学习"的过程,有效教学的要素就是与有效学习的八大要素(情境、个性、动机、选择、建构、应用、计划、评价)"相当精确地保持一致"的起促进作用的八大"外部事件"。[1]事实上,这八大"外部事件"同样是实施有效体育教学所必须把握好的。

(1)精心创设良好的学习情境,营造良好的学习氛围。

(2)全面掌握学生的个性特征,了解学生的个体差异。

(3)善于激发学生的学习动机,点燃并保持积极的学习意愿。

(4)及时引导学生的选择性注意,帮助学生明确学习指向。

(5)合理促进新旧知识的联系,加强新知识意义的领悟。

(6)注重体验学习,促进学生对新知识的理解、巩固和迁移。

(7)巧妙指导学习计划,提高学生的"元认知"水平和能力。

(8)重视指导评价反馈,提高学生自控学习的意识和能力。

(二)全面践行之有效体育教学的五大关键行为

美国学者加里·D·鲍里奇在他的著作《有效教学方法》(第四版)中归纳了促成有效教学的5种关键行为,即:①清晰授课;②多样化教学;③任务导向;④引导学生投入学习过程;⑤确保学生成功率。[2]他在该著作中还进一步阐释了每一种关键行为在教学活动中的具体表现。五大关键行为及其教学表现也是实施有效体育教学需要全面践行的。

(三)把有效教学理念真正落实到体育教学过程中

体育与健康新课程在课程理念、课程内容的呈现形式及教学方式的选用等方面发生了显著变化。这些变化在给体育教师创造性地开展体育教学提供广阔舞台的同时,也给体育教师的有效教学造成了困惑。一方面,体育教师需要重新课程的视角重新审视体育教学的有效性,因为传统教学理念下的有效体育教学在新课程的视阈中不一定是有效的;另一方面,体育教师需要详尽地分析本校的体育教学资源和学生的体育学习需求,独创性地设计体育教学过程。

在新课程的理念下,教学过程被界定为"师生交往,积极互动,共同发展的过程"。在教学活动中,人与人之间的关系不再是单向的"输出—接受"关系,也不是被动的"刺激—反应"关系,而是一种相互作用、相互交流和沟通

---

[1] 陈厚德.基础教育新概念:有效教学[M].北京:教育科学出版社,2000:96~119.

[2] 加里·D·鲍里奇.有效教学方法[M].易东平译.南京:江苏科学出版社,2002:8~16.

的双向互动关系。这样，教学交往实践与传统的教学活动相比，它不再是单一教学主体与教学客体之间两极摆动的抽象过程，而是对现实的教学活动中多极教学主体之间相互作用、相互影响的真实反映和生动刻画，是教学主体之间相互以共同客体为中介的一种对话、交流和沟通的过程。体育教学过程具有一般教学过程的共同特点，基于交往实践观念的体育教学过程要落实好如下要点：

（1）创设宽松、和谐、平等、充满活力的教学氛围。
（2）使学生明确一节课、一个单元的学习目标。
（3）鼓励学生在达成目标的过程中挖掘自己的潜能。
（4）帮助学生发展学习经验，给学生提供相互交流的机会。
（5）鼓励学生积极与教师对话。
（6）启发学生积极思考完成学习任务的不同途径，学会学习。
（7）当学生提出的假设与事实有矛盾时，鼓励学生相互探讨。
（8）鼓励学生大胆地表现自我，展示自我。
（9）在保证安全的前提下，鼓励学生向自我挑战，并具有一定的冒险精神。
（10）在活动中引导学生运用已有的运动经验进行动作组合与创新练习方法。
（11）给学生时间在相关媒体中寻找答案，并创造自己的想法。
（12）无论学生成绩如何，要让学生感到教师在关心他，并用富有感情的方式对待学生的每一点进步。

第三节 课外体育活动实施模式构建

一、课外体育活动的价值

课外体育活动以其丰富多彩的活动内容，自由、自愿的活动形式深受广大学生喜爱，因而，学生自觉、主动、积极地参与体育活动，享受体育活动带来的生活乐趣，可以受益终身。

概括起来，课外体育活动主要有以下几个方面的价值：

（一）提供有效的体育锻炼时间、空间和强度

课外体育活动能够为学生体育锻炼、增强体质提供有效的时间、空间和强度等的保证，课外体育活动通常具有一定的运动负荷，对于青少年学生身体健康的提高具有直接作用。

（二）贯彻终身体育思想的重要环节

学校体育作为树立学生终身体育思想的重要手段，通过体育课程，不仅要传授学生运动技能、激发运动兴趣、培养社会适应能力，还要进一步强化学生的终身体育思想。课外体育活动对学生终身体育的作用主要体现在以下几个方面：①课外体育活动能培养学生终身体育的兴趣；②课外体育活动能培养学生终身体育的意识；③课外体育活动有利于巩固和提高学生的运动技能，从而培养学生终身体育的能力；④课外体育活动能培养学生终身体育的习惯，使学生知道生活的一切空间和时间都是可以进行体育活动的，而不只局限于学校内的体育课，由此形成学生的终身体育思想和习惯。

（三）促进学生的社会化

人与动物的最大区别是人具有高度的社会化过程，而动物没有，可以说，人只有充分的社会化后，才能真正称其为人，也才能使人从动物界中完全分离。人要实现社会化，首先要通过社会关系的发生而实现。每一项课外体育活动都具有明确的规则，当学生在进行课外体育活动时，这些有关公平、平等的规则理念就深植于学生的头脑中，而这些习得性的规则会在学生日后的其他社会生活中起到潜移默化的作用，进而对学生社会化的进程起到了促进作用。

（四）培养优良的思想品德，丰富和活跃精神文化生活

社会主义的教育是要培养全面发展的劳动者。在课外体育活动中，通过进行多种形式的政治教育、革命传统教育活动，可以提高受教育者的思想政治觉悟，培养受教育者热爱祖国、热爱人民的情感；通过参观访问，学习现实生活中的先进人物、先进事迹等，可以使受教育者对照自己，找到差距，不断提高；通过参加社会公益劳动，争做好人好事，可以提高受教育者的良好道德品质；通过课外阅读、参观、访问、讲演、竞赛等活动，还可以不断地丰富受教育者的精神生活，使其健康活泼地发展。受教育者参加一些社会主义物质文明和精神文明的建设活动，可以得到多方面的锻炼，更加有利于自身的发展。

课外体育活动对促进学生身心健康发展、树立终身体育意识、养成终身体育的习惯及社会化具有积极作用，因此，要充分认识课外体育活动的重要性，尤其使体育教师明确，开展课外体育活动，丰富课余生活，有利于学生的全面发展，为学生的健康成长营造一个良好的育人环境，增强他们组织好课外体育活动的主动性、积极性。重质量，讲效益，通过活动，增强学生的体能，发展学生的体育特长，为他们今后的深造奠定基础。域外一些学校体育发达的国家普遍十分重视课外体育活动。

二、课外体育活动实施模式构建

(一) 构建课外体育活动实施模式的理论基础

1. 构建课外体育活动实施模式的理念

理念是行动的先导,有什么样的理念就会有相应的行动方式。构建课外体育活动实施模式首先要转变行政理念:

第一,树立"健康第一"的理念。"健康第一"既是贯彻落实中共中央有关文件精神的需要,是深化体育课程改革的需要,更是切实提高中小学生体质健康水平的现实需要。

第二,树立公共服务的理念。构建课外体育活动实施模式的理念是把课外体育活动作为公共体育服务体系去构建,实施过程中突破原有课外体育活动的封闭性,注重学生在学校外、假期中的体育参与,致力于构建为广大学生提供基本的公共体育服务体系,以提供公共体育服务为宗旨,为学生身心全面发展服务。

2. 构建课外体育活动实施模式的理论基础

课外体育活动离不开体育教育实践活动,它是与社会发展背景,尤其是教育背景密切相关的。

一是素质教育理论基础。所谓素质教育是根据我国目前现行的社会经济发展的需要,以全面提高学生的基本素质为目的的一种教育。素质教育作为一种教育观念,是为了使教育适应社会、改造社会而提出的新的教育思想,它包括基础教育、文化素养教育、心理发展水平教育和终身教育素质教育要面向全体学生,以期提高全体国民素质;应促进学生的全面发展;要尊重学生的主体地位,让学生主动发展;要坚持因材施教的原则;要重视学生能力的培养和对未来社会的适应。在大课间体育活动中,教师和学生共同参与完成。学生是有主观能动性的个体并蕴藏着巨大潜能,在活动中能够很好发现问题、解决问题,在此过程中学习自我评价,从中学会学习、学会生存、学会创造以及如何做一个思想品德、知识技能、身心健康全面发展的人。而教师承担的职责则是指导学生如何做一个有理想、有道德、有文化等能适应社会的人。由此可见,教学生做人和学生学会做人必须同时调动两方的积极性,靠双方密切的协作和配合才能完成。

二是以人为本理论基础。众所周知,教育的目的就是要培养完全的人、不断超越的人及有创造力的人。而体育作为教育的一个重要组成部分,在人的不断发展和追求过程中是不可或缺的,尤其是在培养人的完美性格和完美人生方面起着举足轻重的作用。大课间体育活动作为体育教学的延伸,除了对学生认知发展有积极的促进作用外,对激发学生的体育兴趣、提高社会适应能力、增强心理健康有着其他课程所不能替代的作用。从人本主义教育的观点看,教育的根本目标是使学生成为独立、自主、有效的学习者。正如人本主义心理学家康布斯所言:"成功的教学不是在于教师教给学生多少知识,而是在于教师能否启迪学生使知识个人化,从而获得意义。"我们的教育目标必须从传统的"知识教学"转为"方法教学",重在使学生"学会如何学习",着力培养学生的能力与素质。学生必须参与教学过程才能展开真正的学习。学生只有参与了教学过程,才有可能对教材做出有意义的发现,才能产生学习动机。而大课间体育活动恰恰满足了教育方面的要求。在这个活动中,学生是主体,坚持以人为本,通过自己的亲身体验,在融洽的活动氛围中自由地表现自我、认识自我,进而改变自我、实现自我。此时的大课间体育活动已不是一种按预设方案进行的活动,而是一种让学生在良好的人际关系中体验的动态过程,它通过学生自己发现问题和解决问题来达到对经验意义的理解,从而有效影响其行为。

(二)值得大力推广的大课间体育活动

大课间体育活动改变了过去一成不变、单调枯燥的课间操形式,在时间上,由原来的15分钟延长到25~30分钟;在功能上,由调节心智功能拓展为健身和育人功能;在内容上,加入了学校的自编操、武术操及各种小型多样的体育活动与体育游戏;在参与形式上,由原来的"教者发令,学者强应"改变为全体师生共同参与。大课间体育活动具有较强的综合效益,既有利于发展学生的体能素质,又有利于学生运动兴趣的激发和运动技能的提高,有利于促进学生终身体育习惯的养成,还有利于学生良好心理品质及社会交往能力的培养。不仅如此,在师生共同参与的形式下,不仅有助于师生之间的沟通与交往,有助于新型师生关系的建立,而且有助于提高教师的健康水平,从而提高教师的工作和生活质量。

自教育部1999年推广大课间体育活动以来,大课间体育活动的积极作用日渐得到了认同,广大城乡学校开展了积极的尝试,积累了许多有益的经验。例如,在活动内容上,要以校本活动为主,形成各校自身的特色,把民间和民族传统的体育项目纳入大课间体育活动的内容中,如小组合的武术操、秧歌操、健身操、竹竿舞、滚铁环、打陀螺、玲珑球、跳龙舞等,同时,也可将学生喜闻乐见的一些新兴体育项目,如街舞、滑旱冰等纳入大课间体育活动中;在运动负荷上,应以适宜的温和型的中小负荷为主,这既有利于提高学生体能水平，又不影响学生下一节文化课的学习。大力推广大课间体育活动，确实是保证学生每天体育活动时间的一项新招、实招、硬招和高招。

第四节　体育校本课程开发模式构建

一、体育校本课程开发的作用

（一）有助于全面推进素质教育

体育校本课程开发是开发主体依据学校自身的特点和条件，根据学生的实际情况，满足学生体育学习需求的课程开发活动。体育校本课程开发关注学生的个体差异，尊重和满足学生不同的学习与发展需求，有助于学生的积极参与和潜能开发，有助于学生的全面发展。

（二）有助于更好地体现学校办学特色

体育校本课程开发一般有以下两种形式：一种是利用当地的经济、文化、地理环境等资源开发的地域性运动项目；另一种是根据学校或周边社区的体育资源，结合学校的办学理念和实际情况开发的体育特色课程。如果学校将地域性运动项目科学地纳入体育课程或开发出适合本校发展的体育特色课程，都能很好地体现各个学校的办学特色。

（三）有助于丰富和完善学校体育课程结构

国家课程、地方课程和校本课程是我国基础教育的三级课程体系，三者构成了课程的整体。体育校本课程开发过程中充分利用了校内外的课程资源，使学校的体育课程资源得到优化配置，与国家体育课程开发、地方体育课程开发协同完善体育课程开发，使学校体育课程的整体结构更加丰富和完善。

（四）有助于提高中小学体育教师的专业水平

首先，体育校本课程开发赋予了体育教师一定的课程自主决策权，为教师专业水平的发展提供了广阔的空间；其次，体育校本课程开发是一项有计划的主动变革策略，有助于增强教师的课程意识，调动他们参与体育校本课程开发的积极性，从而使体育教师主动提高课程开发的业务水平；最后，体育校本课程开发是一个团体的合作与探究过程，在这一通力合作的活动过程中，体育教师能在体育课程专家和其他相关人员的指导和帮助下，反思体育教学中所遇到的问题，并寻求解决问题的办法，不断地提高自身的专业水平。

二、体育校本课程模式开发的立论基础

从认识上为体育校本课程开发奠定立论基础的有施瓦布的"实践模式"和斯滕豪斯的"过程模式"。

（一）施瓦布的实践模式

施瓦布的"实践模式"有以下几个特点：

第一，强调通过集体审议（这里的"集体审议"是以学校为场所，由校长、社区代表、教师、学生、教材专家、课程专家、心理学家和社会学家等组成的集体）的方式来解决课程问题。

第二，主张教师和学生是课程的主人。其中，教师主要负责课程的设计，根据特定的情境发挥个人的创造性，学生有权表达自己的学习感受以及提出疑问并要求解答。师生共同参与到课程开发的过程中，是课程的主体和创造者。

第三，强调把课程开发的过程与结果、目标与手段连续统一。施瓦布认为，课程开发中关注的焦点应该是在课程系统诸要素间相互作用的连续过程，尤其是学习者的兴趣和需要，应把学习者和学习群体置于研究的中心。

（二）斯滕豪斯的过程模式

斯滕豪斯及其同事所从事的课程行动研究是校本课程开发的另一个理论基础。课程开发的"过程模式"的主体思想有：

首先，斯滕豪斯的"过程模式"是从批判泰勒的"目标模式"中产生和发展的，反对以确定教育目标和实现预定目标作为课程开发的重点，认为课程开发的过程是一个很好的培养创造性思维的过程，主张教育的重点应该放在教育的过程。

其次，斯滕豪斯认为各个学校的情况是各不相同的，主张学校是课程研究和开发的中心，教师是课程开发的主体，教师即研究者。斯滕豪斯强调教师不是课程政策和方案的被动执行者，而是主动的反思者和实践者，教师应参与到教育研究中，在教学活动过程中不断反思自我，并不断提高自身的教学领悟和研究能力。

课程开发的"实践模式""过程模式"的主体思想与体育校本课程开发的基本思想或基本理念（立足学校，以学生为本，注重课程的生成性和课程改进的行动与研究过程）是相吻合的，二者的理论共同为校本课程开发的兴起和发展奠定了重要的理论基础。

三、满足体育校本课程开发模式的基本条件

基于以上对体育校本课程与体育校本课程开发概念的分析与理解,目前学术界对体育校本课程和体育校本课程开发的概念的界定还没有达成共识持不同的观点。很多人对什么是体育校本课程,怎样才是体育校本课程开发还很模糊。有人认为,学校的体育活动课或选修课就是体育校本课程;有人认为,体育校本课程开发就是自编体育课程教材。那到底什么是体育校本课程,怎样才算是体育校本课程开发呢?这是一个在体育课程理论上还讨论得不多的问题。体育校本课程开发有两个基本的条件。

(一)校本

这可以从以下几个方面进行理解:

一是为了学校。即在国家《体育与健康课程标准》和地方《体育与健康课程实施方案》的指导下,体育校本课程开发应体现地方特色或学校的办学理念与特色,激发学生体育学习兴趣和满足体育需求,有利于学校和学生的发展,成为学校的体育特色课程并持续传承下去。

二是基于学校。即要从学校的实际出发,学校是否要开发体育校本课程,采用怎样的方式和策略,开发到什么程度等,必须要结合学校自身条件与特点,要以学校可开发和利用的体育资源为依据。

三是在学校中。即"校本"强调课程开发场所是在学校。首先,整个体育校本课程开发的过程,从课程计划的制订、实施到评价活动等,都是在学校中进行;其次,虽然体育校本课程开发的主体是由学校的内部人员(校长、体育教师和学生)和课程专家、学生家长、社区人士等共同组成的共同体,但是学校的体育教师是学校体育教育的具体执行者,是校本课程开发的主要参与者。

(二)过程

体育校本课程开发的本质是一个有目的、有组织的、有计划的行动过程。它是一个不断发现问题、反思问题和解决问题,持续和动态的课程改进过程。这一过程应包括课程目标的制定、课程内容的选择和组织、课程计划的实施、学习内容与结果的评价与反馈等环节。开发的目的不仅仅是为了最终的校本课程,最重要的是在整个开发过程中为了学校的发展、教师的提高以及满足学生的体育需求而不断地改进和完善体育教学。体育校本课程开发没有终点,也不可能一劳永逸地解决体育课程的所有问题,是一个不断循环提高的过程。

现根据以上两个基本条件,对一些常见的例子进行分析如体育教师自编教材行为能否归为体育校本课程开发?如果体育教师不以学校为整体依据,只是

凭借自己的兴趣和经验改编或调整课程内容（如自编教材），没有规范程序的过程，且过于封闭、缺乏交流，其结果往往造成校内课程不均衡和不连续，这样不属于体育校本课程开发。反之，体育教师自主新编（开发）教材是有目的、有计划的，取得教育部门负责人与学校主管领导的同意和支持的项目开发，则可纳入体育校本课程开发的范畴。又如目前在中小学体育课程中常见的"活动课和选修课"，它们都是具体的课程表现形态，能否纳入校本课程？毫无疑问，那些随意性很强、缺乏校本课程开发规范程序、无视学生发展需要、让学生盲目自由活动的"活动课"，因某位教师工作量相对较少（缺乏课程意识）或者根据教师的专项特长就给学生开的"选修课"，这类"活动课"和"选修课"都不是校本课程。相反，那些经过精心设计和实践检验，课程目标、价值和意义明确，能够满足学生的体育兴趣、爱好和发展需要的"活动课"和"选修课"，可归入校本课程。江苏省锡山高级中学在华东师范大学崔允漷博士的指导下，经过数年探索研究，实现了由"选修课和活动课"向校本课程的转变。继承、补充、改造、规范和发展原来的选修课和活动课，学校与教师有权参与课程决策，学生有权选择课程内容，这恰好体现了校本课程开发的基本理念，这实际上就是体育校本课程开发的过程。

四、体育校本课程开发模式的理念

厘清体育校本课程开发的基本观点和理念，有利于引导校本课程开发在体育课程实践中健康有序地进行。否则，校本课程开发很可能会出现盲目地为开发而开发的现象。体育校本课程开发理念主要体现在以下几个方面。

（一）树立正确的体育课程观

课程观是人们对课程的基本看法，即对课程的本质、课程的价值、课程的要素与结构、课程中人的地位等基本问题的理解，课程观是课程的灵魂，支配着课程设计、课程实施、影响着学生的发展。在体育课程改革中，任何教育方法、技术的改进都只能是细枝末节的修补，只有转变体育课程观，才能给体育课程带来真正意义上的变革。

长期以来，广大体育教师没有课程的意识，形成了课程改革就是"教学方法的改革"的思维定式，没有从课程层面上思考问题的实质。教师的工作精力主要放在如何设计教案、如何复习旧知识、如何讲解新知识、如何组织教学、如何突出知识的重点和难点等，却往往忽略了学生这一课程教学中最重要的要素，他们的感受、体验、学习态度、学习方法、成长和发展并未受到足够的重视。因此，这么多年的教学改革并没有取得很好的效果，反而在一定程度上让人对体育教学感到更加迷茫。

事实上，很多教学问题的真正症结是课程问题，只有站在课程的立场，才能找到解决问题的途径和办法。所以，只有体育教师树立起正确的课程观才有利于体育课程改革朝更好的方向发展。科学的体育课程观不应再把课程局限于"经验""学科""教学科目"等狭隘的范畴内进行理解，也不应该把体育课程改革局限在体育教学方法改革上。具体来说，正确的体育课程观应该是：①"教师即课程"。即赋予体育教师更多的课程自主决策权，而不是课程的被动执行者，不是教育权力部门和课程专家的附庸，教师有权对预设的课程内容根据具体的教学情境进行一系列的完善，是课程的创生者。②学生是体育课程的主体。一方面学生的体育需求和兴趣是体育课程的依据；另一方面，从深层次上看，学生创造着课程，不应把体育课程及其教材看作是学生必须毫无保留地完全接受的对象，而应发挥学生对体育课程的批判能力和建构能力。

总之，正确的体育课程观应尊重教师的专业自主权，尊重学生的主体地位，教师和学生不是体育课程被动的执行者，而是体育课程的创造者。具有正确课程观的体育教师应注重课程的价值与意义，在课程实施过程中不断提升自我，并且发挥学生的主体性，尊重和培养学生的体育兴趣，满足学生的体育需求，帮助学生形成一技之长，增强学生的成就感，从而为学生的终身体育打下良好的基础。

（二）突出学校的特色

随着课程权力的下放，不再统一规定具体的课程内容，学校便获得课程内容的决策权，有了自由创造的空间，从而改变了原来所有学校的课程都是"千篇一律、一个模式"的现象，各地方的各个学校可以根据自身的办学特色和实际情况设计不同的课程内容，开发出属于本校的体育特色课程。学校的体育特色项目可以体现在民族特色项目、地域特色项目和学校传统项目上。

（三）明确主体，通力协作

随着国家三级课程管理体制的确立，学校在课程上有了一定的自主决策权，可以成立本校的体育校本课程开发团队，该团队一般是由学校校长、体育教师、课程专家、学生以及家长和社区人士等组成的共同体，一起参与体育校本课程开发工作，虽然体育教师"是体育校本课程开发的主要承担者、实际的操作者，在整个课程开发活动中处于核心地位"，但仅仅依靠体育教师的力量，体育校本课程开发的工作是举步维艰的。因此，在明确开发主体的前提下，要鼓励各方的积极性，充分利用团队合作力量，与体育课程专家沟通合作，获得学校校长和社区人士的大力支持。

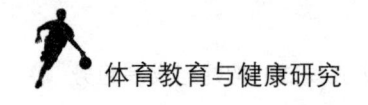

五、体育校本课程开发模式的原则

体育校本课程开发原则是体育校本课程开发的基本准则。在进行体育校本课程开发过程中往往会受到立场、观点、方法的影响,那么,符合课程开发过程的客观规律的基本要求就显得至关重要了。体育校本课程开发原则能够规范体育校本课程开发目标的设定、内容的确定以及具体行动的落实等整个过程环节,从而取得最大的成效。

(一)针对性原则

针对性原则主要体现在以下两个方面:一是针对学生的个体差异性。学生个体的体育文化背景和价值取向存在差异,应优先考虑学生的运动兴趣与发展需求。如在选择课程开发内容上,应当充分了解学生的运动需求情况,尊重学生的个体差异性,尽量开发出适合学生健康发展的课程。二是针对学校的实际情况,因地制宜,切忌盲目照搬。不同的学校,在办学理念、师资力量、体育场地设施等方面存在较大差异。学校体育课程要体现这种差异性和特殊性,否则会失去"校本"的特色。

(二)整体性原则

整体性原则是指校本课程开发与国家课程开发、地方课程开发构成整个课程开发的整体。每种课程开发模式都有各自的优势和弊端。如国家课程开发体现了课程的基础性和统一性,校本课程开发体现了课程的灵活性和针对性,但是二者都具有一些缺陷和隐患,其中任何一方都很难取代另一方。所以,校本课程开发应与国家课程开发以及地方课程开发相互补充,相辅相成,应该体现国家课程、地方课程、校本课程协调一致的整体性。

(三)科学性原则

科学性原则是指所开发出来的体育校本课程必须具备实践操作性,不是空想出来的"理想课程"。主要要求有两个方面:一是课程结构体系的合理性,体育校本课程要与国家体育课程以及地方体育课程相互补充、相互融合,构成科学合理的课程体系;二是体育课程内容的切实可行性,课程内容必须根据学校的体育场地设施、学生、师资等实际情况来确定,要体现教育性、健身性和趣味性等。

(四)兴趣性原则

"兴趣是最好的老师",对体育运动的兴趣是学生参加运动的内部驱动力,也是影响学生学习积极性的重要诱因。现阶段,在体育校本课程开发过程中出现了一味为了学校的特色,却忽视了学生的体育需求的现象。体育校本课程开发如果激发不了学生的体育兴趣，反而会导致体育课程教学质量下降。当然，也不能盲目追求满足学生的兴趣而忽略体育课程应达到的目标，不能为了一味满足学生兴趣就摒弃一些传统体育内容，如体育运动中走、跑、投等基本技能以及一些体操动作的学习。

（五）特色性原则

特色最能反映"校本"的实质。如果千篇一律，校校都上同样的课程内容就谈不上校本课程，因此，体育校本课程开发必须要贯彻特色性原则。体育校本课程开发的特色主要体现在地方特色和学校特色两个方面。

一方面，学校可以根据当地的经济、气候条件、地理环境等方面的资源，结合当地体育传统优势项目，开发出富有区域特色的体育项目，如南方的水上项目、北方的冰雪项目、各民族民间体育游戏等，并且将这类项目作为学校体育课程的一部分纳入体育教学和活动中。另一方面，学校可根据本校的师资条件、场地设施、学生发展需求等实际情况，以校内外的资源和体育传统为依托，充分调动开发主体（校长、教师、学生、家长和社区人士）的积极性和能动性，开发出适合本校的体育课程，切忌照搬别人的模式。

六、体育校本课程开发的类型

校本课程开发是一个很广阔的领域，蕴含着十分丰富的内容。因此，校本课程开发的活动类型是多种多样的，站在不同的分类角度有不同的见解。国内外有不少课程专家学者在充分研究课程开发的基础上，提出了几种很有见解并且得到广泛认同的校本课程开发分类方式，如凯利的分类、艾格尔斯顿的分类、布雷迪的分类、马什等人的分类以及我国学者提出的分类构想，等等。他们分类的主要依据是校本课程开发的参与人员、范围、活动的具体类型和投入的时间等。所以，对校本课程开发含义的理解不同以及所持的分类依据不同，便有了不同的分类方式。

随着对校本课程开发理解的不断深入，学者对校本课程开发类型的划分越来越具体化、复杂化。

七、体育校本课程开发的活动方式

（一）课程选择

课程选择是体育校本课程开发中普遍的活动，是指从众多可能的课程项目中决定学校付诸实施的课程计划的过程。课程选择至少需要满足两个条件：一要赋予教师选择课程的权力,二要预留选择的空间。在新课程改革中实行三级课程管理,赋予了教师选择的权力和可供选择的空间,加大了课程内容的选择性,为课程选择创造了条件。《体育与健康课程标准》为学校提供了一系列选择的学习内容标准清单,学校可以从中选择其所要开设的学习项目。

不同学校选择课程内容的标准不同,但为了避免工作的随意性,应遵循以下基本要求:①要有明确的目标;②选择的课程内容与体育课程目标要保持一致;③选择的课程内容与学习者的体育知识基础和其他背景要具有一定的适切性;④教师要有相应的专业知识,在活动中运用并加以发展。

（二）课程改编

体育校本课程开发中的课程改编是指对课程的目标或内容加以修改以适应不同的教学对象和具体的教学情境。如对体育项目进行适当改造、淡化体育运动的竞技性、简化比赛规则、缩短比赛时间、缩小场地、减少身体碰撞、降低技术要求等,发挥体育运动的健身、娱乐功能。对民族民间体育项目或国外引进的新兴项目进行改造,成为学校体育校本课程的内容之一,如踢毽球、腰旗橄榄球、定向越野、攀岩、轮滑等。

（三）课程整合

课程整合是指超越不同知识体系而以关注共同要素的方式来安排学校的课程开发活动。其目的一是减少知识的分割和学科间的隔离;二是减少因知识剧增对课程数量的影响,防止学生过重的课业负担例如,把运动生理学、运动保健学、运动营养学和运动心理学等知识整合成体育与健康的专题,使学生掌握体育健康常识;把突发事件(如火灾、地震)逃生演习融入体育课程学习中,通过学生自身的肢体活动来学习安全知识,达到健身与安全教育双赢的目的。

（四）课程补充

课程补充是指以提高国家课程的教学成效而进行的课程材料开发活动。体育课程补充材料主要有影像材料、动作模型和图片展示、文字材料等。

影像材料:为了学生更好地掌握运动技术,教师可以适当地应用多媒体教学技术,如动作视频,让学生对该运动项目有一个相对清晰、形象且直观的概念,帮助学生由动作表象过渡到建立正确的动作概念,加快学生正确掌握动作技术的速度。另外,为了激发学生的运动兴趣,教师可以安排一些高水平运动比赛的视频录像,让学生体会体育运动的魅力,欣赏运动之美。

动作模型和图片展示:在校园体育环境设计中,可以通过展示体育运动图片或动作模型来加深学生对运动技术的理解,达到一种潜移默化的效果。

文字材料:可以在某一特定的体育课程教学情境中,把与体育相关的时事材料传递给学生。例如，学校运动队参加校外体育比赛的成绩；在奥运会期间，比赛的最新信息、国家运动员参加比赛的成绩、介绍奥林匹克运动文化的资料等。这是结合实际激发学生体育学习动机的方法之一。

（五）课程拓展

课程拓展是指以拓宽课程的范围为目的而进行的课程开发活动。体育课程拓展的目的是让学生有机会获得更多的体育知识，激发学生的运动兴趣，培养学生的运动习惯并形成一技之长，为终身体育打下基础。

体育课程拓展一般可以分为普遍性拓展和个别化拓展两类。普遍性拓展是面向全体学生的，超出正规课程的广度和深度的拓展内容。例如，把体育项目里的走、跑、跳、投等基本内容扩展到趣味运动、拓展训练和体育游戏中来，丰富了体育课程内容，有利于促进学生的身心发展。个别化拓展是针对个别学生（体育的天赋很高或兴趣很浓的学生）的，目的是培养学校的体育特长生。如针对这些学生组建学校田径运动队或成立学校某项目体育俱乐部，利用课余时间对他们进行体育拓展训练。

（六）课程新编

课程新编是指开发全新的课程板块和课程单元的课程开发活动。这类课程可以是突出学校办学特色的"体育特色课程"或体现地方特色的"区域性运动项目"，也可以是为了适应社会发展和进步而开发的新兴体育项目。如目前在我国中小学中十分流行的学校自编操，学校把自编操融入体育课程内容和大课间体育活动中，这样不但丰富了学校体育课程内容，还调动了教师参与课程开发的积极性，激发了学生的体育学习兴趣。

但是，为保证学生掌握体育的基本技能，同时又兼顾各个学校的差异性，上级教育部门一般把体育校本课程开发的课程新编活动限定在整个学校体育课程计划一定的范围内。

八、体育校本课程开发模式的程序

体育校本课程开发的程序是指学校开发体育校本课程的步骤或工作进程。校本课程开发程序的主要模式有斯基尔贝克、塞勒、托马斯以及我国学者的校本课程开发程序，这些开发程序在具体步骤上没有统一的模式，有的是 4～5 个步骤，有的是 8～9 个步骤。参照国内外校本课程开发的工作流程，体育校本课程开发的工作步骤可包括如下 7 大环节：建立组织、情境调查与分析、课程开发目标的拟定、校本课程组织、课程方案设计、课程实施、课程评价。需要强调的是，体育校本课程开发在各个工作环节中都应该不断地改进和完善，是一个动态、持续、循环的行动与研究过程。课程评价不是开发工作的最后环节，而是通过评价来检验、反思和改进活动。

第五节 体育教学模式发展趋势分析

任何一种教学模式都应是一个不断变化、更新的系统，虽然某种模式一旦形成就具有稳定性，但这并不意味着其内部要素和非本质结构不发生变化。所以，稳定是相对的、暂时的，而变化是绝对的，发展是必然的。随着体育教学改革的逐步深入，教学理论的发展和教学观念的更新，一定会对原有模式中各要素或结构进行调整、更新，不断注入新的内容，予以充实。现代体育教学模式有以下发展趋势。

一、总体种类趋向多样化

在教育发展史中，夸美纽斯创立了第一个成型的教学模式。其后至20世纪50年代以前，赫尔巴特和杜威的教学模式先后占据教学实践的主导地位。在我国50年代以后，特别是当代，由于教学实践的需要，新的教学思想层出不穷，人们借助多门学科的研究成果、技术和方法，构建了许多新的教学模式，出现了多种体育教学模式并存的发展趋势。随着体育教学改革的发展，一些先进模式被引进体育教学，先后出现了"发现学习模式""主导学式教学模式""俱乐部制教学模式""课课练学习模式""合作教学模式""小集团竞争模式"等。任何一种教学模式，只能适用于特定的教学情境，每一种教学模式，都有其自身的优点和不足。不同体育教学模式不是排斥的，而是相互取长、借鉴、补充，发挥着各自特有的功能，为体育教学实践提供了选择体育教学模式的广阔空间。

二、形成途径趋向演绎化

体育教学模式的形成存在着两种方向：一是从体育教学实践中归纳，二是从某种理论中演绎。传统的体育教学模式多是从体育教学实践中总结出来的，是归纳型的教学模式。当代出现的一些体育教学模式大都是依据一定的理论构建的，是属于演绎型的。从归纳型向演绎型发展，表明了体育教学论及其研究方法发生了变化，科学水平有了提高。现阶段的学校体育要贯彻"健康第一"

的指导思想，体育教学要使学生身心得到全面发展，张扬学生个性，培养学生的创新能力、协作精神和社会适应能力，以什么样的培养模式才能完成培养目标，就需要运用演绎的方法去创造新模式。

三、师生关系趋向合作化

教学过程中关于教师和学生谁是中心的问题，在教学发展史上长期争论不休，存在着两种观点，一种是教师中心论，一种是学生中心论。前者的坚持者有赫尔巴特、凯洛夫等；后者的坚持者有杜威、罗杰斯等。体育教学中的"注入式"与"放羊式"就是以教师为中心和以学生为中心的两个典型模式，人们从前者那里发现了学生主体地位的丧失和受动性的无止境延伸，又从后者那里看到了教师主体地位的冷落和学生主动性的放任自流。因而，这就促使人们不得不重新审视教师和学生的关系，既重视发挥教师的主导作用，又重视学生学习的积极性，教师和学生共同合作完成教学任务，由此成为现代教学模式的一个发展趋势。

四、目标指向趋向情意化

现代教学理论研究和教学实践活动都已表明，学生的智力因素与非智力因素在他们的学习活动中都有着积极的重要作用。现代教学模式的构建过程，改变了传统的教学活动中片面强调智力因素的作用，忽视非智力因素对人的发展功能的做法，把培养学生对体育学习的兴趣、激发学生学习动机、树立正确的学习态度、养成良好的体育锻炼习惯放到教学活动的重要位置。无论是教学方法的选择与运用、教学活动的组织与实施、教学效果的测验与评价，都考虑学生的心理需要，注意有利于发挥非智力因素的作用，力争使学生在愉快、积极、向上的情绪体验中掌握知识，培养和发展能力。如情境教学模式、快乐体育教学模式，均设有一定的问题情境，使教学过程具有复杂、新奇、趣味等特征，学生在一种浓厚的兴趣、强烈的动机、顽强的意志状态下学习和掌握体育知识技能，更能激发学生求知的内驱力，保证学生以最佳的情感投入到体育教学中。

五、技术手段趋向现代化

随着科学技术的发展，越来越多的现代体育教学媒体不断涌现，这不仅大大丰富了教学中信息传递的途径，同时，也促进了体育教学模式的改革。许多体育教学研究者开始了这方面的探索,出现了一些新的体育教学模式,这些模式大多注重运用现代科学技术的新成果。如在体育教学中运用新媒体教学帮助学生建立正确技术表象;健美操课运用新媒体技术手段培养学生的创编能力等,电子计算机辅助教学越来越受到重视。

已有研究资料表明:一个正常人的五官对于知识的吸收率中,用眼睛所接收的信息占83%,用耳朵所接收的信息占11%,这两者共占94%。而且,两者并用,远比分开利用效果好得多。可见,在教学模式的运用过程中,充分利用现代教学手段,将学生的视觉与听觉有机地结合起来,往往会取得更好的教学效果。

新媒体就是典型代表之一。

新媒体时代带给人们全新的世界观、人生观、价值观,对高校体育教学带来新的发展机遇。其中,新媒体时代高校体育教学模式要重新构建,改变传统的教学模式,将学生的主体地位进行提升,使教师真正成为学生体育学习的指导者与组织者,让越来越多的学生对体育知识有所掌握,对新媒体时代有所了解。在新媒体时代下,体育教学模式要在教学理念、学习理念的指导下,将新媒体元素融入其中,使教学活动主体与客体形成稳定关系,因此,在高校体育教学模式构建中,要充分发挥新媒体的全面性、及时性、稳定性,从根本上带动高校体育教学的发展与进步。

(一)媒体化教学模式

新媒体时代最为主要的标新形式便是媒体,在大众传媒的发展中,各类媒体层出不穷,如雨后春笋般出现在大学生的面前,因此,新媒体时代要建立媒体化教学模式,该模式不仅符合社会发展的要求,并且满足大学生对传媒的渴求。此外,媒体化教学模式在教学方式、教学手段上有所改变,不仅将传统、单一、乏味的教学模式进行改革,并且依据时代发展、学生要求,将媒体融入教学之中,充分调动学生的学习兴趣,改变学生对体育课程的认识。比如,体育教师在教授武术之前,可以利用多媒体将有关武术的视频、图片进行播放,在观看视频中将武术的要点、难点进行讲解,使学生在图文并茂、声像结合的模式下对武术有所认识,提高课堂效率。

(二)集体化教学模式

集体化教学模式是在传统教学模式与新媒体教学模式的结合中产生的,所谓的集体化教学模式是指学生在同一个集体内,将自身的主动性进行充分发挥,使知识成为该教学模式的关键因素。在集体化教学模式中,学生可以将自己对体育知识的认识进行讲解,也可以将体育教学中的不满进行发泄。集体化教学模式以学生为中心，在教师创设情境模式之后，让学生利用计算机、网络等媒介处理教学中所出现的问题，并且可以使用QQ、微信等通信工具与教师、同学进行讨论，将教学中存在的缺陷与不足及时反馈给体育教师，便于体育教师对日后教学内容进行改正，从根本上实现教学相长，提高体育教学的有效性。

（三）协作化教学模式

现如今，人们在遇到困难之后首先想到的解决方法便是网络，高校大学生亦是如此，根据资料显示，大学生在遇到问题之后，采用"百度"解决问题的概率高达90%以上。因此可以得知，新媒体时代带给人们"足不出户便可知天下"的方便与快捷。针对于此，高校体育教学模式需建立协作化教学模式，将媒介资源的共享性以及交互性充分融入高校体育教学之中，使媒介逐渐成为新媒体时代的发展基础。此外，在新媒体时代，协作化教学时代的内容变得更富多彩，促使学生对高校体育课程有全新的理解。比如，在课堂中，体育教师要利用计算机将运动动作进行模拟，像篮球运动，从运球，到投篮，均可以在计算机的辅助下让学生能够对技术动作有所掌握，此外，体育教师还可以设置相应的体育游戏与体育知识练习，在提高学生学习兴趣的同时，能够使学生全面掌握体育知识。

在新媒体时代，各类体育教学模式能够丰富教学内容，改善当前教学现状，对高校体育教学而言有百利而无一害。但是，众所周知，新媒体时代发展迅速，各类信息更新换代速度过快，如不加强对新媒体时代的把握，稍纵即逝便会被新媒体时代所淘汰，因此，高校体育教学模式在建立之后，需跟随新媒体时代的发展，不断改变教学模式，使体育教学模式能够完全符合时代发展需要。不断丰富体育教学内容。体育教师要增强自身的媒介素养，对新媒体进行掌握与了解，不断丰富体育教学内容，避免体育教学内容老旧、落后。此外，体育教师在遵循教学目标中，可以与学生开展讨论，将学生喜爱的体育活动列为内容之一，从而提高教学效率。

时代的发展造就了媒介的进步，在新媒体时代，我国高校体育教学受到影响，传统的教学模式无法适应社会的需要，对大学生的发展产生消极作用。因此，将新媒体时代的特点与高校体育教学进行融合，使其具备现代化、媒介化，从而带动高校体育教学的有效发展。

第七章　中国体育教育与健康的教学改革与未来

第一节　中国体育教学的改革现状分析

随着我国改革开放的深入和发展，我国学校体育改革正在逐步深化。作为学校体育改革"攻坚战"的体育教学改革取得了长足的进展。在各地教研活动中涌现出了一些新的教学思路和好的教学范例，并在理论上取得了一些新的开拓。

一、我国体育教育改革现状

我们必须承认，虽然我们在某些问题、某些局部上取得了一定的成果，但就体育教学改革的整体而言，还不能说有了重大突破。我们还没有一个比较完整的，可以取代传统的教学体系、思想体系和理论模式的一个新型的教学过程，对教学效果的评价也没有一个公认的、清晰的标准。

随着社会经济的发展，特别是知识经济的到来，体育教育又暴露出许多不适应的地方，具体如下。

(一) 教学模式落后

传统的体育教学模式几十年一以贯之，受苏联典型的以教师为中心的程序化教学模式的影响，体育教学是在教师的严格管理下进行的，不能充分调动学生学习的主动性和积极性，且注重"三基"教育，片面强调提高学生体育运动的负荷强度，忽视对学生体育能力和体育兴趣的培养。教学理念依然停留在精英教育的定位上，重视知识的传授，以及智力的培养而轻视能力、情感的培养，至今还未能从应试教育的桎梏中走出来。素质教育、创新教育、以人为本的教育观念，还没有得到全社会的普遍认可。

其弊端主要表现在如下几个方面。

体育教育目标方面，体育教育目标制定上重眼前目标，轻长远目标。面向少数体育尖子，忽视大多数学生。偏重运动技术教学，忽视学生个性的发展和能力的培养，放松学生身心素质的发展。目标全面，但缺乏重点，弱化了体育强身健体的本质目标。

体育教育内容方面，体育课程设置和内容与社会需求严重脱节。体育教材陈旧，缺乏弹性，内容与中小学教材重复现象严重，影响学生的个性发展。

体育教育方法方面，传统体育教育方法重机械重复，轻方法指导，重管束轻放手，方法单调，呆板，扼杀了学生在体育课上的主动性、创造性和对体育的热爱。

体育教育评价方面，受应试教育的影响，体育课效果评价是以学生成绩的高低为标准来评定的，忽略学生的个体差异，采用统一标准对学生进行横向比较，重技术评价，轻过程性评价，在这种终结性评价的导引下，学生的学习兴趣和效果受到极大影响，也影响了教学目标的实现。

（二）师资队伍建设缓慢

教师是课程教学的实施者，也是教学改革的研究探索者，随着科学技术的发展与社会的进步，学校对体育教师的素质与业务能力的要求也越来越高。但是，目前师资队伍中普遍存在如下问题。

（1）学历水平与高级职称比例偏低。我国普通体育教师有七万人，达到硕士学历的人数相对较少，相比其他学科硕士、博士的大批涌现，更显出体育教师队伍学历偏低的问题严重。学历低，加上体育学科教师本身外语和科研水平较低等因素的影响，体育教师中具有高级职称的教师比例偏低，比其他学科教师少4.7%~16.4%，导致体育教育长期处于低水平状态，不利于体育教育改革的进一步深化和创新人才的培养。学科专业知识老化且知识结构不合理。

（2）目前，我国在编的体育教师大多数在校期间接受的是竞技体育教育体系的专业教育，由于这种教育体系重技术教育，轻理论教育，不重视自然科学与社会科学知识的交叉教育，使得这些教师在面临知识经济时代挑战时束手无策。这成为严重影响体育教学改革的一道无形障碍。

（3）数量相对不足，为加速人才培养，储备人才，提高综合国力，各学校正逐年扩大招生规模，而各高校师资发展速度又跟不上扩招的步伐，加上主管部门、学校领导对体育工作重视程度不够，逐渐形成体育教师相对学生增长越来越少的局面，使他们处于超负荷工作状态，严重影响体育教育教学质量。

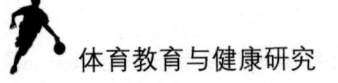

以上问题的存在，导致高校体育师资队伍建设缓慢，影响了高校体育教育改革的顺利进行。

（三）学生素质不高

学生是体育教育的主体因素之一，对学生体育意识、身体素质、锻炼情况等的了解，能反映出体育教育的现状。

俞峰认为，学生的体育意识和习惯存在危机，他通过调查发现：每周参加三次体育锻炼的人数不足20%，其中女生不足12%，这与联合国教科文组织提出的每天不少于一小时锻炼的体育人口概念界定相差甚远。

同时，他在调查中还发现，现在的大学生普遍存在着身体素质不良的问题，且没有掌握较多的健身方法、知识，不具备自我锻炼的能力，表现在体育课中的分散活动和课外体育活动时，除了完成教师硬性规定的任务外，许多学生站在场地边上休息观望（尤其是女生），这与我们长期的教学思想和教学内容、方法的弊端有着密切的联系。

（四）场地器材缺乏

体育场馆设施是实施体育教学，以及课外体育的必备条件。普通高校由于受国家经济条件和教育投资投入的制约，虽然已逐步形成较大规模的体育活动场所，但随着高校扩招，学生人数的剧增和学生对体育教育环境要求的不断提高，以及有关部门和领导对学校体育认识不足而导致的投入不足，现有的体育场地、场馆设施已很难适应新形势下的发展要求。

一方面，表现在体育场馆资源短缺，另一方面，表现在现有体育场馆设施的配置结构过于单一，田径场、篮球场、排球场、足球场占较大比重而学生喜爱的体育项目的场地设施（如游泳馆、网球场、健身房、旱冰场等）较少，难于满足大学生对体育运动的多元化要求。

另外，现有体育场地、场馆器材等由于长时间超负荷运行，加上缺乏必要的维护与保养，老化与损坏现象严重，直接影响体育教育教学的正常开展。

（五）管理水平低下

体育事业的管理是一个开放系统，是整个学校教育管理系统中一个有机的组成部分。但是，目前仍有近50%的高校，其体育教育管理体系陈旧落后，有些学校仍沿用20世纪50年代苏联的管理模式，不能适应学校整体管理需要和时代要求。

现代社会是信息和高科技迅猛发展的时代，社会主义现代化进程为我们认识体育教育事业、开创体育教育事业的新局面提供了有利条件。但是，我国有很多学校习惯于旧的管理模式，思想不解放，没有勇气冲破传统和陈旧的管理体系，不能有效地发挥监控教学的作用，影响了学校体育教育管理水平的提高和发展，导致学校体育教育秩序混乱，教育质量滑坡。

具体表现在各项规章制度不健全。缺乏教师培养和聘任制度，尤其是缺乏激励机制，课程资源的开发与利用不足。缺少体育教育过程评价系统，学校体育教育管理系统缺乏科学性和实效性。高校体育教育的场馆、器材、设备、人力、物力浪费严重等。

（六）理论教学薄弱

理论来源于实践，反过来又指导实践。体育理论教学是高校体育工作的重要环节，其目的是使学生了解体育，掌握体育知识，指导实践，使学生能够掌握自我锻炼的方法，自我解决体育活动中所遇到的问题，提高他们对体育课的认识水平。

高校是学校体育的最高层次，大学生的身心发展正处于较成熟的青年期，是接受教育、获得高深专业技术知识、自我完善和实现个体社会化的最佳阶段。同时，也是他们最容易忽视体育锻炼，锻炼水平最容易下降的时期。理论课的教学，一方面，使学生扩大了体育知识的宽度和深度，可为学生接受终身体育做好思想和技术上的储备。另一方面，有助于大学生正确体育观的形成，是提高大学生体育素养的重要途径。

然而，当前在校学生的体育与健身基础理论知识比较肤浅，运用理论意识淡漠。造成这种结果的主要原因是，理论教学时间太少，而且尚未作为一项重要教学内容引起更多人的重视，加上理论教学教材少，内容粗糙，缺乏实效性、针对性、长期性和终身性，尚未形成一个适应现代社会发展的高校体育理论知识教学体系。

（七）现代教育技术应用滞后

现代教育技术为高校体育提供了一种全新的平台和工具，对高校体育教学起到了积极的促进作用。但是，由于受传统体育教育观念的影响，以及体育实践课教学需要在运动场上进行这一特点的限制，现代教育技术在高校体育教育中的应用并没有得到广泛深入地开展，主要表现为以下方面。

（1）硬件设施的投入使用，不能及时地为体育实践课服务，主要因为体育实践课需要在运动场上实施，而现代教育技术的实施，又必须在固定的地点进行。

（2）体育教师队伍自身的素质、观念与能力差异性大，导致对体育教学中运用现代教育技术的态度也存在差异，加上缺乏应用现代教育技术手段的基本素质，限制了现代教育技术的推广与普及。

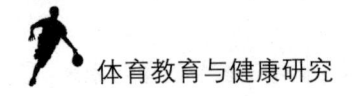

（3）体育教学的网站少，网络资源导航功能有待加强。

（4）通用性的教学软件开发少，多媒体课件制作少，导致这种现象出现的原因之一是，体育课件的可操作性不强。

（5）在制作多媒体课件上，存在以计算机代替一切的极端现象。

（6）缺乏对现代教育技术内涵的全面理解，仅把教育技术视为工具，而不能与教育内容、教育模式等融为一体。这些问题的存在导致现代教育技术在高校体育教育中应用的整体能力滞后。

二、我国体育教育改革问题的形成原因

形成上述现象的原因固然很多，但主要有以下几个原因。

（一）影响体育教学改革的因素、环节众多

体育教学改革牵涉教学思想、教学内容、教学方法。还涉及与教学各环节有关的基础理论。如此庞大的系统，再加上中华人民共和国成立后长达几十年教学实践的巨大惯性，在无特殊外力的作用下，谋求整个体育教学体系在一朝一夕中改变，是不现实的。

（二）中国的体育教学改革面临着一个继承与改革的矛盾

体育教学改革虽是老生常谈且貌似简单的命题，但是，在现实中却是一个极为敏感又极为复杂的问题。它涉及对中华人民共和国成立以来体育发展的客观分析和评价，牵涉到对产生于不同文化和政治制度下的其他教育思想的认识等。遗憾的是，有关这方面的研究和论述很少，这就使得我国的体育教学改革缺乏明确的目标和突破口，缺乏对改革力度的把握，从而使体育教学改革游离于改革和改良，甚至是"改动"之间。

（三）体育教学改革研究和实践缺乏整体感

由于体育教学改革的目标和步骤尚未明确，因此，体育教学改革研究和实践缺乏整体感。理论界的研究和实践领域的关注焦点不尽吻合，研究形式上还有某些缺陷，这些都影响了体育教学改革的整体启动。

除此以外，体育教学改革还受到应试教育、经济热潮、科研人员匮乏、教员素质有待提高等方面的影响。

第二节　中国体育教学发展趋势及对策

21世纪，为培养人才，各国都掀起了教育改革的热潮。其中，在回归自然生活环境和生涯体育的现代社会背景下，学校体育改革和体育教学改革成为各国教育改革的重要组成部分。这些改革有其共同的特征，显示出以下共同的趋势。

一、体育教学改革趋势

（1）体育教学思想。在体育教学思想上，强调平等而愉快地接受体育教育是每个公民的"权利"。而且，这种权利既包括通过体育获得的身体、技术方面的成果，也包括在心理上、感情上获得乐趣（成功感）。使每个人在接受完体育教育之时，使其更加热爱体育而不是厌恶体育，这是体育教师义不容辞的责任。体育教学的着眼点从学校的时空转向了受教育者的终身。

（2）选择教学内容和组织教材。在选择教学内容和组织教材时，在不忽视体育运动给人的生理方面价值的同时，越来越重视内含于体育运动中的文化价值。从利用体育中的文化因素，去促进人的道德形成、社会化，以及个性发展这一观点去重新组织、加工教材。

（3）在体育教学过程中，根据学生的身心特征，尽可能地扩大学生在学习方面的选择性。一方面，是指扩大学生对外来教材的选择。另一方面，是指扩大学生头脑中对学习内容的判断和方法的选择余地。

（4）在具体的教材内容上，逐步改变单纯竞技式的、成人化的运动项目，重视民族体育内容和乡土体育内容。并且提倡学校的教师对这些活动内容进行创造性改造，提倡学生思辨地和创造性地学习、运用这些活动内容。

（5）在设计教学过程时，以学生的心理趋向和认识规律为主线设计一个单元或学时的教学。强调技术教学系统与学生心理认识走向的统一，强调教学过程的逻辑性和外在的轻松愉快性。

（6）在教学的组织形态上，强调学生个体间的互动作用，而不拘泥于形式上的整齐划一，重视学生间的互帮互学对学生思维能力的培养和促进作用。

（7）重视把体育教学与学生的生活和课外活动相联系，在新的社会条件下，重新出现了生活体育、自然体育的趋势。

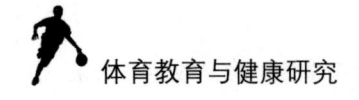

对于同样瞄准了 21 世纪人才培养模式，追求德、智、体全面发展人才培养的体育教育来说，以上这些具有现代教育战略意义的国际体育教学改革趋向，无疑是一个很好的参考系。

二、体育教育改革策略

（一）正确处理好继承与改革的关系

改革与继承关系的问题，涉及对 1949 年以来体育发展的客观分析和评价，牵涉到对产生于不同文化和政治制度下的其他教育思想的认识等。我们应客观分析和评价我国学校体育走过的历程，特别是在改革开放 20 年间，我国的学校体育发生的历史性变化，以及取得的显著成就。不应全盘否定不同的历史时期存在的不同教育观念和教育模式。不应对外来思想方法的引进缺乏分析和批判，急于照搬照用。在肯定过去体育教学成绩的同时，也不应过分强调继承，沉迷于过去的成绩而不思改革和发展。这些不良倾向会使我国的体育教学改革缺乏明确的目标和突破口，缺乏对改革力度的把握，使体育教学改革游离于改革和改良，甚至是"改动"之间，在一定范围内给实践带来了一定的盲目和混乱。

正确处理好继承与改革的关系，应用辩证唯物主义的观点去看待和理解发展中的体育改革，正确看待不同历史时期的教育观念和教育模式，正确理解外来的教育思想和教学方法。

1949 年以来，我国的学校体育工作，从理论到实践，从指导思想到决策管理，从课程建设到体育课教学，从课外体育活动到课余运动训练，从师资队伍建设到场地器材配备，取得了长足的进步和巨大的成就，积累了丰富经验和精神财富。作为 21 世纪创建和完善有中国特色的社会主义现代化学校体育体系的雄厚基础，使传统的体育教育思想、教学实践在这个大平台上进行符合时代特征的扬弃，将有助于体育教学改革向纵深发展。

（二）加快理论与教学实践整体性发展研究

体育教学改革与我们的初衷有偏差。这种偏差与实践操作中可能会出现的问题未预留可调控的空间相关。解决理论研究与教学实践的同步或整体性发展，是一项与体育教学指导思想、课程理论与结构、教学内容和方法、教学资源的开放等密切联系的一项全局性改革。各级体育行政管理部门和体育教研部门，在充分理解和认识此项工作重要性及其内容的同时，认真组织实施并积累经验。只有不断探索经验并上升到理论，才能完善改革的理论体系并真正指导实践。

在加强学校体育科学研究的同时，要重视理论对实践的指导作用，用正确的理论去指导体育教学实践。把体育教学改革真正引向健康和深入，有必要从整体和统一的观念重新领会体育教学改革的含义，引导广大体育工作者进行切实有效的改革实践，提高对学校体育思想、体育教学目标等基本问题的认识，研究工作由浅显层次向纵深层次发展。加强对理论研究和教学实践中操作性研究相结合的探讨，提高研究成果的实用价值和科研横向联系，决策部门应积极推行指导重大改革的系列性研究课题。

（三）理解国外先进教育思想和了解中国学校体育现状

在学习和引进国外先进的教育观念与体育教育思想时，或在推广国内某个先进的学校体育经验与改革措施时，要全面理解国外先进教育思想的背景与实质，要充分了解不同时期中国学校体育的状况，冷静、客观、辩证地分析我国学校体育领域中的各种学术思想和改革主张，取其精华、融为一体、结合实际、为我所用。切忌肯定一切、全盘照搬，或否定一切、唯我独尊的做法。

具体应认识到以下几点。

首先，中国学校体育必须重视国家和社会的需要。

其次，中国的学校体育还不发达，对待发达国家的先进经验，既要认真学习和借鉴，又不能套用照搬，应充分考虑我国现有的基础和实际。

再次，中国的学校体育发展极不平衡，作为上级领导部门，应加强对学校体育改革的领导，不能用一个标准、一种模式，去要求和评价不同学校的改革，而要深入调查研究，脚踏实地地指导学校如何根据自己的实践进行改革。

最后，目前中国学校体育人治与法治并存，不考虑这一国情，学校体育工作就难以从根本上落实或有效地进行改革。

加快由应试教育向促进人的全面发展转轨。应试教育在中国有其深刻的社会根源，但社会发展的最终目的是人的全面发展。

《中国教育改革和发展纲要》明确指出："中小学要由应试教育转向全面提高国民素质的轨道，面向全体学生，全面提高学生的思想道德、文化、科学、劳动技能和身体、心理素质，促进学生生动活泼地发展。"

教育部指出，在由应试教育向素质教育的转轨过程中，要把学校体育工作作为实施素质教育的突破口，抓紧抓好。社会进步的必要条件是人的全面自由发展，其显著特征在于人能自觉、能动和创造性地认识自然、改造自然和不断社会化，体育教育是实现整个教育过程的重要组成部分，在实现人的全面发展的过程中，起着不可替代的作用。体育工作者应以高度的责任感，树立坚定不移的信念，不能简单脱离体育课运用运动技术掌握技能、增强体质这条主线，迎合学生在应试教育压力下，利用体育课轻松快乐的要求。学校体育有教育功能和教育作用，有教育和引导学生增强体质、表现体育人文精神、掌握"三基"、克服困难等方面的责任和义务。

（四）重视体育教学资源的投入、利用与开发

人力资源的开发，既是教学改革的重点，也是影响改革的难点，从上至下应该下大力气去抓这项系统工程。一方面，学校应关心教师的职后进修和培训，鼓励和支持教师定期参加学术活动和交流，使体育教师的教育思想、教学理论、教学方法等适应社会的发展，与时俱进，不断完善知识结构、能力结构，以适应现代教育的需要。同时，国家继续教育应提高标准，加强针对性和实效性。另一方面，教师应树立终身学习的自觉性。体育设施资源的开发，应从20世纪的体育教学中吸取宝贵经验，学校要因陋就简、因地制宜地利用有限的体育设施，以产生最大的使用效果。同时，各级教育管理部门应高度重视，积极推行有效政策，加大各级各类学校体育经费的投入。

体育教学内容根据什么来选择、分层与编排？在不违背学校教育规律或原则的前提下，因地制宜、百花齐放，不失为一种客观的做法。革命性的"三自教学"——由学生自选教学内容、自选教师、自选上课时间，已在大学和中学体育教学改革中启动，当务之急，应解决好这种要求和学校条件、教师陈旧的知识结构、应试教育追求的目标产生的矛盾。如何缓和学生与学校在体育设施上、师资水平上、教材选择上、教育目的上的矛盾，有的放矢地进行全面、系统、可操作性的研究，还有相当长的路要走，希望各级教育部门应从培养人才战略的高度进行思考。

现代学校体育在改革中逐步形成了一些相对完善的思想体系和教育模式，也引起了学校体育教育思想几次大的碰撞和有益的研讨，人们的观点开始由"一元论"向"多元论"和"整体论"的观点转变，即从大体育观出发，由传统的"生物学体育观"转向"生物、心理、社会三维体育观"，从更高的角度和层次，去认识学校体育的功能目标，以取得更大化的整体综合发展效益。

经过20年的改革、讨论与实践，我国学校体育发生了深刻的改变。有研究指出，教学实践改革和理论研究与应该达到的效果存在着较大的差距。体育理论研究在某种程度上失去了对体育教学实践的指导意义。教学实践改革成效明显滞后于学术理论研究，并重点提出影响其成效的主要因素及对策，也使我们进一步认识到现代学校体育教育体系是一个具有多元化、多层次特点的复杂系统，构成这一系统的各个局部结构的功能和系统的总功能之间又存在复杂的联系。应坚持用辩证唯物主义和科学发展观，正确处理继承与改革、理论与实践、国际化与本土化的关系，切实加快具有指导意义的体育教学实践改革的进程。

第三节 高校体育健康教育的未来可持续

高校体育健康教育围绕学生社会职业化发展新目标,对心理健康教育的重要性进行深层探索,表达出学生心理健康教育引导的新重点与新方向。其中强化社会价值观念的健康引导,对高校学生自我社会价值观念的认知心理形成积极转变,并且突出社会责任意识的认知心理的健康度,为高校学生履行社会责任提供健康的引导、服务作用。除此之外,还将社会意识形态的指导作为体育健康教育发展的全新组成部分,为高校学生客观认识社会发展现状打下坚实的基础。最终对高校体育健康教育中的"健康"二字赋予新的诠释。以身心全面发展教学理念的体育基础课,既有效地提高学生体质,又愉悦学生的课堂心境;缓解学生的心理情绪,实现"心理与身体"的双赢目标,为普通高校更好地开展体育基础课提供思路。

一、价值观念的"健康"能够体现高校体育健康教育新目标

(一)倡导社会价值观念的正确引导作用,表达体育健康教育的社会性观点

高等教育现代化,必然包括高校体育的现代化。现阶段高校体育实现现代化目标,任重道远、困难重重[1]。高校体育健康教育课程体系的构建,以学生身心全面发展为核心目标,将学生社会价值心理、意识给予深刻引导,为学生心理、意识的健康提供正确的引导作用,并且为高校学生自我社会价值准确认知提供强烈的外在引导力。从高校学生社会发展层面进行分析,社会价值观念的健康程度能够有效增强人才社会发展的持久性与适应性,对高校人才发展主观能动性的激发打下良好的思想、意识、心理层面基础,逐步引导高校人才自我价值观念保持高度的社会适应性。这也是高校体育健康教育面对学生心理健康发展新要求,对教学实质进行深层开发的主要方向,从心理、思想层面对高校学生自我社会价值观念形成有效优化,为适应社会发展新趋势提供良好的心理基础,能够为学生职业化发展心理的全面形成提供正确的思想、意识引导作用。

---

[1] 谢冬兴. 社会转型期高校体育面临的困境与尴尬[J]. 山东体育学院学报, 2015(4):102-107.

（二）表明社会价值取向，突出体育健康教育新颖的价值视角

高校学生社会价值取向的认知视角是伴随社会发展进程而逐渐发生改变的，传统体育健康教育所突出的则是身体健康的培养过程，心理健康以及社会观念的健康引导并不是重点所在。面对当今社会发展新形势，高校体育健康教育应结合职业化改革与发展新思想，将关注学生社会心理、观念的健康养成作为新方向，进而对学生社会价值取向的认知心理提供正确的指引作用。体育健康教育思想、活动的全面落实，能够对高校人才社会发展价值观念的准确性产生重要的保障作用，同时也促使人才社会发展思想、社会发展动机、社会发展的主观意识保持高度的明确性，为自身社会价值观念构建方向提供重要的指引，满足当今社会人才发展的新要求。

（三）树立社会价值目标的健康服务理念，表达体育健康教育心理服务作用

高校体育健康教育活动形式保持多样化发展趋势，核心在于将学生心理健康教育的传播路径进行广泛性探索，对学生的社会价值认知心态给予相应的优化，促使学生社会价值目标能够得到正确、健康的引导。从这一角度来看，高校体育健康教育活动不只是对学生身心健康发展提供相应的促进作用这么简单，更重要的则是对学生社会价值目标的改变产生相应的心理服务作用，进而促进学生社会发展心理能够积极优化。高校学生社会发展观念的一般形成规律主要在于社会发展环境的变化形势、现代社会发展环境中，主要针对学生社会创新、实用以及适应能力等三个方面不断提出全新发展要求，并且学生社会发展主观能动意识也由传统的被动适应社会发展逐步向主动适应社会发展形势方向转变[①]。将此作为契机，使得高校体育健康教育能够立足学生社会价值观念形成的一般规律，对价值观念的健康程度给予充分保证，使得体育健康教育的社会服务与引导作用更为突出，对学生社会发展的主观能动性的调动提供行之有效的服务作用。

二、责任意识的"健康"作为高校体育健康教育新理念

（一）以履行社会责任的健康心理构建为基础，体现体育健康教育新观点

毋庸置疑，高校体育及其教学对于提升大学生身体素质，发展校园体育乃

---

① 徐涛，张世忠，杨喜军．休闲体育视野下高校体育课程改革与研究［J］．黑龙江高教研究，2013(11):155 - 157．

至竞技体育,具有现实而深远的积极意义,但一味地追求这一目标未免会导致学生社会心理构建存在一定的问题。目前,高校体育教学中存在诸多的困境和问题,亟须加以破解。高校学生社会责任意识的引导,集中表现于履行社会责任的心理能够保持高度的完善,体现出学生社会心理的健康程度。在高校体育健康教育的发展新背景下,立足学生社会发展的基本要求,对学生社会心理健康程度不断提升,促使学生关注社会的角度能够积极扩展。从学生社会发展角度分析,社会责任意识的形成主要体现在履行社会责任的行为、积极开展活动方面,为社会发展环境的改变以及推动社会发展提供充足的动力。在高校体育健康教育活动的开展形式上,针对学生看待社会发展视角进行具体探究,以社会活动的开展方向为重要途径,强调生态、休闲体育活动的有效融合,以生态环境对学生社会责任意识的形成提供引导作用。并且结合休闲体育活动,对高校学生感知社会发展的视角能够形成积极转变。以此为基础,对高校学生的社会行为的认知心理正确引导,促使学生履行社会责任的观念、意识、心理不断增强,为高校学生的社会可持续发展提供正向的引导力。这是高校体育健康教育围绕社会发展为中心,对学生社会心理健康程度进行不断提升的具体路径,能够体现出高校体育健康教育观点的创新性所在①。

(二)以社会责任关系健康导向为根本,表征体育健康教育发展理念的创新

高校学生履行社会责任,意味着学生社会发展的关注方向并不仅仅局限于自身,而是关注于社会发展环境,为推动高校学生社会发展的持久性提供不可替代的作用。高校学生社会责任的履行,关键在于社会投入与社会回报之间的关系能够得到清楚的认识,从中将社会投入作为关键因素,投入越大所能够得到的社会回报越丰盛,而社会投入越少所获得的社会回报往往是暂时的,不具备持久性特征。高校体育健康教育应以学生社会回报与社会投入之间的关系为切入点,对高校学生履行社会责任的意识、观念进行充分挖掘,进而对高校学生社会责任的认知视角能够进行科学转变,形成社会发展心理的健康指导作用。这是传统高校体育健康教育所不具备的教育理念因素,同时能够反映出体育健康教育发展的全新观点,促使高校体育健康教育能够将学生、社会发展的主体形势作为关注方向,满足当今高校教育职业化改革与发展的切实要求。

---

① 薛誉. 体育教育在高校创新人才培养中的作用探析[J]. 中国成人教育,2013(6):178-179.

（三）以社会责任意识健康培养为核心，突出体育健康教育理念关注新方向

随着我国教育体制的改革和发展，我国高校的体育教育也应进行相应的改革，以适应时代的发展和社会对高素质人才的需求[①]。高校体育健康教育发展理念的创新性主要体现在三个方面，即强调对学生社会心理、社会意识以及社会价值观念的培养。社会意识方面主要在于社会责任意识的认知心理的健康程度全面提升，对高校学生自我社会价值观念、社会心理健康程度进行更为深层、全面的引导过程。在体育健康教育活动的形式中，通过社会教育模式构建对学生责任意识进行有效的渗透与优化，从而实现心理健康能够得到充分的保证。结合体育健康教育开展的活动形式进行不断创新，突出社会休闲体育教学活动的开展形式，对学生社会责任意识进行培养，促使体育健康教育活动的社会性能够激发学生社会责任意识的形成过程。这是现代高校体育健康教育理念形成深层探索的关键性因素，同时对人才社会发展的心理认知视角产生积极的优化作用，促使高校体育健康教育所关注的健康方向能够从身体素质角度朝着心理意识方向转变，满足现代高校体育健康教育职业化发展新要求，成为确保可持续发展的核心动力。

三、社会意识形态认知心理的"健康"作为体育健康教育全新侧重点

（一）强化社会意识形态认知视角的客观性，形成体育健康教育新主体

高校体育健康教育的可持续发展路径的构建，单一关注于学生的社会心理与身体素质的健康发展是远远不够的，还需要将社会心理健康引导方向进行深层探究，以社会意识形态认知视角积极优化作为重要的切入方向，确保高校学生能够对社会发展的整体现状形成客观层面的认知视角。在这样的条件下，学生面对社会发展的基本趋势能够形成准确、健康的心理调节过程，并对社会发展的主观心态进行客观层面的深化；高校体育健康教育的全新发展方向就能够得到高度的明确，关注学生社会心理发展方向也能够保持高度的准确，为高校体育健康教育思想、方向的深化打下坚实的基础，体育健康教育的本质也能够形成科学转型[②]。

---

① 齐骥．影响高校体育教学发展的主要因素及对策[J]．继续教育研究，2016(3):124-126.

② 于健．系统论视角下推动高校体育课程心理健康目标实现的思考[J]．中国成人教育，2014(7):149-150.

(二）注重社会意识形态心理健康指导，作为体育健康教育的发展新要求

高校体育健康教育中所涉及的"健康"包括的方向较为广泛，从宏观意识角度出发，主要在于身体健康与心理健康两个方面。而从微观角度进行探索，心理健康所呈现的社会意识形态健康指导作为全新的组成部分。所谓的社会意识形态就是对社会发展的客观事实也能够保持高度准确，并且能够以健康的思想、心理来看待社会发展的微观方向，从而为高校学生的社会发展提供强有力的心理指导作用。面对这一发展新要求，应立足社会未来发展的基本形势为根本切入点，结合社会发展的微观现状进行深层次、广泛性的心理引导，促使高校学生能够以积极、健康的心态融入社会发展环境中。这是现代高校体育健康教育能够走向可持续发展道路的重要因素，也是体现高校体育健康教育职业化改革与发展新目标的全新发展观点。

(三）构建社会意识形态健康服务新功能，作为体育健康教育的全新实施原则

从高校体育健康教育的功能化发展新方向来看，社会意识形态认知角度的服务功能构建作为根本性因素。强调的重点莫过于对社会发展视角进行微观化引导，促使高校学生对社会发展基本态势能够得到广泛性认知，并且对学生的社会心理健康程度的提升提供重要的保障作用[1]。社会意识形态认知心理的形成，关键在于将主观社会认知视角进行微观化处理，其中对社会发展的各方面现象所具有的作用进行客观角度的认识，从而将学生看待社会发展的角度能够进行深层拓展。而从这一层面来看，高校体育健康教育的关注方向则是体现出社会性特征，对学生的社会心理健康引导功能可以形成科学构建，促使高校学生的心理健康程度能够满足社会发展的新要求。这是现代高校体育健康教育发展的新原则所在，侧重学生身体素质，在保持高度健康化发展的同时，也将学生看待社会发展现状的视角进行健康化引导。对社会意识形态的健康认知提供强有力的引导服务，突出体育健康教育发展的原则性创新，为高校体育健康教育可持续发展提供长足的推动力。

在高校体育健康教育的可持续发展路径构建中，单纯依靠身体健康教育发展思想是远远不能实现的，还要强调对学生思想健康的全方位引导。其中，社会价值观念、社会责任意识的认知视角、社会意识形态的认知方向应保持高度

---

[1] 屈睿. 新课改视域下高校体育课程改革的新方向[J]. 教育与职业, 2013(15):151-152.

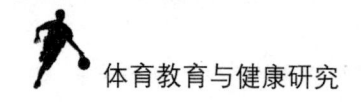

的健康，这样才能促使高校体育健康教育身心全面发展目标的实现，并且对体育健康教育观点的创新性充分挖掘，与高校职业化改革思想保持相互适应。

第四节 中国体育行业及其教育发展前景

一、中国体育行业发展前景

（一）体育行业

体育行业发展前景，体育产业是指为社会提供体育产品的同一类经济活动的集合以及同类经济部门的综合。

体育产业作为国民经济的一个部门，具有与其他产业相同的共性，即注重市场效益、讲求经济效益，同时又具有不同于其他产业部门的特性。其产品的重要功能还在于提高居民身体素质、发展社会生产、振奋民族精神、实现个人的全面发展和社会文明的全面进步。

（二）体育行业发展前景

体育行业发展前景，体育产业上升为国家战略。"互联网+"已成传统体育企业实现升级转型的关键。

近年来，国家大力推动"互联网+"的概念，鼓励开发以移动互联网技术为支撑的各项服务，其中体育服务是重中之重。

在互联网方面，京东作为中国领先的技术驱动型电商和零售基础设施服务商，在"互联网+体育"的概念指导下，也进行了相关业务的探索，旗下京东体育除了向消费者提供专业全面的运动、户外日常服饰及装备等海量商品外，还通过线上线下联动构建京东体育生态圈，如搭建太原马拉松唯一线上报名渠道、联合水立方搭建线上旗舰店等，用自己的方式倡导全民运动健身风潮。

同时，中体竞赛旗下拥有众多体育场馆，类别涵盖综合性体育中心、全民健身中心、单项馆、健身馆等。完全可以基于丰富的场馆资源以及各类优质赛事资源、品牌资源的导入，搭建一个完整的"互联网+体育"智慧生态体系。另外，中体竞赛的部分场馆已经在体育产业新生态的探索中迈开了步伐，进行了包括诸如场馆运营系统、预订系统、监控系统、智慧培训等一系列智能化软硬件的落地。

本次双方合作，是"互联网+体育"的充分实践，双方将整合各自的优势资源和渠道，积极推动体育场馆业务的发展壮大，形成体育产业新生态圈。

《2017互联网体育消费报告》指出：我国体育消费市场目前已形成较为完善的产业链，整个产业已细分出IP、用品、赛事运营、竞猜、培训、电商等行业，为未来体育产业发展构建生态基础；体育消费升级势不可挡。除了专业化、品质化的需求与日俱增外，消费者对创新性产品的关注大幅提高，如减震跑步鞋、公路自行车、鲨鱼鳍踏频器等产品都获得快速增长；场景化购物助推互联网体育消费。

比如最爱棋牌麻将的城市是成都、最爱冲浪潜水的是大连、最爱瑜伽的城市是上海、最爱户外鞋服的是西藏；社交化运动成为新时尚。对于年轻人来说，体育社交已成为一种生活方式，超半数的运动者通过运动类APP、QQ、微信等渠道寻找有共同运动爱好的伙伴；创新智能化产品成为运动消费新增长点。

目前，我国人均体育消费仅为全球平均水平的十分之一。在全民健身和健康中国建设大背景下，"互联网+体育"生态圈和产业链不断完善与细化，我国互联网体育消费前景将更加广阔，"互联网+体育"的发展方向也愈加清晰。

（三）2019—2025年体育培训行业发展前景[①]

以习近平同志为核心的党中央把体育作为中华民族伟大复兴的一个标志性事业，"十三五"时期党和国家对体育的重视和支持将更加有力，为体育繁荣发展提供了重要机遇。全面建成小康社会将为体育发展开辟新空间，体育在增强人民体质、服务社会民生、助力经济转型升级中的作用更加突出，经济发展新常态和体育供给侧结构性改革对体育与经济社会的协调发展提出了要求，体育产业作为新兴产业、绿色产业、朝阳产业，完全有条件和潜力成为未来我国经济发展新的增长点，体育消费对经济发展的贡献将不断增强。建设健康中国、全民健身上升为国家战略，将为体育发展提供新机遇，将不断满足广大人民群众对健康更高层次的需求，进一步营造崇尚运动、全民健身的良好氛围，推动体育融入生活，培育健康绿色生活方式，增强人民群众的幸福感和获得感，有效提高全民族健康水平。全面深化改革和依法治国的战略部署将为体育改革增添新动力，事业单位分类改革和体育社会组织改革的整体推进将进一步消除制约各类体育社会组织发展的体制和机制障碍，体育组织化水平和社会化程度将快速提升。信息化、全球化、网络化交织并进，为体育各领域的改革和发展提供了技术新引擎，"中国制造2025"、"互联网+"行动计划、"大众创业、

[①] 中研产业研究院发布的《2019—2025年中国体育培训行业发展趋势与投资战略研究咨询报告》http://www.chinairn.com/news/20190812/174955115.shtml

万众创新"为体育发展激发新活力，体育与政治、经济、社会和文化将产生更加积极全面的互动。新型外交战略将为展现体育文化软实力提供广阔舞台，并把握"十三五"时期体育发展机遇，必须更新理念，拓宽视野，坚定不移地深化改革，扎实推进各项工作，在新的更高起点上推动我国体育全面协调可持续发展。

实施青少年体育活动促进计划，进一步加强青少年体育俱乐部、体育传统校和青少年户外体育活动营地建设。广泛开展丰富多样的青少年公益体育活动和运动项目技能培训，促进青少年养成体育锻炼习惯，掌握一项以上体育运动技能。大力推动青少年校外体育活动场地设施建设，开发适应青少年特点的运动器械、锻炼项目和健身方法。探索青少年校外体育辅导员队伍的培育工作，推进青少年体育志愿服务体系建设，完善青少年体育评价机制，体育培训行业有很好的发展前景。

（四）国内体育行业发展前景如何？

2014年国务院颁布的46号文件《关于加快发展体育产业促进体育消费的若干意见》中明白提出了将全民健身上升为国度战略。集会中，国家体育总局群众体育司司长刘国永从三个方面分享了《全民健身国度战略的机会与挑衅》，即答复了怎么明白全民健身上升国度战略？会有哪些新的变革？投资、商机在那边？

刘司长谈道：起首这个战略不是一样平常的战略这是一个军事术语，到如今为止上升为国度战略的有笔墨记录的尚不多，只有科教兴国正式是写进文件当中的国度战略。我以为这是一个了不得的实践，包括西部大开发，另有很多都是国度战略，但是没有一个正式文件确定下来。作为国度战略它肯定是一个全局性、长远性，不是一个行业的、部分的意义，以来是这个全民健身上升为国度战略以后，它会带来一些非常大的影响。

下一步国家体育总局将构造一些专家学者及企业一块来研究，全民健身上升为国度战略以后会带来哪些新的变革。

老百姓的体育意识将产生变化：目标5万亿的市场，如今通常参加体育锻炼的人是3.6亿人，机遇很大。

全民健身上升为国度战略会有三个方面的变革：

1.代价定位产生变革：社会代价、经济代价、民生代价。这次两会中各大代表提到大康健期间的到来，体育和医疗，体育和卫生怎么连合？全民健身已经不再是总局的一个业务，从行业上升到国度。

2.资源配置方法也将产生变革：如今全民健身重要是当局主导，但下一步要变更社会和资源的力气，生长布局将会调解和变革。

3.生长方法将产生变革：跨界整合，融合生长。国务院印发了很多文件，比方加快养老、康健、旅游、体育财产、大众文化办事体系配置的引导意见都把全民健身作为重要内容。

全民健身上升为国度战略后十大投资机遇：

1.场馆配置，当局投资，养老、康健要用社会资源，采取PPP模式，大量社会资源能以种种方法进入。

2.互联网＋全民健身，办理和办事上，可以很好地做一些文章。比方总局装备方面正在思量全民健身路径怎样办理，如何加芯片办理等。

3.体育和医疗，体育和卫生的联合，大市场，体育怎样放在大康健的前面，先投体育再去看病。

4.可穿着产品，健身要可量化，手环、监测等。

5.鼓起构造是全民健身活泼的力气：网络构造、草根构造。

6.社会足球：足改方案中明确提出，要遍及和生长社会足球。什么是社会足球、校园足球、职业足球的边际在哪。刘司长以为将来振兴足球的盼望和根本在社会足球。

7.全民健身要和活动项目联合起来，如今群体司和活动办理中间相助，要创建几个别系，业余比赛体系，业余锻炼员体系，业余锻炼的标准体系，业余教练的认证体系，这些体系创建将对促进体育人口孕育产生影响。

8.科学健身引导，如今总局正在做2016-2020全民健身筹划，科学锻炼，活动处方，科学健身引导将是大市场，私家锻炼，健身房发展迅速。

9.与体育相干的金融产品，如生长全民健身的一些基金、众筹等一些新的市场本领正在进入全民健身，包括这次民生银行作为这次的赞助商，非常有眼光。金融产品，金融本领参与将会是一个看好的市场。

10.新媒体全民健身离不开宣传，影戏、电视、动漫、动画、公益广告、宣传片都成为一些新的热门。

二、体育教育发展前景

在全国上下深入改革和国务院颁布《中国教育改革和发展纲要》的形势下，展望我国的体育教学改革，相信将会有飞跃式的发展和突破。这些突破可能出现在体育教学内容、体育教学过程、教学组织的某些环节等方面。并由此巩固和发展已在教学思想上出现的新观念，以发达地区为中心形成新的体育教学实践体系。

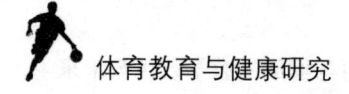

（1）进一步明确体育教育的最终目的在于培养适应现代化生产和生活的人，即体育人的宗旨。

（2）在体育内容方面，继续强调要改变以竞技运动项目为主线和教学目的的教材体系，改变把"素材"当作教材的错误教材观。

（3）在教学形态上，变被动的、身体训练式的教学为主动的教学组织形态。要以学生的认识规律为主线组织体育教学过程，加强体育教学过程中，学生的学习主体性和教师对这种学习行为的主导性。

（4）在教学组织方面，建立有利于学生自觉、主动参加体育活动的轻松愉快的教学气氛，建立一个可以形成"愉快体育"和"成功体育"的体育教学环境，使学生在一个由浅入深体验成功的系列中，逐步懂得体育、热爱体育还要加强平等教育，面向全体学生，因材施教，开发集体因素在体育教学中的特殊作用，研究集体教学理论和教学方法，利用学生的互帮、互学、互动作用，提高教学效果。

（5）在教学研究方面，要在加强理论研究和实践的同时，强调两方面的结合。改变理论研究停留在基础研究和提出假说水平上的现象，以及实践研究停留在教学技巧、教学经验的总结归纳水平上的现象，真正使二者在教学理论的实践研究中融为一体，相互促进。

结　语

英国著名的伊顿公学有一个宗旨——运动第一，学习第二。因为他们认为，体育的本质是人格的教育。那什么是体育？体育的要素是团队合作，是顽强拼搏，是坚持不懈，是崇尚荣誉，所有这些都是一个人的社会化指标，体育的核心就是人格塑造。

近年来，国家高度重视全民健身战略的推进。2019年7月9日《健康中国行动（2019—2030年）》：全民健身行动定制目标，2030年城乡居民经常参加体育锻炼人数比例达到40%以上，农村行政村体育设施覆盖率基本实现全覆盖等。

2019年8月10日《体育强国建设纲要》：明确各阶段体育产业发展目标，到2050年，全面建成社会主义现代化体育强国；提出五个方面战略任务；并强调加强组织领导、政策支持力度、促进区域协调发展，加快体育人才培养和引进，推进体育领域法治和行业作风建设，加强体育政策规划制定。2019年9月17日《关于促进全民健身和体育消费推动体育产业高质量发展的意见》：提出了10个方面政策举措，推动体育产业成为国民经济支柱性产业，让经常参加体育锻炼成为一种生活方式。

在新时代，全国人民都正在为实现中华民族伟大复兴的中国梦而奋斗。习近平总书记强调："全面建设社会主义现代化强国，需要在各方面都强起来。"体育强国也是应有之义。在今年发布的《体育强国建设纲要中》明确指出，"到2035年，竞技体育更好、更快、更高、更强，夏季项目与冬季项目、男子项目与女子项目、职业体育与专业体育、'三大球'与基础大项等实现均衡发展，综合实力和国际影响力大幅提升。"

近年来，全民健身的深入人心从蓬勃发展的马拉松赛事上可见一斑。2019年全国举办马拉松及相关运动规模赛事近1900场，覆盖全国31个省区市，参加人次达 800 万；2019 年北京马拉松报名人数超过 16 万人；目前全国参与跑步运动人数规模已超过 2 亿。路跑运动不仅促进了全民跑步习惯的养成，更提高了大众运动水平。第十三届全运会、第二届青运会、第十四届冬运会都设置了群众比赛项目，让普通民众从健身中获得与专业运动员同场竞技的获得感。由此可见，全民健身的广泛开展和普及不仅是着眼于国民健康的幸福工程，更是中国竞技体育人才培养模式的全新探索。

《体育强国建设纲要》中指出，广泛开展全民健身活动。坚持以人民健康为中心，坚持大健康理念，从注重"治已病"向注重"治未病"转变。到 2035 年，我国经常参加体育锻炼人数比例达到 45% 以上，人均体育场地面积达到 2.5 平方米，城乡居民达到《国民体质测定标准》合格以上的人数比例超过 92%。这些目标需要全民的参与，习近平总书记强调，"没有全民健康，就没有全面小康。"人民健康是民族昌盛和国家富强的重要标志，是体育强国建设的重要基石，是中华民族伟大复兴的重要动力。

习近平总书记在考察北京冬奥会和冬残奥会筹办工作时指出，举办北京冬奥会、冬残奥会来之不易、意义重大，同实现"两个一百年"奋斗目标高度契合。北京 2022 年冬奥会不仅是中国举办的又一次世界体育盛会，更是中国向体育强国迈进的重要契机。我们不仅要在 2022 年北京冬奥会上实现全项目参赛，取得我国冬奥会和冬残奥会参赛史上最好成绩，更要"带动三亿人参与冰雪运动"，实现对国际奥委会的庄严承诺。与此同时，北京冬奥会也必将为中国体育产业发展、体育文化繁荣、中华体育精神弘扬以及体育文化国际交流提供更广阔的空间和新的契机。

正如国际残奥委会主席安德鲁·帕森斯在北京 2022 年冬奥会和冬残奥会赛会志愿者全球招募启动仪式上所说，"中国即将步入一个新时代，迎接一个充满机遇的时代、一个历史上崭新的时刻。我呼吁，志愿者共同参与北京冬残奥会，见证其带给中国新气象的重要时刻。"

2019 年，我们在体育强国建设的道路上阔步前行。第二届全国青年运动会给中国体育的未来播下了希望的种子，中国体育的光明未来，愈发清晰可见；第七届世界军人运动会向世界展示了新时代的中国形象，宣示了中国和平发展主张；2021 年世界杯落户中国，展现了中国努力推动足球运动发展的决心；2019 中芬冬季运动年系列活动成为中芬两国交流的新纽带；《关于促进全民健身和体育消费推动体育产业高质量发展的意见》出台，为生机勃勃的中国体育产业又送来了一场"及时雨"；12 月 12 日，由人民日报社和中华全国体育总会指导、人民网主办的 2019 体育强国建设论坛成功举办，推动体育强国建成为全社会的共同行动，助力开创体育发展新局面。

强体育教育梦，首先要有新思想、新理论为标志，新时期对体育教育工作的要求就是要全面提升体育教育教学质量。如果新时代的体育工作者抓住时代脉搏和当代大学生健康体质特点，来思考体育健康教育的内涵和特性，将是进一步深入提高体育教学能力和专业素养能力的一个抓手，将是进一步探索体育课程内容具体到体育课堂时教学方法多样性研究的一个抓手，将是进一步分析体育课程课堂教学理论与实践进行实质性研究的内容，将是进一步构建"教学有法但无定法"的多元设想。

"方向对了，就不怕路远"，持续提升体育发展的质量和效益，大力推动全民健身与全民健康深度融合，更好发挥举国体制与市场机制相结合的重要作用，不断满足人民对美好生活的需要，到2050年，全面建成社会主义现代化体育强国的愿景必将实现。

参考文献

[1] 乔铭,李晓汝.大学体育教育与学生心理健康教育的研究[J].福建茶叶,2020,42(04):29.

[2] 臧红伟.体育教学中融入心理健康教育的做法[J].现代农村科技,2020(04):92.

[3] 李兆臣.关于我国高校体育改革的发展与构思[J].佳木斯职业学院学报,2020,36(04):240-241.

[4] 陈雪梅.高职院校教师"亚健康"状态的调查与分析[J].国际公关,2020(04):117-118.

[5] 刘猛.民族传统体育文化在大学体育健康模式中的融合与发展[J].农家参谋,2020(08):284.

[6] 孙园,倪莉.高职院校体育教育教学改革的必要性及改革策略分析[J].中国多媒体与网络教学学报(中旬刊),2020(04):66-67.

[7] 孙安娜."健康中国2030"视域下我国学校体育教育改革策略研究[J].当代体育科技,2020,10(09):5-6.

[8] 海天威.体育强国视域下的体育教育专业人才培养[J].当代体育科技,2020,10(09):105+107.

[9] 耿筱.对高校体育教学中导入文化教育有关问题的思考[J].当代体育科技,2020,10(09):115-116.

[10] 郑湘平,肖紫仪,赵高彩,聂应军.国外体育素养研究热点、演化趋势及展望[J].武汉体育学院学报,2020,54(02):25-31.

[11] 周冰.现代健康理念下的体育研究——评《体育与健康教育学研究》[J].中国高校科技,2020(03):110.

[12] 汤加林."科技引领,健康第一"背景下体育教育的改革创新研究[J].科技经济导刊,2020,28(08):174.

[13] 王纯. 重塑高校体育教学模式对学生健康发展的影响 [J]. 当代体育科技, 2020,10(08):106–108.

[14] 张立伟, 孟情情, 刘欣. 新时期高校体育课程教学改革与发展分析 [J]. 当代体育科技, 2020,10(08):128+130.

[15] 潘临东. 高中体育教学阳光体育理念应用策略探究 [J]. 成才之路, 2020(08):136–137.

[16] 刘路, 史曙生. 近代中国健康教育的演进历程、实践特色与经验启示 [J/OL]. 沈阳体育学院学报:1–7[2020–05–13].

[17] 孙辉. 中职体育教育中学生人格塑造方法分析 [J]. 才智, 2020(07):96.

[18] 张涛涛. 职业教育导向下高职体育教育创新策略探讨 [J]. 当代体育科技, 2020,10(07):100+102.

[19] 杨浩. 互联网环境下体育教学难点的分析研究 [J]. 当代体育科技, 2020,10(07):101–102.

[20] 黄明举. 思想政治教育融入高校体育教学的路径研究 [J]. 文化创新比较研究, 2020,4(07):149–150.

[21] 韩兵, 芦海棠, 韩金明. 对体育与健康课程中健康教育内容教学的思考——论健康教育内容如何上出"体育味儿"[J]. 中国学校体育, 2020,39(03):30–31.

[22] 李斌泰. 利用体育竞赛提升初中体育与健康教育水平 [J]. 教书育人, 2020(07):56.

[23] 辛金花. 高职院校体育教学中的终身体育教育分析 [J]. 西部学刊, 2020(04):67–69.

[24] 孟月婷. "健康中国"视域下高校体育教学改革刍议 [J]. 教育理论与实践, 2020,40(06):50–52.

[25] 林月, 何茂, 王越. 健康中国战略下"体医融合"高校体育教育改革探讨 [J]. 高教论坛, 2020(02):66–70.

[26] 周学东. 谈核心素养下的体育教学 [J]. 甘肃教育, 2020(04):96.

[27] 张育芳. 心理健康教育融入初中体育教学的探索 [J]. 课程教育研究, 2020(06):220.

[28] 杨博森, 宫南晖, 徐在福. 学校体育对大学生健康心理教育的作用研究 [J]. 才智, 2020(04):79.

[29] 刘山. 体育核心素养视野下的高中体育教学要点研究 [J]. 青少年体育, 2020(01):111–112+40.

[30] 魏国萍. 体育教育对青少年健康发展的影响 [J]. 当代体育科

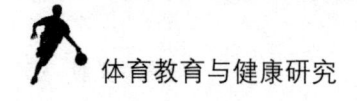

技,2020,10(03):167+169.

[31] 刘勇.高校体育健康教育的弱点及其对策分析[J].课程教育研究,2020(04):216-217.

[32] 毛淑娟.健康中国视域下幼儿体育教育的剖析[J].科技资讯,2020,18(03):169+171.

[33] 姜兆祥,杨枝创.新时代背景下学校体育发展慎思[J].教育观察,2020,9(03):19-20+126.

[34] 贾健."健康中国"背景下以核心素养为导向的高校体育教学改革探索[J].运动精品,2020,39(01):1-2.

[35] 郭金洋.动作发展视野下义务教育阶段《体育与健康》课程一体化研究[J].运动精品,2020,39(01):38-40.

[36] 季浏.对我国20年基础教育体育新课改若干认识问题的澄清与分析[J].上海体育学院学报,2020,44(01):21-30.

[37] 本刊记者.深化体育课程改革共促体育教学发展——华东师范大学基础教育学科教研联盟举办"体育与健康"大讲堂[J].体育教学,2020,40(01):86.

[38] 王清强.新时代职业教育中学生健康管理的改革与探索[J].当代体育科技,2020,10(01):4-6.

[39] 裴文明.全民健康视角下的体育教育改革思考[J].农家参谋,2020(01):261.

[40] 花蕊.我国学校体育教育的式微与应对研究[J].江苏建筑职业技术学院学报,2019,19(04):62-66.

[41] 夏燕波.高校体育教育学生核心素养培养发展途径构建[J].浙江国际海运职业技术学院学报,2019,15(04):48-51.

[42] 展利民.大学体育与心理健康教育的融合探析[J].体育世界(学术版),2019(12):164+172.

[43] 刘勇.论高校体育健康教育的可持续性发展[J].课程教育研究,2019(50):201-202.

[44] 刘锦.体育与健康课程健康教育的局限性及有效实施构想[J].体育学刊,2019,26(06):94-97.

[45] 王燕.健康体适能视角下高职体育课程模式改革探析[J].齐齐哈尔师范高等专科学校学报,2019(06):134-135.

[46] 冯向宇.论高校体育教育与学生体育意识的培养[J].当代体育科技,2019,9(32):145+147.

[47] 袁媛.论大学体育教学中的心理健康教育[J].花炮科技与市场,2019(04):128.

[48] 杨伟群, 连莲, 马本龙. 高校运动营养健康教育内容与实施策略浅析 [J]. 现代食品, 2019(21):20-21+24.

[49] 李刚. 体育专业大学生心理健康教育现状与提升研究 [J]. 科技风, 2019(31):198-199.

[50] 赵富学, 王云涛, 但艳芳. 美国"学校健康与体育教育联盟"组织的特征及启示 [J]. 体育学研究, 2019,2(05):29-37.

[51] 王欣. 新时代中国学校体育价值主张 [C]. 中国体育科学学会. 第十一届全国体育科学大会论文摘要汇编. 中国体育科学学会: 中国体育科学学会, 2019:6085-6087.

[52] 高学芳. 生命健康教育之重——基于日本、新西兰体育教学内容的启示 [C]. 中国体育科学学会. 第十一届全国体育科学大会论文摘要汇编. 中国体育科学学会: 中国体育科学学会, 2019:6392-6393.

[53] 万华喆. 体育课程对"生命教育"中"心理健康与社会适应能力"培养的嵌入 [C]. 中国体育科学学会. 第十一届全国体育科学大会论文摘要汇编. 中国体育科学学会: 中国体育科学学会, 2019:6402-6403.

[54] 舒宗礼. 改革开放以来我国体育健康教育政策演进特征研究 [C]. 中国体育科学学会. 第十一届全国体育科学大会论文摘要汇编. 中国体育科学学会: 中国体育科学学会, 2019:3094-3095.

[55] 何茂. 提升学生体质健康水平的教育反思 [J]. 体育师友, 2019,42(05):53-54.

[56] 朱宁. 基于高职《体育与健康》项目化教学中的挫折教育探究 [J]. 体育科技文献通报, 2019,27(10):86-88.

[57] 叶雄文. 特色体育课程教学联合自我健康管理模式在高校体育教育中的应用研究 [J]. 当代体育科技, 2019,9(29):165+167.

[58] 罗京宁. 以"学以致用"理念导航健康教育课——以《体育与健康》水平四"运动负荷的自我监测"教学为例 [J]. 江苏教育, 2019(67):59-60.

[59] 郑锦惠. 高校体育教学中心理健康教育的渗透 [J]. 现代经济信息, 2019(17):411.

[60] 屈明. "完全人格, 首在体育"——体育教学促进健康人格形成的途径 [J]. 人民教育, 2019(17):59-61.

[61] 刘张. 大学体育教学在终身体育方面提供的新思想 [J]. 科技风, 2019(24):46.

[62] 努尔阿依·木哈买提哈力. 体育与健康课堂的创新教育探究 [C]. 教育部基础教育课程改革研究中心. 2019年"区域优质教育资源的整合研究"研讨会论文集. 教育部基础教育课程改革研究中心: 教育部基础教育课程改革研究中心, 2019:111-112.

[63] 韦同魁.推进体育与健康课程教学改革和发展的策略研究[C].教育部基础教育课程改革研究中心.2019年"区域优质教育资源的整合研究"研讨会论文集.教育部基础教育课程改革研究中心：教育部基础教育课程改革研究中心,2019:130.

[64] 唐国瑞,邱伟.项目化学习在体育健康教育中的实践研究[J].体育教学,2019,39(08):13–14.

[65] 王广瑞.高校体育教学实施健康教育路径研究[J].当代体育科技,2019,9(23):68–69.

[66] 刘宗林.素质教育背景下独立院校体育教育创新研究[J].佳木斯职业学院学报,2019(08):292+296.

[67] 贾劲武.信息化条件下的体育与健康教育课[J].贵州教育,2019(15):45.

[68] 蒲元新.我国体育院校体育教育专业体操普修课教学大纲研究[D].北京体育大学,2019.

[69] 张志华.如何从体育教学走向体育与健康教育[J].当代体育科技,2019,9(21):119–120.

[70] 刘堃,刘丽萍.大学生体育运动与健康促进教育探索[J].卫生职业教育,2019,37(15):19–20.

[71] 齐静,邵伟德.健康知识与健康行为的关系及其教学建议[J].体育教学,2019,39(07):32–34.

[72] 王建,唐炎.我国职前体育教师教育制度演变历程、特征与启示[J].成都体育学院学报,2019,45(04):98–104.

[73] 于奎龙.地方高校体育教育专业构建"专业教育+行业教育+创新创业教育"模式的探索与实践[J].体育科技文献通报,2019,27(07):42–44.

[74] 左海燕.体育文化与校园体育的教育价值探究——评《体育文化与健康教育》[J].中国教育学刊,2019(07):138.

[75] 秦洁琼.基于终身体育理念下的高校体育教学分析[J].现代经济信息,2019(13):413–414.

[76] 王萍.谈学校体育工作如何落实习近平体育思想[J].才智,2019(19):139.

[77] 周惠娟,马良,刘壮,潘朝阳.普通高校体育教师女性体育教育观探究[J].当代体育科技,2019,9(19):104–105.

[78] 于世波,闫纪红,邰峰.我国学校、家庭和社区体育教育融合模式构建及实现机制研究[J].辽宁师范大学学报(自然科学版),2019,42(02):273–278.

[79] 李爱群,漆昌柱,简德平,王相飞.我国体育事业创新发展的时代主题与问

题释析——"新时代中国体育发展"国际研讨会述评[J].武汉体育学院学报,2019,53(06):5-11.

[80] 冯镕.体育与健康德育智育的教学策略[J].当代体育科技,2019,9(17):149-150.

[81] 古米斯·莫力达胡玛.体育与健康教学创新教育对策[C].教育部基础教育课程改革研究中心.2019年"教育教学创新研究"高峰论坛论文集.教育部基础教育课程改革研究中心:教育部基础教育课程改革研究中心,2019:410-411.

[82] 吴彩芳.大学生终身体育教育的"学、训、健融合"课程教学模式创新[J].浙江体育科学,2019,41(04):72-77.